国家社会科学基金重大项目（19ZDA058）
聊城大学学术著作出版基金资助

中国

A STUDY ON THE CHANGE OF
CHINESE RESIDENTS' CONSUMPTION
(1978-1998)

居民消费变迁
研究（1978-1998）

宋士云 张月英 ◎ 著

中国财经出版传媒集团

经济科学出版社
Economic Science Press

·北 京·

图书在版编目（CIP）数据

中国居民消费变迁研究：1978－1998 ／ 宋士云，张月英著 . -- 北京 ： 经济科学出版社，2025. 2. -- ISBN 978 - 7 - 5218 - 6629 - 2

Ⅰ. F126. 1

中国国家版本馆 CIP 数据核字第 20256KQ050 号

责任编辑：李晓杰
责任校对：易　超
责任印制：张佳裕

中国居民消费变迁研究（1978－1998）
ZHONGGUO JUMIN XIAOFEI BIANQIAN YANJIU（1978－1998）
宋士云　张月英　著
经济科学出版社出版、发行　新华书店经销
社址：北京市海淀区阜成路甲 28 号　邮编：100142
教材分社电话：010 - 88191645　发行部电话：010 - 88191522
网址：www. esp. com. cn
电子邮箱：lxj8623160@ 163. com
天猫网店：经济科学出版社旗舰店
网址：http：// jjkxcbs. tmall. com
北京季蜂印刷有限公司印装
710×1000　16 开　15. 75 印张　270000 字
2025 年 2 月第 1 版　2025 年 2 月第 1 次印刷
ISBN 978 - 7 - 5218 - 6629 - 2　定价：66. 00 元
（图书出现印装问题，本社负责调换。电话：010 - 88191545）
（版权所有　侵权必究　打击盗版　举报热线：010 - 88191661
QQ：2242791300　营销中心电话：010 - 88191537
电子邮箱：dbts@ esp. com. cn）

序
PREFACE

新中国成立 75 年来，中国共产党不忘初心、牢记使命，带领全国人民从完成新民主主义革命实现人民当家作主，到改革开放时期解决人民温饱问题，从新时代全面实现小康到第二个百年征程迈向共同富裕，成功地以中国式现代化推进强国建设、民族复兴伟业。在这波澜壮阔的伟大征程中，中国共产党始终把人民对美好生活的向往作为奋斗目标，使中国实现了从一个连温饱都成问题的国家向全面建成小康社会国家的历史性转变，从一个积弱积贫的低收入国家向中等偏上收入国家的历史性转变。一部中华人民共和国历史就是一部中国共产党领导全国人民战胜贫困、解决温饱、步入小康，最终实现共同富裕的奋斗史，也是一部不断改善民生、增进人民福祉的消费史。总结中国共产党发展经济、改善民生所积累的经验教训，展示人民群众分享经济发展成果的历史成就，对于增强民族凝聚力和自豪感，动员全国人民为实现中华民族伟大复兴的中国梦而努力奋斗具有重要的理论意义。① 当前，世界百年未有之大变局加速演进，中国社会主要矛盾已发生转化，经济下行压力不断增大，发挥消费特别是国内消费对经济发展压舱石作用比以往任何时候都显得更为紧迫。要增强消费对经济发展的基础性作用，就必须回到历史的时空中，探寻中国居

---

① 朱高林. 中华人民共和国居民消费史研究：现状、主线与分期 [J]. 扬州大学学报（人文社会科学版），2021（3）：12-24.

民消费的演变规律和薄弱环节，找到释放消费潜能的源泉，提出构建新时代消费动力的理论与政策建议，这对促进中国经济发展动能的转换具有积极的实践意义。

中华人民共和国居民消费史属于消费经济学和经济史学研究的交叉领域，主要是研究新中国成立以来随着社会经济发展，城乡居民消费变化过程及其规律的一门学科。然而，长期以来受西方经济学话语霸权体系的影响，经济史学科长期被边缘化，从事中华人民共和国经济史研究的学者较少，从事中华人民共和国居民消费史研究的学者更是少之又少。改革开放以来，中华人民共和国经济史学科的兴起，为中华人民共和国居民消费史研究提供了丰厚的土壤；消费经济学学科的繁荣，为中华人民共和国居民消费史研究提供了基本理论和研究方法，研究中华人民共和国居民消费史的条件日渐成熟。[①] 特别是20世纪90年代以来，很多从事中华人民共和国经济史研究的学者开始关注居民消费问题，一些从事消费经济学研究的学者开始关注中国的过去，因此，对中国消费制度、消费行为、消费结构、消费水平等方面变化的研究成果日益丰富，呈现出多视角、多领域的研究趋势，既拓宽了新中国居民消费史的研究视野，也深化了其研究逻辑与研究方法。上述研究成果至今散发着理论的光芒，为本课题的研究提供了丰富的素材养料，具有重要的参考价值。

2019年，在中华人民共和国成立70周年之际，我主持的"中华人民共和国居民消费史（1949-2019）"课题有幸获批国家社会科学基金重大项目立项，项目批准号为19ZDA058。研究中华人民共和国居民消费史，首要问题是解决历史分期与断限依据的问题。因为科学的历史分期，是研究历史、揭示规律的关

---

① 朱高林，黄悦辰. 中华人民共和国居民消费史：分期、特征和趋势［J］. 消费经济，2021（5）：23-31.

键。我在《中华人民共和国居民消费史：分期、特征和趋势》一文中，根据居民消费自身的演变规律，以 1978 年、1998 年为时间节点，采取大跨度手法，把中华人民共和国居民消费史划分为 1949～1978 年、1978～1998 年、1998 年以来三个大的历史时期，并从经济体制变化、供求关系矛盾运动导致市场形势变化和消费政策变化三个维度论述了历史分期的依据，并总结了各个阶段的居民消费特征（具体论述详见本文，在此不赘）。其中，1949～1978 年为传统计划经济时期，在计划经济体制下由于实施重工业优先发展战略，消费需求受收入分配、凭票供应、消费观念的抑制，生产供给受轻工业、农业发展不足以及生活资料匮乏的抑制，居民消费处于需求和供给双侧抑制的状态，维持着畸形的供需平衡。这种表面的平衡更多的是从总体上缩减社会购买力、倡导艰苦朴素生活理念、压低人民群众生活水平的结果，因此，居民消费处于量的不足阶段，消费水平提高缓慢。1978～1998 年为双轨制时期或从计划经济向市场经济转轨时期，由于农村实行家庭联产承包制、城市企业扩权让利和建立现代企业制度以及收入分配制度改革取得较大进展，城乡居民收入快速增长，加之医疗、教育、就业、住房等方面的改革缓慢，因此，人们没有太多的后顾之忧，增长的收入大多转化为现实的消费，居民消费需求呈现出量的扩张趋势。此外，传统的产业结构一时不能适应消费需求的变化，致使市场供给短缺，通胀压力增大。对此，国家不断采取适度消费、疏导消费的政策，引导人们理性消费、合理消费。1998 年之后为市场经济体制建立和完善时期，90 年代末期国家在劳动就业、医疗、教育、住房等领域实施的一系列力度空前的改革措施，打破了原有的社会保障体系，居民未来不确定性增强，加之 1997 年亚洲金融危机爆发，在多种因素的交织影响下，从 1998 年开始，国内消费需求下降，市场疲软，物价回落，中国由以前的需求旺盛阶段进入了有效需求不足阶段，买方市场开始形成，居民消费不足逐渐成为常态。1998 年 3 月 5 日，李鹏总理在九届全国人大一次会议上宣告"长期以来困扰我们的商品紧缺现象已经根本改观了"。① 自此，经济发展主要来自需求的约束，居民消费进入质的提高阶段，消费政策由以前的疏导消费转向刺激消费、鼓励消费。1998 年 12 月 7 日，江泽民同志在中央经济工作会议上指出，"扩大国内需求、开拓国内市场，是我国经济发展的基本立足点和长期战略方针"。②

研究中华人民共和国居民消费史，必须把它放在一个更加广阔的视野中，由内转外，既要考察收入分配、消费政策、社会保障、消费习惯等直接影响居民消费的因素，也要关注经济发展战略、经济体制、人口政策、产业结构、商品流通体制等间接影响消费的因素，并将其置于市场化、工业化、农业现代化、城市化、信息化、国际化等经济社会动态发展的历史进程中来考察，才能更加客观地刻画中国居民消费变化的走势和规律。

课题立项后，我邀请聊城大学宋士云教授负责该项目子课题"量的扩张阶段中国居民消费史研究（1978－1998）"的研究工作。目前，该子课题研究任务已经完成，亦即这本《中国居民消费变迁研究（1978－1998）》的著作。该著作紧紧围绕"双轨制时期居民消费处于量的扩张阶段"这一研究主题，沿着影响因素——消费水平——消费特征——消费差距——消费对经济增长的拉动作用的思路展开，逻辑架构合理、资料数据丰富、内容比较全面、论点与论据有机结合，是一本关于中国居民消费史研究的优秀学术著作。该著作为人们客观分析中国居民消费的历史演

---

① 中共中央文献研究室. 十五大以来重要文献选编（上）［M］. 北京：人民出版社，2000：213.

② 江泽民. 论社会主义市场经济［M］. 北京：中央文献出版社，2006：415.

进及其规律提供了素材，也为进一步探讨未来消费动力的转换和对经济增长的拉动作用提供了一个比较坚实的分析基础。

作为国家社会科学基金重大项目的总负责人，欣闻子课题研究成果即将付梓出版，略谈以上几点，以为贺，以为序。

朱高林　扬州大学商学院教授、博士生导师
2024 年 10 月 16 日

前　言
FOREWORD

2019 年 12 月，扬州大学朱高林教授主持的"中华人民共和国居民消费史（1949－2019）"课题获批国家社会科学基金重大项目立项。我有幸受朱高林教授邀请，主持并承担了该项目子课题"量的扩张阶段中国居民消费史研究（1978－1998）"的研究任务。那么，怎样全面客观地撰写双轨制时期中国居民消费史？对此，我们在研究主题、重点研究内容、研究方法等方面形成了如下共识。

1. 研究主题与思路

本书紧紧围绕"双轨制时期居民消费处于量的扩张阶段"这一研究主题，沿着影响因素——消费水平——消费特征——消费差距——消费对经济增长的拉动作用的思路展开研究。1978 年党的十一届三中全会以来，随着改革开放的深入推进，国家开始逐步弱化传统计划配置资源的机制，相应扩大市场机制的作用。计划手段的作用范围与力度不断缩减，市场手段的作用范围与力度不断增强，中国进入了计划经济体制与市场经济体制并存的双轨制运行时期。为了减少改革阻力与风险，这一时期的改革基本上属于在不减少各阶层利益条件下进行的增量改革。由于计划经济体制还在继续运行，在收入分配上形成体制内的平均分配和体制外的市场分配并存的两大板块，在消费途径上形成商品经济下的市场交换和产品经济下的实物配给并行的两种渠道，因此，双轨制时期中国居民消费深受计划因素和市场因素的双重影响，呈现两种经济体制交织运行下所特有的消费特征，深深打上了时代的烙印。

1978～1998 年双轨制时期，中国国民经济和居民收入快速增长，加之社会保障制度改革滞后，居民消费需求呈现量的扩张趋势，因此，在吃穿住用等物质消费方面补偿性特征显著，形成排浪式消费浪潮。同时，生产供给不足，通货膨胀压力大增，居民消费主要来自供给的抑制。直到 20 世纪 90 年代末，影响居民消费的一系列改革措施密集出台，中国由以前的需求旺盛阶段进入了需求不足阶段，买方市场开始形成。

2. 重点研究内容

（1）影响中国居民消费的因素分析。改革开放之后，重工业优先发展战略难以为继，发展轻工业和农业，改善人民生活水平成为全国上下的普遍呼声，中国传统的计划经济体制开始向市场经济体制转轨。一方面，市场的因素在不断增长。一场从农村到城市的改革浪潮掀起，个体经济、私营经济蓬勃兴起，工农业生产迅速发展，产品短缺状况得到改善。按劳分配制度得到有效贯彻，职工奖金和福利大幅提高，城乡居民收入增长较快，其消费和选择能力显著增强。另一方面，计划的因素依然发挥着作用。全国范围内的凭票配给制度、实物分房制度、公费医疗制度、职工铁饭碗等因素，使人们收入预期稳定，加之消费领域狭窄，人们消费能力涌向物质消费领域，市场压力增大，通货膨胀此起彼伏。国家采取疏导型消费政策，引导居民合理消费、理性消费。本部分重点围绕经济发展战略转变、经济体制市场化改革、经济快速增长与产业结构调整、收入分配与社会保障制度改革、商品流通格局与市场供求关系变化以及消费政策等影响消费的因素展开探讨。

（2）中国居民消费水平研究。党的十一届三中全会后，中国经济步入正常发展轨道，随着居民收入水平的提高，居民生活水平连续上了几个大的台阶，在消除贫困、解决温饱的基础上，基本上达到了小康，居民生活实现了历史性的质的跨越。在饮食、衣着、用品等方面的物质消费呈现量的扩张趋势，表现出释放性增长特征。由于文化教育、职工医疗领域的市场化改革步履蹒跚，居民在精神方面的消费增长相对缓慢。本部分从居民消费水平的数量变化和质量提升两个维度，全面刻画双轨制时期中国城乡居民在食品、衣着、用品、居住、医疗保健、交通通信、文教娱乐等方面的消费水平变化状况，分析总结城乡居民消费发展变化的内在规律及其经验，以全面展现中国居民消费的巨大变化与经济发展赋予城乡居民实实在在的获得感、满足感和幸福感。

（3）中国居民消费特征研究。随着改革开放的推进，自然经济在居民生活中的地位不断下降，商品经济的地位不断上升，但实物供给对人们生活的影响仍然很大。在消费途径上，农村居民商品性消费上升，自给性消费下降；与城镇居民生活相关的福利补贴仍占相当比例，供给半供给制特征不减。在消费内容上，中国居民还处在温饱问题巩固阶段，精神消费尚未进入提升日程；文教卫生领域改革进展缓慢，居民购买力被局限于狭小的吃穿用领域，物质消费仍然占据消费的主要地位。在消费结构上，由于收入分配差距不太大，不同群体内部消费结构物质化、雷同化现象严重，而在不同群体之间则呈现出梯次化演进特征。在消费行为上，居民消费的自主选择权逐渐增强，大多数消费者是理性的，但存在着盲目攀比、崇洋消费等误区。

（4）中国居民消费差距比较分析。20 世纪 80 年代中期之后，农村家庭承包责任制边际效益递减，乡镇企业对农民增收作用有限，户籍制度和劳动就业制度阻碍农民到城市发家致富的梦想，城乡居民收入和消费差距开始扩大，城市市场和城镇居民逐步取代农村市场和农村居民，成为国内消费需求的主导力量。改革首先从农村突破，然后转向城市，农民、企业职工首当其冲受到影响，率先投入到商品经济的大潮中，获得市场带来的利益。80 年代之后是中国经济奋起直追、经济高速增长时期，与国外相比较，中国居民物质消费迈上一个大的台阶，但精神消费进步缓慢。居民消费城乡差距、中外差距也是本课题关注的重要问题。

（5）中国居民消费对经济增长的拉升作用。中国居民消费摆脱了传统计划经济体制下从属于生产、长期隔离于经济发展以外的状态，开始与生产建立良性互动关系，回归其在社会再生产中的正常地位，在拉动经济增长中发挥着越来越重要的作用。但是，由于城乡居民收入、消费差距扩大，中国消费"农重城轻"的空间格局改变，城镇市场逐渐成为影响消费的主导力量；受经济发展阶段、工业主导型产业结构和社会保障制度改革滞后的影响，物质消费在消费结构中仍占很大比例；居民消费仍处于低水平的量的扩张阶段，对商品质量和品质的要求尚未提上重要日程；对外贸易以服务经济建设为重点，出口创汇，以进口设备、资源和原材料为主，商品进口受到严格限制，居民消费能力被限制在国内商品市场。

鉴于数据和资料的可得性，本书暂且不对中国香港、中国澳门和中国台湾地区的居民消费问题进行研究。

3. 研究方法

本书注重经济学基本理论与历史学方法相结合的分析方法，坚持理论分析与历史逻辑相结合、实证分析与规范分析相结合。具体研究方法主要有：

（1）文献研究方法。大量的文献是本课题研究的基础，对与本课题相关的文献进行梳理和提炼，将前人的研究成果作为本研究进一步推进的基础，注重对国内外相关文献的收集与整理。

（2）比较研究方法。主要涉及三个层面的比较：一是纵向比较，把双轨制时期分为三个阶段，分别考察中国居民消费水平的变化与特征；二是城乡比较，主要考察城乡二元体制对城乡居民消费的影响；三是中外比较，与国外主要国家进行比较，考察有限开放条件下中国居民消费水平的变化与差距。

（3）深度访谈与实地调研方法。对部分相关专家学者、部分机关企事业单位的干部职工、当年农民（工）、当年个体户和私营企业主等进行深度访谈，对典型城市和部分农村进行实地调研，考察双轨制时期改革开放政策对不同阶层收入和消费水平的影响、感受和评价。

最后，需要说明的是，本书对来源于《中国统计年鉴》或根据《中国统计年鉴》计算出来的数据，没有一一进行注释，在此说明。

宋士云　聊城大学商学院教授
2024 年 12 月

目　录
CONTENTS

第一章

影响中国居民消费的因素分析

1978 年 12 月，党的十一届三中全会召开，这次会议重新确立了实事求是的思想路线和以经济建设为中心的政治路线，决定将全党的工作重点和全国人民的注意力转移到社会主义现代化建设上，提出了改革开放的任务。"这次会议，实现了新中国成立以来我们党历史上具有深远意义的伟大转折，开启了我国改革开放历史新时期。"[①] 从此，中国共产党领导全国人民走上了一条具有中国特色的社会主义道路，不仅开创了社会主义现代化建设的新局面，而且也深刻地影响了中国居民的消费，城乡居民的消费水平、消费结构、消费方式等都发生了重大变化。

1978～1998 年，在中国特色社会主义现代化建设的伟大征程中，中国共产党始终把人民对美好生活的向往作为奋斗目标，使中国逐步实现了从一个连温饱都成问题的国家向基本达到小康社会水平国家的历史性转变。同时，国民经济开始全面转轨。随着经济体制改革的启动与全面展开，市场化程度逐渐提高，传统的计划经济体制向计划体制因素与市场体制因素并存的"双轨制"转变；经济增长方式开始摆脱以高积累、高速度、低消费、低效益为基本特征的粗放型经济增长格局，初步出现以提高经济效益为核心的集约式经济增长方式的特征。在上述两个方面转轨的基础上，经济运行形态开始摆脱"短缺经济"的局面，由供不应求状态逐渐向供求平衡状态演变，并于 1997 年前后拉开了由卖方市场向买方市场转变的序幕。其中，经济建设指导思想的转变与深化以及"三步走"发展战略部署为居民消费指明了方向，规划了蓝图；经济体制市场化改革使商品供给能力快速提升，消费者市场主体地位独立性增强，深刻地改变了居民的消费心理、消费行为和消费

---

① 胡锦涛．在纪念党的十一届三中全会召开 30 周年大会上的讲话［N］．人民日报，2008 - 12 - 19.

方式，拓宽了居民消费的路径；经济的快速增长与产业结构的调整，为居民消费水平的提高和消费结构的优化奠定了雄厚的物质基础，使得居民消费有了更多的选择机会；收入分配制度的变革与居民收入的增加，为居民消费水平提高和消费结构优化提供了丰裕的动力之源和经济条件，同时也改变了居民的传统消费习惯，城乡居民消费陆续迭代升级；商品流通格局与市场供求关系的变化进一步增强了居民消费选择权，为居民消费扩张提供了基础保障和便利条件，加之中国在医疗、教育、住房等方面的改革滞后，人们几乎没有后顾之忧，增长的收入大都转化为现实的消费，这就使得居民消费的变化呈现出"量的扩张"特征。

一、经济建设指导思想与发展战略的演变

1978～1998 年双轨制时期，中国经济建设指导思想发生了历史性转变，并逐步深化，走向成熟。同时，经济现代化"三步走"发展战略形成，战略目标、战略步骤、战略重点、战略部署越来越清晰。经济建设指导思想和"三步走"发展战略为中国消费经济发展提供了指南，为居民消费指明了方向、规划了蓝图。

（一）经济建设指导思想的转变与深化

经济建设指导思想的历史性转变是中国经济发展进入新的历史时期的逻辑起点，也是中国居民消费进入"量的扩张"阶段的逻辑起点。1978年，党的十一届三中全会的召开标志着中国经济建设指导思想历史性转变的开始。党的十一届三中全会指出，在随后的几年中必须逐步解决国民经济中存在的问题，改变比例关系失调的状况，消除生产、建设、流通、分配中的混乱现象，妥善解决城乡人民生活中多年积累下来的一系列问题；城乡人民的生活必须在生产发展的基础上逐步改善；目前中国经济还很落后，生活改善的步子一时不可能很大，必须把有关的情况经常告诉人民，并在人民和青年中继续加强自力更生、艰苦奋斗的革命思想教育，各级领导同志必须以身作则。[①] 此后，国家在宏观上对国民经济进行调整，在农村实行家庭联产承包制，在城市开展扩大企业自主权试点和推行经济责任制等，调动了各方面的积极性，使整个国民经济开始活跃起来，进而深刻地影

---

① 中国共产党第十一届中央委员会第三次全体会议公报 [N]. 人民日报，1978 – 12 – 24.

响了中国居民消费的变化。

1981 年 6 月，党的十一届六中全会通过了《关于建国以来党的若干历史问题的决议》，并宣布："三中全会以来，我们党已经逐步确立了一条适合我国情况的社会主义现代化建设的正确道路"，即社会主义经济建设必须从中国国情出发，量力而行，积极奋斗，有步骤分阶段地实现现代化的目标；既反对急于求成，也反对消极情绪；社会主义生产关系的发展并不存在一套固定的模式，我们的任务是要根据生产力发展的要求，在每一个阶段上创造出相适应和便于继续前进的生产关系的具体形式。这标志着经济建设指导思想中"左"的主体错误已基本得到清算，探索新的、比较符合国情的经济建设道路的指导思想已经确立。

1981 年 11 ~ 12 月，五届全国人大四次会议分析了国民经济的形势，提出了经济建设的新路子和经济建设的十条方针。会议指出：中国国民经济已开始走上稳步发展的轨道，为求得国民经济的稳步前进、健康发展，就要切实改变长期以来在"左"的思想指导下的一套老的做法，真正从中国实际情况出发，走出一条速度比较实在、经济效益比较好、人民可以得到更多实惠的新路子。经济建设的十条方针是经济建设新道路在经济建设指导方针层面上的具体化，它与中国经济发展的旧路子比较，具有崭新的内容：在速度和效益的关系上，不像过去那样片面追求高速度、高指标，而是要做到速度服从效益，争取经济效益比较好的实实在在的发展速度；在农、轻、重的关系上，不像过去那样片面发展重工业，忽视农业、轻工业，而是要根据客观经济规律的要求，使农业、轻工业、重工业按合理的比例协调发展；在积累和消费的关系上，不像过去那样用抑制人民消费的办法来不适当地扩大积累，而是要使积累和消费保持适度的比例，在安排人民生活的基础上安排生产和建设；在对外经济关系上，不像过去那样闭关半闭关，而是要在自力更生的前提下，实行对外开放，在平等互利的基础上，继续发展同国外的经济交流；在发展生产力和改革生产关系的关系上，不像过去那样脱离生产力的现实状况，去追求生产关系的"一大二公""纯而又纯"，而是要根据生产力发展的要求，创造出与之相适应和便于继续前进的生产关系的具体形式。总之，这条新路子的核心是千方百计地提高生产、建设、流通等各个领域的经济效益，标志着中国经济建设指导思想历史性转变的基本完成。

（二）社会主义初级阶段理论及党的基本路线

正确认识中国社会所处的历史发展阶段，是建设有中国特色的社会主义的首要问题，是制定和执行正确的路线和政策的根本依据。伴随经济建设指导思想的历史性转变和国民经济发展步入快速发展的轨道，中国共产党科学总结社会主义经济建设的探索，特别是在国情认识上的历史经验，提出并确立了社会主义初级阶段论这一新的理论。

社会主义初级阶段理论的形成有一个过程。1981年6月，党的十一届六中全会通过的《关于建国以来党的若干历史问题的决议》首次明确指出：中国的社会主义制度还是处在初级的阶段。1982年9月，党的十二大指出：中国的社会主义现在还处在初级发展阶段。1986年9月，党的十二届六中全会通过的《中共中央关于社会主义精神文明建设指导方针的决议》指出：中国还处在社会主义的初级阶段。[①] 1987年10月，党的十三大报告第一次系统地阐述了社会主义初级阶段的理论，指出：中国正处在社会主义的初级阶段。这个论断，包括两层含义。第一，中国社会已经是社会主义社会。我们必须坚持而不能离开社会主义。第二，中国的社会主义社会还处在初级阶段。我们必须从这个实际出发，而不能超越这个阶段。党的十三大报告还指出，中国从20世纪50年代生产资料私有制的社会主义改造基本完成，到社会主义现代化的基本实现，至少需要上百年时间，都属于社会主义初级阶段。这个阶段，我们所面临的主要矛盾是人民日益增长的物质文化需要同落后的社会生产之间的矛盾。因此，这个阶段，是逐步摆脱贫穷、摆脱落后的阶段；是由农业人口占多数的手工劳动为基础的农业国，逐步变为非农产业人口占多数的现代化的工业国的阶段；是由自然经济半自然经济占很大比重，变为商品经济高度发达的阶段；是通过改革和探索，建立和发展充满活力的社会主义经济、政治、文化体制的阶段；是全民奋起，艰苦创业，实现中华民族伟大复兴的阶段。根据这个理论，党的十三大报告明确提出了党在社会主义初级阶段的基本路线，即领导和团结各族人民，以经济建设为中心，坚持四项基本原则，坚持改革开放，自力更生，艰苦创业，为把中国建设成为富强、民主、文明的社会主义现代化国家而奋斗。这条基本路线，被概括为"一个中心，两个基本点"。这是党在整个社会主义初级阶段的全局性的指导方针，各项具体方针政策都必须服从这一基本路线。

社会主义初级阶段论是对中国社会发展所处阶段的科学界定，它从对国情的正确认识出发，科学论证了全党全国人民的中心任务是进行社会主义现

---

① 中共中央文献研究室．十二大以来重要文献选编（下）［M］．北京：人民出版社，1988：1180.

代化建设，论证了对社会主义再认识和改革开放的必要性，为进一步探索中国特色社会主义道路奠定了重要的理论基础。

（三）经济体制改革指导思想与目标模式的演变

党的十一届三中全会提出了经济体制改革的任务。在改革逐步展开的过程中，经济体制改革的指导思想与目标模式经历了一个演变、发展与深化的过程。1978～1998 年，贯穿经济体制改革过程的主线，在理论上是探索如何正确处理计划和市场的关系问题；在实践上是探索计划与市场相结合的具体途径，扩大市场机制在资源配置与经济调节中的作用。

改革开放之初，受当时历史条件和认识水平的局限，对传统的计划经济体制弊端的认识，对社会主义基本经济制度及其实现形式的认识都处在初步阶段，尚未形成比较完整的经济体制改革理论。因此，经济体制改革的基本指导思想是，在维持计划经济体制基本框架的前提下，引入市场机制。与此相适应，经济体制改革的目标模式是"计划经济为主、市场调节为辅"。1982 年 9 月，党的十二大报告提出了"建设有中国特色的社会主义"的新命题，阐述了"计划经济为主、市场调节为辅"经济体制的内涵，指出计划经济是中国经济的主体，市场调节是计划经济的有益补充。同时，报告还明确了这一体制模式的具体实现形式，即在计划管理上根据不同情况分别采取指令性计划、指导性计划和市场调节三种不同的形式，以保证经济发展既是集中统一的，又是灵活多样的。在这一模式的引导下，经济体制改革中的市场因素由无到有、由小到大，并在资源配置中发挥重要作用。但这一模式也有自身的历史局限性，其出发点是在坚持计划经济的基础上完善计划经济体制，市场调节被理解为一种经济调节手段，没有被理解为一种经济体制因素。

1984 年 10 月，党的十二届三中全会通过了《关于经济体制改革的决定》，阐明了经济体制改革的一系列重大理论和实践问题，并以"有计划的商品经济理论"作为指导经济体制改革新的理论和模式；提出中国社会主义经济是"在公有制基础上的有计划的商品经济。商品经济的充分发展，是社会经济发展的不可逾越的阶段，是实现我国现代化的必要条件。""实行计划经济同运用价值规律、发展商品经济，不是互相排斥的，而是统一的，把它们对立起来是错误的。"这是党在计划与市场关系问题上的全新认识，突破了长期以来将社会主义与商品经济、计划经济与商品经济对立起来的传统观念，突破了过去对传统经济体制修修补补的思路，已触及了改革传统经济体制的基础结构方面，是改革目标、路径和模式选择的一个飞跃。《决定》提出了经济体制改革的基本任务，即"建立起具有中国特色的、充满生机和活力的社会主义经济体制"；阐明了加快以城市为重点的整个经济体制改革的必要性、紧迫性，规定了改革的方向、性质、任务和各项基本方针政策，是指导经济体制改革的纲领性文件。但是，这一模式存在着一个逻辑缺陷，即将经济形式与经济体制混淆起来。商品经济是一种经济形式，是经济体制的基础结构，它本身并不是经济体制。经济体制固然要解决经济形式问题，但更重要的是解决经济资源的配置机制与经济调节机制体系问题。

1987 年 10 月，党的十三大根据改革的进展和新的理论认识，对有计划的商品经济体制进行了新的概括："社会主义有计划商品经济的体制，应该是计划与市场内在统一的体制"，"要善于运用计划调节和市场调节这两种形式和手段"，"计划和市场的作用范围都是覆盖全社会的。新的经济运行机制，总体上来说应当是'国家调节市场，市场引导企业'的机制。国家运用经济手段、法律手段和必要的行政手段，调节市场供求关系，创造适宜的经济和社会环境，以此引导企业正确地进行经营决策。"[①] "国家调节市场，市场引导企业"的模式，明确了计划与市场的有机结合，而不是两者机械的"板块式"结合，这就进一步明确了市场机制在经济体制中的地位和作用，有利于市场机制的发育；明确了国家、市场以及企业在经济体制与经济运行中的作用和地位，国家是商品经济的宏观调节者，企业是商品经济的微观运行主体，而市场则是企业的直接调节者，是国家宏观调控的中介环节。但是，这一模式没有明确计划与市场如何结合，这两种资源配置机制谁发挥基础性作用。

1992 年初，邓小平在南方发表重要谈话，明确回答了改革开放发展中的一系列重大理论与现实问题。他强调："计划多一点还是市场多一点，不是社会主义与资本主义的本质区别。计划经济不等于社会主义，资本主义也有计划；市场经济也不等于资本主义，社会主义也有市场。计划和市场都是手段。只要有利于解放和发展生产力，有利于最终达到共同富裕的东西，社会主义都应该采用。"[②] 这是对在计划与市场的关系上长期束缚人们思想的姓"社"姓"资"疑虑的科学回答。1992 年 10 月，党的十四大提出："我国经济体制改革的目标是建立社会主义市场经济体制"，"就是要使市场在

---

① 中共中央文献研究室．十三大以来重要文献选编（上）[M]．北京：人民出版社，1991：27．
② 邓小平文选（第三卷）[M]．北京：人民出版社，1993：273．

社会主义国家宏观调控下对资源配置起基础性作用"。这是党在社会主义理论上的认识飞跃，标志着社会主义市场经济理论的确立。1993年11月，党的十四届三中全会通过的《中共中央关于建立社会主义市场经济体制若干问题的决定》对如何建立社会主义市场经济体制提出了比较完整的总体设想和具体规划，必须坚持以公有制为主体、多种经济成分共同发展的方针，进一步转换国有企业经营机制，建立适应市场经济要求，产权清晰、权责明确、政企分开、管理科学的现代企业制度；建立全国统一开放的市场体系，实现城乡市场紧密结合，国内市场与国际市场相互衔接，促进资源的优化配置；转变政府管理经济的职能，建立以间接手段为主的完善的宏观调控体系，保证国民经济的健康运行；建立以按劳分配为主体，效率优先、兼顾公平的收入分配制度，鼓励一部分地区一部分人先富起来，走共同富裕的道路；建立多层次的社会保障制度，为城乡居民提供同中国国情相适应的社会保障，促进经济发展和社会稳定。当前培育市场体系的重点是，发展金融市场、劳动力市场、房地产市场、技术市场和信息市场等。这是第一次在社会主义市场经济体系建设中引入资本市场和劳动力市场等生产要素市场，是对社会主义市场经济理论的深化。

社会主义市场经济理论的确立和发展，创新了社会主义基本经济制度理论。主要表现在：一是突破了计划经济是社会主义本质特征和基本经济制度的理论。党的十四大把市场经济纳入社会主义经济制度体系之中。随着社会主义市场经济体制基本框架的建立，社会主义制度与市场经济的有机结合取得了重大历史性成就。二是突破了将单一公有制当作社会主义基本经济制度的理论。党的十五大明确提出，公有制为主、多种所有制经济共同发展，是中国社会主义初级阶段的一项基本经济制度。这不仅突破了非公有制经济是社会主义公有制经济"补充"的理论，而且把非公有制经济纳入了社会主义初级阶段基本经济制度的范围。三是突破了单纯强调按劳分配原则的分配理论。党的十四大提出："在分配制度上，以按劳分配为主体，其他分配方式为补充，兼顾效率与公平"。① 这是党在分配制度上第一次提出要考虑其他分配方式与效率问题，是对社会主义分配制度理论的重大突破。党的十五大进一步提出：坚持按劳分配为主体、多种分配方式并存的制度。把按劳分配和按生产要素分配结合起来，坚持效率优先、兼顾公平，允许和鼓励资本、技术等生产要素参与收益分配。这就将包括按劳分配在内的多种分配方

---

① 中共中央文献研究室. 十四大以来重要文献选编（上）[M]. 北京：人民出版社，1996：19.

式并存的分配制度结构界定为社会主义初级阶段的分配制度。

（四）经济现代化"三步走"战略形成与发展

党的十一届三中全会以后，邓小平多次在党的工作会议讲话和会见外国友人时阐述实现现代化发展目标的战略思想。1979 年 12 月，邓小平在回答日本前首相大平正芳关于中国现代化的蓝图是如何构思的问题时指出，即使到了 20 世纪末，中国的四个现代化已经达到某种目标，但国民平均收入还是很低的。要达到第三世界中比较富裕一点的国家的水平，比如国民平均收入达到 1000 美元，中国还得付出很大的努力才行。就算是达到那样的水平，同西方来比，中国也还是落后的，也还是一个"小康"的状态。① 这是首次将 20 世纪末要实现的目标具体化为达到人均 1000 美元的水平，进入"小康"状态。1981 年 12 月，五届全国人大四次会议将"小康水平"规定为 20 世纪末中国经济发展的前景，提出力争用二十年的时间使工农业总产值翻两番，使人民的生活达到小康水平。1982 年 9 月，党的十二大从全面开创社会主义现代化建设新局面的高度，明确提出从 1981 年到 20 世纪末中国经济建设总的奋斗目标是，在不断提高经济效益的前提下，力争使全国工农业的年总产值翻两番，由 1980 年的 7100 亿元增加到 2000 年的 28000 亿元左右。实现了这个目标，中国国民收入总额和主要工农业产品的产量将居于世界前列，整个国民经济的现代化过程将取得重大进展，城乡人民的收入将成倍增长，人民的物质文化生活可以达到小康水平。党的十二大还确定了三项战略重点和"两步走"的战略部署：在战略部署上要分两步走：前十年主要是打好基础，积蓄力量，创造条件，后十年要进入一个新的经济振兴时期。不断满足人民日益增长的物质文化需要是社会主义生产和建设的根本目的。"一要吃饭，二要建设"，是指导中国经济工作的一项基本原则。

"两步走"实现小康的目标提出后，中国共产党人开始进一步设想到 21 世纪中叶中国经济发展目标。1987 年 4 月，邓小平第一次对"三步走"经济发展战略目标作了明确、完整的表述。他指出，我们原定的目标是，第一步在 80 年代翻一番，以 1980 年为基数，当时国民生产总值人均只有 250 美元，翻一番，达到 500 美元；第二步是到 20 世纪末，再翻一番，人均达到 1000 美元。实现这个目标意味着我们进入小康社会，把贫困的中国变成小

---

① 汤应武. 邓小平现代化建设"三步走"战略构想的历史考察［J］. 中共党史研究，1994（4）：1 – 7.

康的中国。那时国民生产总值超过 1 万亿美元，虽然人均数还很低，但国家的力量有很大增加。我们制定的目标更重要的还是第三步，在 21 世纪用三十到五十年再翻两番，大体上达到人均 4000 美元。做到这一步，中国就达到中等发达的水平，这是我们的雄心壮志。① 1987 年 10 月，党的十三大正式通过了中国社会主义现代化建设"三步走"的经济发展战略目标和战略步骤。"三步走"经济发展战略的核心是强国富民。它的制定，解决了中国现代化建设的目标、步骤等关系到全局的重大问题，对中国未来几十年的发展产生了深远的影响。

到 1990 年，在全国绝大多数地区解决了温饱问题的背景下，党的十三届七中全会作出了奔小康的战略决策。这样，奔小康就成为 90 年代中国经济和社会发展的主题。1995 年，中国国民生产总值提前五年实现了翻两番。因此，党的十四届五中全会通过的《关于制定国民经济和社会发展"九五"计划和 2010 年远景目标的建议》提出了向第三步战略目标迈进的指导方针和主要任务，规定了到 2010 年国民经济和社会发展的主要奋斗目标。1997 年 9 月，党的十五大报告提出："现在完全可以有把握地说，我们党在改革开放初期提出的本世纪末达到小康的目标，能够如期实现。在中国这样一个十多亿人口的国度里，进入和建设小康社会，是一件有伟大意义的事情。"② 这是党中央文件中第一次正式提出"建设小康社会"这一伟大历史任务。党的十五大还根据邓小平小康社会思想及其提出的第三步战略目标，正式提出 21 世纪新"三步走"的发展战略，即："第一个十年实现国民生产总值比 2000 年翻一番，使人民的小康生活更加宽裕，形成比较完善的社会主义市场经济体制；再经过十年的努力，到建党一百年时，基本实现现代化，建成富强民主文明的社会主义国家。"③ 这是对建设小康社会战略的总体规划，也是中国共产党第三代领导集体对小康社会思想的丰富和发展。

二、经济体制改革的启动与全面展开

1978～1998 年，随着市场化改革的探索和市场经济体制的建立，中国经济体制进入了一个计划与市场并存的双轨制时期。经济体制市场化改革带来了国民经济的高速增长，使得消费品供给能力快速提升和消费者市场主体

---

① 邓小平文选（第三卷）［M］．北京：人民出版社，1993：226.
② 中共中央文献研究室．十五大以来重要文献选编（上）［M］．北京：人民出版社，2000：50.
③ 中共中央文献研究室．十五大以来重要文献选编（上）［M］．北京：人民出版社，2000：4.

地位独立性增强，也拓宽了居民消费的路径，深刻改变了居民的消费心理、消费行为和消费方式。

（一）1978～1984 年经济体制改革的初步探索

1978～1984 年是中国经济体制改革的起步阶段，改革探索主要体现在：国家在宏观上对国民经济进行调整，在农村实行家庭联产承包责任制，在城市开展扩大企业自主权试点和推行经济责任制等。

1. 国民经济的初步调整与进一步调整

改革开放前，由于受"左"的指导思想影响，中国经济发展走上了一条重基建、轻生产，重重工业、轻轻工业和农业，重生产、轻生活，高积累、低消费的道路，国民经济比例关系严重失调，人民生活没有随着生产的发展而得到应有的改善。1978 年 12 月，党的十一届三中全会决定对国民经济进行调整，对经济体制进行改革。1979 年 4 月，中央工作会议决定用三年的时间把工业和农业、重工业和轻工业、积累和消费等严重失调的比例关系调整过来，并正式确立了对国民经济实行"调整、改革、整顿、提高"的新八字方针。

国家对国民经济调整的主要措施有：一是加快农业的发展，调整工业和农业的比例关系。1979 年 9 月，党的十一届四中全会通过的《关于加快发展农业若干问题的决定》提出了加快发展农业的二十五条政策和举措，要求今后三五年内在整个基本建设投资中，国家对农业的投资所占的比重要逐步提高到 18% 左右；在国家总支出中，农业事业费和支援社队的支出所占的比重要逐步提高到 8% 左右；对农业的贷款，从现在起到 1985 年，要比过去增加 1 倍以上。这主要是解决"吃"的问题。二是加快轻纺工业的发展，使轻、重工业的比例关系协调起来。1979 年 6 月，五届全国人大二次会议确定，优先保证轻纺工业生产所需要的燃料动力和原材料的供应，适当增加轻纺工业所需要的原材料进口，增加轻纺工业的贷款；动员重工业部门生产一些工艺相近、产品对路的日用工业品。1980 年 1 月，国务院决定对轻纺工业实行"六个优先"的原则。同时，针对轻工业集体企业多和小商品多的特点，大力支持集体企业和小商品生产的发展。这主要是解决"穿"与"用"的问题。三是压缩基本建设规模，使之与国力相适应。四是提高国民收入中消费基金的比重，调整积累和消费的关系。在农村，落实分配政策，提高农副产品收购价格，使农民从提价中增加收益。在城市，1979～1980 年安排了 2000 多万人就业，提升了 40% 职工的工资级别，调整了部分地区的工资类别，发放了职工副食品价格补贴。企业开始普遍实施奖金制度。在基本建设中，扩大职工住宅、科学、教育、文化、卫生以及市政建设等非生产性投资的比重，使城市居民获得实惠。

1980 年 12 月，中共中央工作会议决定从 1981 年起对国民经济进行进一步的调整。1982 年 12 月，五届全国人大五次会议批准了《中华人民共和国国民经济和社会发展第六个五年计划（1981－1985）》。"六五"计划的基本任务是：继续贯彻执行"调整、改革、整顿、提高"的方针，进一步解决过去遗留下来的阻碍经济发展的各种问题，实现财政经济状况根本好转，为"七五"计划期间国民经济和社会发展奠定更好的基础，创造更好的条件。根据"六五"计划的安排，从 1983 年开始，新一轮更为深入的调整开始了。不过，这一次的调整由此前的调整国民经济比例关系转向了以提高国民经济的整体效益为目的。

2. 经济体制改革首先从农村取得突破

由于多年来"左"的政策影响，到"文革"结束时，全国还有 2.5 亿人没有解决温饱问题。1978 年，安徽遭遇百年不遇的特大旱灾。如果继续坚持原有的集体经营体制，势必出现土地撂荒、农民外流讨饭的局面。为赶上秋季小麦播种，一些生产队突破规定，以借地种麦、借地度荒的名义将土地包给农民分组耕种，甚至分户耕种。11 月 24 日晚，安徽省凤阳县梨园公社小岗生产队的 18 户村民做出了一个改变自己命运，也影响了全国农民命运的决定，即签下了"大包干生死状"，把应该交给国家、留给集体的粮食固定下来，收获以后收多收少都是农民自己的，就此拉开了农村经济改革的序幕。

在中共中央的大力支持下，各种形式的家庭联产承包制迅猛发展，到1982 年达到了全国生产队总数的 86.7%，比 1980 年增加 36.7 个百分点。[①]1982 年 1 月，中共中央批转《全国农村工作会议纪要》，即 1982 年中央 1号文件[②]，指出目前实行的各种责任制，包括小段包工定额计酬，专业承包联产计酬，联产到劳，包产到户、到组，包干到户、到组等，都是社会主义集体经济的生产责任制。1983 年 1 月，中共中央发出《当前农业经济政策的若干问题》，即 1983 年中央 1 号文件，对包产到户、包干到户的性质和地位给予精辟的概括和高度的评价，指出"联产承包责任制采取了统一经营

---

① 本书编写组. 改革开放简史［M］. 北京：人民出版社、中国社会科学出版社，2021：23.
② 这是改革开放以来中共中央第一个涉农的 1 号文件。

与分散经营相结合的原则，使集体优越性和个人积极性同时得到发挥。这一制度的进一步完善和发展，必将使社会主义农业合作化的具体道路更加符合中国的实际。这是在党的领导下中国农民的伟大创造，是马克思主义合作制理论在中国实践中的新发展。"① 至此，在农业生产责任制基础上形成的以家庭联产承包为基础的、统分结合的双层经营体制，成为党和国家农村政策的重要基石。农村实行家庭联产承包制，将集体所有的土地分配到家庭，将农业生产和利润的决策权从人民公社转到了家庭，使农村微观经济组织基础和生产经营主体的运作机制发生了本质的改变。它克服了集体经济中长期存在的生产上"大呼隆"和分配上吃"大锅饭"的弊病，极大激发了农民的生产积极性，显著改善了农民的生活状况。

同时，农村实行家庭联产承包制，还解放了农村劳动力，推动了农村劳动力开始向非农产业和城镇流动，促进了乡镇企业的兴起。改革开放以前，城乡劳动力分割，农村劳动力被严格限制在农村集体组织，从事农业生产活动。从 1978 年开始，农村改革和紧随其后的其他经济改革，为农村劳动力就业的新变化提供了良好的条件：一方面，以家庭联产承包制为基础的一系列改革使农业劳动生产率得到了实质性提高，从而使农村劳动力隐形失业显化为劳动力剩余，形成有效的劳动供给；另一方面，经济增长、结构调整以及乡镇企业的发展也产生了大量的劳动力需求。② 因此，农村劳动力就业出现了新变化：一是各种专业户、个体户以及集体经济和私营经济的发展，使农村就业出现了形式多元化的局面，突破了过去广大农民单一从事农业集体劳动的就业模式。二是多种经营、乡镇企业和第三产业的发展，呈现多业并举的格局，拓宽了农村劳动力的就业渠道，改变了农民只从事农业生产的就业格局，特别是迅速兴起的乡镇企业成为农村剩余劳动力转移的重要渠道（见表 1－1）。三是成千上万的农村劳动力进城务工经商以及跨区流动，改变了千百年来农民足不出户、固守乡土的就业观念，城乡劳动力分割的局面开始被打破。③ 1984 年 10 月，国务院《关于农民进入集镇落户问题的通知》规定，凡在集镇务工、经商、办服务业的农民和家属，在集镇有固定住所，

---

① 中共中央文献研究室. 十二大以来重要文献选编（上）［M］. 北京：人民出版社，1986：253.

② 赖德胜，李长安，张琪. 中国就业 60 年（1949－2009）［M］. 北京：中国劳动社会保障出版社，2010：116.

③ 宋士云，等. 中国劳动经济史（1949－2012）［M］. 北京：中国社会科学出版社，2021：486－487.

有经营能力，或在乡镇企事业单位长期务工，准落常住户口，口粮自理。这标志着政府限制农村人口流动的户籍管理制度开始松动。

表 1 - 1　　　　　1978 ~ 1984 年中国乡镇企业数及其就业人数　　单位：万个/万人

年份	乡办		村办		合计	
	企业数	就业人数	企业数	就业人数	企业数	就业人数
1978	31. 97	1257. 62	120. 45	1568. 94	152. 42	2826. 56
1979	32. 05	1314. 44	115. 99	1594. 90	148. 04	2909. 34
1980	33. 74	1393. 81	108. 72	1605. 86	142. 46	2999. 67
1981	33. 53	1417. 55	100. 22	1552. 01	133. 75	2969. 56
1982	33. 78	1495. 00	102. 39	1617. 91	136. 17	3112. 91
1983	33. 81	1566. 95	100. 83	1667. 69	134. 64	3234. 64
1984	40. 15	1879. 16	146. 15	2103. 00	606. 52	5208. 11

资料来源：中国乡镇企业年鉴（1993）[M]. 北京：农业出版社，1993：145 - 146.
中国统计年鉴（1992）[M]. 北京：中国统计出版社，1992：389.

此外，调整和改革农村经济政策，主要农产品分别实行指导性计划和市场调节，进一步调动了农民的生产积极性和创造性，促进了农业经济发展。一是提高农副产品收购价格。长期以来，政府通过农产品统派购制度，压低农业生产的机会成本和农产品价格，以工农产品"剪刀差"的形式提取农业剩余进行工业化积累，使农村集体经济组织财产积累甚少。党的十一届三中全会提出：粮食统购价格从 1979 年夏粮上市的时候起提高 20%，超购部分在这个基础上再加价 50%，棉花、油料、糖料、畜产品、水产品、林产品等农副产品的收购价格也要分别情况，逐步作相应的提高。[①] 据此，政府从 1979 年 3 月开始对 18 种主要农副产品的收购价格进行调整，提价的平均幅度为 24.8%；对粮油的超购部分，在提高的统购价基础上将加价幅度由原来的 30% 提高到 50%；棉花以 1976 ~ 1978 年平均收购量为基数，超购部分加价 30%，并对北方棉区另加 5% 的价外补贴。此后，农产品的收购价又有几次提升，加上议价收购的农副产品高于统购价和超购价，到 1984 年，全国农副产品收购价格总水平比 1978 年提高了 53.6%，而同期农用工业品

---

① 中国共产党第十一届中央委员会第三次全体会议公报 [N]. 人民日报，1978 - 12 - 24.

零售价格水平的上升幅度为 7.8%，"剪刀差"缩小了 29.9%。[①] 通过提高农副产品收购价格等措施，缓和了工农产品贸易条件过分对农业不利的状况，增强了农业自身发展的能力。[②] 二是缩小农产品的统购派购范围和降低征购指标。党的十一届三中全会指出，在今后一个较长时间内，全国粮食征购指标继续稳定在 1971 年到 1975 年"一定五年"的基础上不变，绝对不许购过头粮。[③] 到 1982 年，全国粮食征购基数减到了 606.4 亿斤，比 1978 年减少了 148.6 亿斤。这样，留给农民按集市贸易价格出售的农副产品，随着生产的增长便逐年有所增加。到 1984 年底，属于统派购的农副产品由 1978 年的 170 多种减少到 38 种，减少了 77.6%。农产品出售总额中，国家按计划价格收购的比重由 1978 年的 82% 下降到了 73%。三是税收减免和增加农业基本建设投资。比如，对部分低产缺粮地区免征农业税，提高农村社队企业工商所得税的起征点，放宽新办社队企业的减免税收年限等。

上述改革举措，都给农业发展注入了极大的活力，使农业生产出现了连续六年的高速增长，平均增速达到 7.3%，是新中国成立以来农业增长最快的时期。如按当年价格计算，全国农业总产值从 1978 年的 1397 亿元增加到 1984 年的 3214 亿元，增长 1.3 倍。特别是粮食总产量从 1978 年的 30477 万吨增加到 1984 年的 40731 万吨，首次突破 4 亿吨。全国人均粮食占有量也突破了历史最高水平，达到 785.68 斤，比 1978 年人均净增 148.2 斤。[④] 1984 年全国粮食生产的全面过剩，导致推行了三十年之久的农产品统购统销政策全面动摇。

3. 对国营企业的扩权让利改革

在传统的计划经济体制下，国家用行政集权和指令性计划手段管理企业，企业缺乏独立的经济利益，成为行政机关的附属物。企业吃国家的"大锅饭"，职工吃企业的"大锅饭"，从企业领导到职工都缺乏生产积极性。因此，调整国家和企业的关系、扩大企业自主权、改革分配制度、增强企业活力，就成为这一阶段国营企业改革的内在要求。

1978 年 10 月，四川省选择重庆钢铁公司、成都无缝钢管厂、宁江机床厂等 6 家地方国营工业企业进行扩大企业自主权的试点。主要做法是：在确

① 叶明勇. 新时期农村经济改革成功的原因再探 [J]. 当代中国史研究，2009（3）：70－77.
② 董辅礽. 中华人民共和国经济史（下卷）[M]. 北京：经济科学出版社，1999：39－40.
③ 中国共产党第十一届中央委员会第三次全体会议公报 [N]. 人民日报，1978－12－24.
④ 本书对来源于《中国统计年鉴》或根据《中国统计年鉴》计算出来的数据，不作注释。

定增产增收的基础上，企业可以提取一些利润留成，职工个人可以得到一定数额的奖金。这种做法极大地调动了企业和职工的生产积极性，取得了较好的效果。1979 年 7 月，国务院印发《关于扩大国营工业企业经营管理自主权的若干规定》《关于国营企业实行利润留成的规定》等系列文件，指导企业进行改革，要求地方和部门再选择一些企业进行试点。到 1980 年 6 月，全国被批准扩权的试点企业达到 6600 家，占全国预算内工业企业的 16% 左右，产值和利润分别占 60% 和 70% 左右。① 同时，国家还对企业开展了让利试点，即将企业计划内利润留成和计划利润分成改为企业利润全额分成，其分成比例的计算以 1979 年企业所得为基数分别核定，原则上一定三年不变，企业可用利润留成建立生产发展、集体福利和职工奖励三项基金。

扩权让利改革试点使国营企业发生了很大变化，主要表现在：一是企业有了超计划产品的生产和销售的自主权，从而初步改变了企业只按国家指令计划生产、不了解市场、不关心产品销路和盈利亏损的情况，增强了企业的经营和市场意识。二是国营企业有了留成基金的使用权，不仅形成了对留成部分的激励，而且开始具备了进行自我扩大再生产的能力。三是通过利润留成的奖金分配，企业开始孕育收入激励机制，传统的平均主义分配均衡开始被打破。特别是国家与企业在利益分配上实行利润留成，打破了传统的统收统支体制，把企业留利、职工利益与企业经营状况直接挂钩，这对发挥企业和职工的积极性起到了积极的作用。然而，由于此项改革是在传统的计划经济体制总框架下，从利润分配入手，着重探索解决国家与企业之间的利益分配关系，还没有全面解决国家与企业之间的责、权关系，更没有解决企业与职工之间的责、权关系以及企业内部职工与职工之间的经济关系。加之，扩权让利缺乏可以把握的明确边界，企业扩权之后的约束机制难以规范，以及宏观体制改革不配套，以致在改革中也出现了一些新的问题，如企业为扩大自销比例而讨价还价、压低计划指标、多发滥发奖金、不完成调拨计划和财政上缴任务等。这样，1979 年和 1980 年国家出现了历史上前所未有的近300 亿元的财政赤字。② 为了在扩权基础上明确国家、企业和职工三者之间的责、权、利关系，解决扩权让利中出现的企业多占多分、财政上缴任务难保证、财政赤字增加等问题，于是，在总结经验的基础上，受农村承包责任制的启发，从中央到地方逐步把改革试点推向经济责任制和利改税方面。

---

① 吴敬琏. 现代公司与企业改革 [M]. 天津：天津人民出版社，1994：143.
② 吕政，黄速建. 中国国有企业改革 30 年 [M]. 北京：经济管理出版社，2008：24 - 25.

1981 年春，经济责任制改革率先在山东省国营企业中试点。其做法是：在扩大企业自主权的基础上，对部分国营企业试行将利润留成改为利润（亏损）包干，即企业必须首先完成上缴国家利润的任务，余下的部分或全部留给企业，或按一定比例在国家与企业之间进行分配。随后，各地纷纷效仿，并在全国范围内迅速推开。工业经济责任制有两个基本环节：一个是国家对企业实行的经济责任制，处理好国家与企业的关系，解决企业经营好坏一个样的问题；另一个是建立企业内部的经济责任制，解决职工干好干坏一个样的问题。到 1981 年底，全国推行经济责任制的企业已达 4.2 万家，其中绝大部分企业选择了利润盈亏包干的办法。经济责任制的推行进一步改变了国家与企业的利益分配格局，调整了国家、企业和职工三者利益，有效地缓解了长期存在的吃"大锅饭"、平均主义问题。但是，由于企业的外部环境不平等，企业的内部条件也千差万别，在国家与企业之间责、权、利划分上很难找到一种比较客观的标准，因此，在推行经济责任制的过程中也出现了一些问题。如：企业基本处于包盈不包亏的状态，盈利企业陷入"鞭打快牛"的困境；在国家、企业和职工利益分配关系中，国民收入初次分配的资金比重增大，企业自有财力和职工收入增多，通过财政分配的资金比重下降；在不合理的价格体系下，利润指标并不能完全反映企业的经营实效，形成了企业之间的苦乐不均，导致企业追求短期目标和本位利益，对投资高涨与工资攀比，由此引发社会消费基金膨胀，带来物价上涨。

为了划清政府财政收入和企业可支配收入的界限，理顺国家与企业的分配关系，1983 年 4 月，国务院批转了财政部《关于国营企业利改税试行办法》，决定除少数工业企业外，停止全面推行以利润包干为主要内容的经济责任制，转而实行"利改税"，即把国营企业上缴利润改为按国家规定的税种和税率缴纳税金，税后利润归企业支配。到 1983 年底，全国实行利改税的国营工业交通、商业企业共有 107145 户，占盈利企业的 92.7%[①]，第一步利改税已在盈利企业全面推开。从 1984 年 9 月起，实行第二步利改税。国务院规定，在实行利改税以后，企业在完成国家计划的前提下，有权自主决定奖金发放的形式和数量，发放奖金不封顶，职工奖金随同企业实现利润浮动；企业有权在不侵犯国家利益的条件下，自主调整不合理的工资，使职工的利益与企业的经营状况一定程度地结合起来。从利改税实行的情况看，收到了一定的效果。但是，由于所得税税率过高，企业创利大部分上缴国

---

① 吕政，黄速建. 中国国有企业改革 30 年 ［M］. 北京：经济管理出版社，2008：30.

家，影响了企业的积极性和发展后劲，甚至出现了全国预算内国营企业实现利润和上缴利税连续 22 个月下降的局面。① 在实行第二步利改税的同时，为了全面落实企业自主权，进一步调动企业的积极性，深化改革，搞活经济，提高企业素质和经济效益，1984 年 5 月，国务院颁布了《关于进一步扩大国营工业企业自主权的暂行规定》，即著名的"扩权十条"。

（二）1985～1991 年经济体制改革的全面展开

1984 年 10 月，党的十二届三中全会通过了《关于经济体制改革的决定》。此后，以城市为重点的经济体制改革全面展开。

1. 深化企业改革，增强企业活力

从 1985 年开始，增强企业活力，特别是增强全民所有制大中型企业的活力，成为以城市为重点的整个经济体制改革的中心环节。国营企业改革应着重解决好两个方面的关系问题：一是重新确立国家与企业的关系，以扩大企业的自主权；二是解决好企业与职工的关系，以调动劳动者的积极性，发挥劳动者的主动性、创造性。要使企业真正成为相对独立的经济实体，成为自主经营、自负盈亏的商品生产者和经营者，具有自我改造和自我发展的能力，成为具有一定权利和义务的法人。在企业内部，要明确对每个岗位、每个职工的工作要求，建立以承包为主的多种形式的经济责任制。这种责任制的基本原则是：责、权、利相结合，国家、集体、个人利益相统一，职工劳动所得同劳动成果相联系。② 国营企业改革的基本思路是所有权和经营权适当分离。于是，以"承包制"为主的两权分离改革探索，成为这一阶段国营企业改革的主基调。

1986 年 12 月，国务院发布《关于深化企业改革、增强企业活力的若干规定》，提出"推行多种形式的经营承包责任制，给经营者以充分的经营自主权"。承包经营责任制，是在坚持企业的社会主义全民所有制的基础上，按照所有权与经营权分离的原则，以承包经营合同的形式，确定国家与企业的责权利关系，使企业做到自主经营、自负盈亏的经营管理制度。主要内容是"双保一挂"：双保，即保上缴利税，保企业技术改造；一挂，即企业工资总额与上缴利税挂钩。1988 年 2 月，国务院发布《全民所有制工业企业承包经营责任制暂行条例》，进一步规范了承包经营责任制的实施。到 1989

① 董辅礽. 中华人民共和国经济史（下卷）[M]. 北京：经济科学出版社，1999：179.
② 中共中央关于经济体制改革的决定 [J]. 中国劳动，1984（21）：2－12.

年底，全民所有制独立核算工业企业 90% 以上实行了各种形式的承包经营责任制。同时，部分大中型国营企业开始进行股份制试点，小型国营企业尝试租赁经营改革，企业破产兼并和建立企业集团也迅速展开。企业内部管理体制改革主要表现在：一是普遍实行厂长（经理）负责制；二是改革企业劳动制度，改招固定工为合同工，规定厂长有权辞退违纪职工，把企业内部工资奖金的分配权下放给企业，并制定了国营企业职工待业保险暂行规定。

2. 宏观经济管理体制改革

1984 年 10 月，国务院批转了国家计划委员会《关于改进计划体制的若干暂行规定》。计划体制改革的基本精神是"大的方面管住管好，小的方面放开搞活"，进一步扩大企业自主权。计划工作的重点要转移到中期和长期计划上来，并相应改革计划方法。除了关系国计民生的重要经济活动需要实行指令性计划外，对大量的一般经济活动实行指导性计划。对饮食业、服务业和小商品生产等方面，实行市场调节。在农业方面，国家对主要农产品的生产实行指导性计划。对粮食、棉花、油料、烤烟、黄红麻、生猪、二类海水产品等关系国计民生的大宗农产品的收购和调拨规定指令性指标，通过自下而上地签订收购合同加以落实，超计划部分放开。其他农产品除另有规定外，实行市场调节。在工业生产和交通运输方面，对国家统一分配调拨的煤炭、原油及油制品、钢材、卷烟、军工等重要产品，以及对重点物资的铁路货运量、部直属水运货运量、沿海主要港口吞吐量，实行指令性计划。各部和省可对本行业或地区少数重要工业产品下达指令性计划。企业在确保完成国家计划和供货合同的前提下，超产部分可以自销；国家下达指导性计划的产品，由企业按照国家计划指引的方向，自行安排生产销售；国家不下达计划的产品，实行市场调节。下放计划管理权限后，指令性计划范围缩小，指导性计划和市场调节范围扩大。实行以计划体制为重点的宏观经济管理体制改革，使国家管理经济的方式开始由主要依靠行政手段的直接管理，向主要运用经济法律手段的间接管理转变。

3. 价格体系改革

党的十二届三中全会指出：价格体系改革关系国民经济的全局，涉及千家万户，是整个经济体制改革成败的关键；现行的价格体系存在着相当紊乱的现象，不少商品的价格既不反映价值，也不反映供求关系。因此，在调整价格的同时，必须改革过分集中的价格管理体制，逐步缩小国家统一定价的范围，使价格能够比较灵活地反映社会劳动生产率和市场供求关系的变化。

特别是在解决农副产品购销价格倒挂和调整消费品价格的时候，必须采取切实的措施，确保广大城乡居民的实际收入不因价格的调整而降低。① 在前期对农产品、副食品、部分纺织品和电子产品价格调整的基础上，1985～1986年国家开始了以放为主的全面性价格改革。在农产品方面，取消了对主要农副产品的统购派购制度，实行合同定购和市场收购。将农村粮食销售价格提高到与收购价格持平；取消棉花统购，改为合同定购；放开城市蔬菜、肉、禽等鲜活副食品的价格，绝大部分农产品价格由市场调节。在工业消费品方面，1985年放开了缝纫机、国产手表、收音机、电风扇等工业消费品的价格，实行企业定价。1986年又放开了自行车、黑白电视机、电冰箱、洗衣机、收录机、中长纤维布、80支以上棉纱等工业消费品的价格。绝大多数工业消费品的价格由市场决定。在铁路运输方面，提高了100公里以内的硬座票价和200公里以内的货运等短途运价，初步改变了铁路短途运价与公路运价、水运价格比价不合理的状况，促进了公路、水路为铁路分流。在工业生产资料方面，实行价格"双轨制"，放开计划外生产资料价格，企业对超产自销的工业生产资料有权自定价格。更多的生产资料真正进入市场，过去很难或无法获得计划物资的乡镇、私营、个体企业，由此得到迅速发展。② 到1988年，在社会商品零售总额中，国家定价部分占29%，国家指导价部分占22%，市场调节价部分占49%。

4. 工资分配制度改革

为了缓解价格改革引起的震动，工资改革与价格改革同时出台。1985年1月，国务院发布《关于国营企业工资改革问题的通知》，将企业与国家机关、事业单位的工资改革和工资调整纳入不同轨道。国家机关、事业单位废除了20世纪50年代建立的等级工资制，即把原有的标准工资、副食品价格补贴、行政经费节支奖金，与这次改革增加的工资合并在一起，实行以职务工资为核心的结构工资制，工资水平由国家根据经济发展和财力直接进行调整。企业工资改革主要是实行企业职工工资总额同经济效益按比例浮动的办法，简称"工效挂钩"，即将企业职工工资总额的增长与企业经济效益的提高挂起钩来，按政府核定的比例浮动，企业当年实际发放的工资总额超过

---

① 中共中央关于经济体制改革的决定 [J]. 中国劳动，1984 (21)：2－12.
② 赵德馨. 中华人民共和国经济史 (1985－1991) [M]. 郑州：河南人民出版社，1999：62－63.

上年工资总额基数的 7% 以上的部分，要缴纳工资调节税，不再征收奖金税。① 国家不再统一安排企业职工的工资改革和工资调整。企业内部具体工资分配形式，是实行计件工资还是计时工资，工资制度是实行等级制，还是实行岗位（职务）工资制、结构工资制，是否建立津贴、补贴制度，以及浮动工资、浮动升级等，均由企业根据实际情况，自行研究确定。"工效挂钩"标志着国家对工资个量调控向工资总量调控的转变，使企业的工资制度与市场建立联系，有利于在微观上搞活企业的内部分配。

5. 劳动保险和福利制度改革

在传统的计划经济体制下，职工的劳动保险和福利由其所在企业具体承担。随着经济体制改革的全面推开，市场机制开始在资源配置中发挥重要作用，劳动保险和福利制度的内在缺陷日益显现，即一旦职工所在企业破产，其所享有的各种待遇也会随之丧失。加之，企业支付的保险福利费用不断上涨，企业负担日益沉重，劳保福利支出社会化势在必行。在养老保险改革方面，从 1984 年开始，各地陆续实行企业职工退休费社会统筹。1991 年 6 月，国务院颁发《关于企业职工养老保险制度改革的决定》后，以社会统筹为目标、多方分担责任为原则的养老保险制度改革在全国展开。在医疗保险改革方面，一些地方开始实行个人负担部分医疗费用和医疗费用社会统筹试点。在失业保险改革方面，为了配合劳动合同制的实行和企业破产法的实施，从 1986 年起开始建立国营企业职工失业保险制度。由于当时在意识形态上不承认社会主义有失业现象，因此，被称为"待业保险"。在职工福利制度改革方面，各种带工资性的福利补贴，包括物价补贴、上下班交通补贴、洗理卫生费、书报费、燃料补贴、冬季取暖补贴等纳入职工工资，直接计入成本，不再从职工福利基金中列支。设立企业社会保险基金，把职工的养老、医疗、失业、工伤、生育等保险项目全部囊括其中，企业按法定标准提取的社会保险基金直接从工资成本中列支，使保险费用与福利费用严格分开。② 通过引入保险业分散风险的"大数法则"，建立各项社会保险基金，初步实现了国家、企业和个人三方共同参与的格局，社会保障制度模式逐步从单位化向社会化转型。

6. 多种经济成分共同发展

党的十二届三中全会指出：我们要迅速发展各项生产建设事业，加快实

---

① 从调整工资到全面推行工资改革 [J]. 经济研究参考, 1994 (31): 21-30.
② 宋士云. 中国职工福利制度的回顾与展望 [J]. 理论学刊, 2013 (1): 85-89.

现国家繁荣富强和人民富裕幸福，必须调动一切积极因素，在国家政策和计划的指导下，实行国家、集体、个人一起上的方针，坚持发展多种经济形式和多种经营方式。随着改革开放的逐步深入，各类市场主体特别是非国营企业，无论是总体数量还是单个企业规模发展都非常迅速。1985 年，全国城镇集体工业企业 15.07 万个，城镇集体单位就业人员 3324 万人；到 1991 年分别增加到 15.98 万个，3628 万人。① 1984 年，全国乡镇企业有 606.52 万个，吸纳农村劳动力就业 5208.11 万人，占当期农村劳动力比重的 14.5%；1991 年增加到 1907.88 万个，吸纳农村劳动力就业 9264.8 万人，占同期农村劳动力比重的 22.1%。② 根据国家工商行政管理局的统计，到 1991 年，全国个体工商户已有 1417 万户，从业人员 2258 万人，注册资金 488 亿元，实现产值 782 亿元；私营企业达到了 10.78 万户，从业人员 184 万人，注册资金 123 亿元，实现产值 147 亿元；外商投资企业增长到 3.72 万户，注册资金 446.58 亿美元，从业人员 165 万人。③

（三）1992～1998 年初步构建市场经济体制的基本框架

建立社会主义市场经济体制是一项前无古人的开创性伟大事业。1992～1998 年，根据邓小平南方谈话精神和党的十四大、党的十四届三中全会确立的改革目标和改革方案，经济体制进入全面深化改革阶段，初步构建起社会主义市场经济体制的基本框架。

1. 国有企业建立现代企业制度

1993 年 11 月，党的十四届三中全会通过的《中共中央关于建立社会主义市场经济体制若干问题的决定》指出：要进一步转换国有企业经营机制，建立适应市场经济要求，产权清晰、权责明确、政企分开、管理科学的现代企业制度。国有企业实行公司制，是建立现代企业制度的有益探索。这标志着国有企业改革的主要方向和着力点开始从过去维持原有制度框架不变进行利益关系调整，转向股份制并试图从产权改革入手，创建社会主义市场经济微观主体的新阶段。1994 年 11 月，建立现代企业制度试点工作正式启动。

---

① 刘迎秋. 中国非国有经济改革与发展 30 年研究 [M]. 北京：经济管理出版社，2008：44－46.

② 国家统计局农村社会经济调查总队. 新中国五十年农业统计资料 [M]. 北京：中国统计出版社，2000：19.

③ 张厚义，明立志，梁传运. 中国私营企业发展报告 No.3（2001）[M]. 北京：社会科学文献出版社，2002：6－12，32－43.

到 1997 年，大部分试点企业改制为公司制企业，与政府之间建立了投资者与被投资者的关系，初步建立了较规范的法人治理结构，国有企业的市场主体性进一步增强。

随着建立现代企业制度试点，一些配套改革也相继展开，诸如优化资本结构、分离企业办社会职能、劳动体制改革等。1994 年 11 月，以调整产业结构、行业结构、企业组织结构为目的的城市优化资本结构试点开始实施。上海、天津等 18 个城市是第一批试点城市，1997 年试点城市增加到 111 个，试点工作主要围绕增资、改造、分流、破产等方面进行。① 1995 年 5 月，国家经济贸易委员会等部门发布《关于若干城市分离企业办社会职能分离富余人员的意见》，要求具备条件的企业分离自办中小学校、医院、后勤服务等单位，不具备条件的企业先在内部分离，独立核算，待条件具备后再逐步推向社会交由政府管理。在劳动体制改革方面，实行彻底的全员劳动合同制，赋予企业根据劳动力市场的供求情况自由决定工资水平的权利，做好下岗职工基本生活保障和再就业工作。②

从 20 世纪 90 年代中期起，国有企业开始面临买方市场的约束，经济效益大幅度下滑，国有工业企业亏损面从 1992 年的 23.4% 上升到 1997 年的 39.2%③；国有企业历史沉淀下来的富余人员、企业债务、社会保障等问题，更使企业在日益加剧的竞争局面中深陷困境。1997 年 9 月，党的十五大提出了"抓大放小"的国有企业改革思路，提出从战略上调整国有经济布局，着眼于搞好整个国有经济，抓好大的，放活小的，对国有企业实行战略性改组。这一思路的创新之处在于，开始跳出单纯的体制与制度改革的范畴，开始强调国有经济本身规模、布局与结构的调整。党的十五届一中全会进一步提出，要用三年左右的时间，通过改革、改组、改造和加强管理，使大多数国有大中型亏损企业摆脱困境，力争到 20 世纪末使大多数国有大中型骨干企业初步建立起现代企业制度。

2. 坚持公有制为主体、多种所有制经济共同发展

1992～1998 年，中国多种所有制经济，特别是非国有经济获得了快速发展，初步展现出国有、集体、个体私营和外资为基本组织形态的市场经济主体结构，为市场经济发展奠定了坚实的微观基础，在发展生产、扩大就

---

① 吕政，黄速建. 中国国有企业改革 30 年 [M]. 北京：经济管理出版社，2008：110.
② 胡鞍钢，程永宏. 中国就业制度演变 [J]. 经济研究参考，2003 (51)：2－19，25.
③ 曾培炎. 新中国经济 50 年（1949－1999）[M]. 北京：中国计划出版社，1999：131.

业、增加税收、改善人民生活等方面发挥了重要作用。从城镇从业人员看（见表1-2），1992年为17241万人，到1998年增长到20678万人，增加了3437万人。国有经济单位和城镇集体经济单位在改革中从业人员大量缩减，而个体、私营经济和外资企业由于发展较快，从业人员则迅速攀升。从乡镇企业从业人员看，1992年为10625万人，到1998年增长到12537万人，增加了1912万人。这说明城镇个体、私营经济和乡镇企业已成为中国就业的主要渠道和载体。

表1-2   **1992～1998年中国从业人员基本情况**   单位：万人

类别	1992年	1993年	1994年	1995年	1996年	1997年	1998年
城镇从业人员	17241	17589	18413	19093	19815	20207	20678
国有经济单位	10889	10920	11214	11261	11244	11044	9058
城镇集体经济单位	3621	3393	3285	3147	3016	2883	1963
联营经济单位	56	66	52	53	49	43	48
股份制经济单位		164	292	317	363	468	410
港澳台商投资经济单位	83	155	211	272	265	281	294
外商投资经济单位	138	133	195	241	275	300	293
私营企业	98	186	332	485	620	750	973
个体	740	930	1225	1560	1709	1919	2259
乡村从业人员	48313	48784	48786	48854	49035	49393	49279
乡镇企业	10625	12345	12017	12862	13508	13050	12537
私营企业			316	471	551	600	737
个体			2551	3054	3308	3522	3855

资料来源：中国统计年鉴（1997）［M］. 北京：中国统计出版社，1997：93.
中国统计年鉴（1999）［M］. 北京：中国统计出版社，1999：113.

1997年之前，国有经济部门的就业比重明显高于非国有经济部门，就业总量保持相对稳定。此后，国有经济部门的就业比重不断下降，非国有经济部门的就业比重呈不断上升趋势。从工业企业总产值看（见表1-3），1992年为34599亿元，到1998年增长到119048亿元，增加了2.44倍。1992年，国有企业、集体企业、个体企业和其他经济类型企业工业总产值之比为51.5：35.1：5.8：7.8。1994年，集体企业工业总产值已开始超过国有企业工业产值，并逐渐占据各种经济类型的首位。科龙、春兰、海尔等一大批优秀城镇集体企业涌现出来，成为中国经济生活中的亮点。同时，个体企业和其他经济类型企业的资本积累明显加快，企业规模不断扩大，工业总产值均成倍增长。到1998年，国有企业、集体企业、个体企业和其他经济类型企业工业产值之比变成了28.2：38.4：17.1：22.9。这说明非国有经济已经成长为中国经济发展的主力和经济增长的重要引擎。此外，非国有经济部门也已成为中国的主要纳税主体。这一阶段，个体私营企业和三资企业缴纳的税收年均增长均明显高于国有企业。1993年，国有企业和非国有企业部门的税收比重为63.6：36.4，到1998年税收比重则变为54.1：45.9。[①]

表1-3　　　　　　1992～1998年中国企业单位数和总产值

类别	1992年	1993年	1994年	1995年	1996年	1997年	1998年
企业单位数（万个）	861.21	991.16	1001.71	734.15	798.65	792.29	797.46
国有企业（含国有控股）	10.33	10.47	10.22	11.80	12.76	11.00	6.47
集体企业	164.06	180.36	186.30	147.50	159.18	177.23	179.78
个体企业	685.40	797.12	800.74	568.82	621.07	597.47	603.38
其他经济类型企业	1.42	3.21	4.45	6.03	7.02	7.73	8.57
#股份制经济			0.46	0.59	0.83	1.31	1.14
外商及港澳台商投资企业			3.00	5.40	4.43	4.38	6.25
工业总产值（亿元）	34599	48402	70176	91894	99595	113733	119048
国有企业（含国有控股）	17824	22725	26201	31220	36173	35968	33621
集体企业	12135	16464	26472	33623	39232	43347	45730
个体企业	2006	3861	7082	11821	15420	20376	20372
其他经济类型企业	2688	5174	9018	15231	16582	20982	27270
#股份制经济			2967	2750	3302	4976	9262
外商及港澳台商投资企业			6604	10722	12117	14399	17750

资料来源：中国统计年鉴（1997）[M]．北京：中国统计出版社，1997：411.
中国统计年鉴（1999）[M]．北京：中国统计出版社，1999：421.

---

① 刘迎秋．中国非国有经济改革与发展30年研究［M］．北京：经济管理出版社，2008：4-5.

3. 培育和发展市场体系

1992 年以来，围绕构建社会主义市场经济体制框架的目标，党和政府大力推进市场体系的培育和发展，发挥市场机制在资源配置中的基础性作用。

（1）构建统一、规范的商品市场。商品市场是市场体系的重要基础。1994 年 12 月，国内贸易部制定了《全国商品市场规划纲要》，提出了 2000 年以前商品市场发展的战略目标，即适应国民经济的发展，初步建成以商品集散面广、容量大、功能全、交易规范的全国性批发市场为中心，以地方批发市场为骨干，以中小型市场、遍及城乡的集贸市场和商业网点为基础的统一开放、竞争有序的全国商品市场组织体系。为此，主要采取了以下措施：一是改革商品流通体系，在重要商品的产地、销地或集散地，建立大宗农副产品、工业消费品和生产资料批发市场，并进行少数商品期货市场的试点。二是推动国有商业企业的现代企业制度建设，采取股份制、承包、租赁、出售、兼并等多种形式，有效增强企业活力，使其真正成为市场经济条件下商品流通的竞争主体。三是放宽市场准入，鼓励非国有、非公有经济和外商进入流通领域，形成多种经济成分共同发展、共同繁荣的市场格局。四是坚持以国内市场为依托，以国际市场为导向，充分利用国内外两种资源、两个市场，促进流通的产业化进程，为中国流通企业经营业务向跨国化延伸奠定良好的基础。

（2）大力培育和发展要素市场。要素市场是市场体系的主体内容。党和政府主要采取了以下措施：一是规范和发展金融市场。1993 年 11 月，国务院颁发了《关于金融体制改革的决定》，提出"建立统一开放、有序竞争、严格管理的金融市场"。二是培育和发展劳动力市场。1993 年 12 月，劳动部制定了《关于建立社会主义市场经济体制时期劳动体制改革总体设想》，提出"建立竞争公平、运行有序、调控有力、服务完善的现代劳动力市场"。1994 年 7 月，《中华人民共和国劳动法》出台，使劳动力市场的培育和发展有了法律保障。三是全面启动房地产市场建设。1994 年 7 月，国务院颁布《关于深化城镇住房制度改革的决定》，指出"建立与社会主义市场经济体制相适应的新的城镇住房制度，实现住房商品化、社会化；加快住房建设，改善居住条件，满足城镇居民不断增长的住房需求"。这标志着住房改革开始实施市场供应和政府保障双重体系的政策。[①] 1998 年 7 月，国务

---

① 宋士云. 新中国城镇住房保障制度改革的历史考察 [J]. 中共党史研究，2009 (10)：102 - 110.

院发布《关于进一步深化城镇住房制度改革加快住房建设的通知》，提出停止住房实物分配、逐步实行住房分配货币化的政策，进一步推动了房地产向市场化迈进。四是大力推进技术市场的发育。1995 年 5 月，中共中央、国务院《关于加速科学技术进步的决定》提出了"科教兴国"的战略，阐明了技术市场在深化科技体制改革、推进科技进步及其与经济相结合中的重要地位和作用，指明了中国技术市场的发展方向。

（3）建立主要由市场形成价格的机制。由市场决定价格形成是市场体系的核心。党的十四届三中全会提出，价格改革的任务是"在保持价格总水平稳定的前提下，放开竞争性商品和服务的价格，调顺少数由政府定价的商品和服务的价格；尽快取消生产资料价格双轨制；加速生产要素价格市场化进程；建立和完善少数关系国计民生的重要商品的储备制度，平抑市场价格。"① 为此，主要进行以下四个方面的改革：一是进一步放开竞争性商品和服务的价格；二是推进政府定价和指导价决策的民主化和科学化；三是完善价格宏观调控体系的调控机制，增强政府调控价格的能力；四是加快与国际价格体系的衔接。到 20 世纪末，中国基本形成了由市场自主决定价格的机制。

4. 转变政府职能，建立现代宏观经济调控体系

党的十四届三中全会指出，政府管理经济的职能主要是制定和执行宏观调控政策，搞好基础设施建设，创造良好的经济发展环境。宏观调控的主要任务是保持经济总量的基本平衡，促进经济结构的优化，引导国民经济持续、快速、健康发展，推动社会全面进步。到 20 世纪 90 年代中期，中国初步建立了与市场经济体制要求相适应的现代宏观经济调控体系。

（1）稳步推进财税体制改革。1993 年 12 月，国务院发布《关于实行分税制财政管理体制的决定》，启动了分税制改革，即按税种划分中央和地方财政收入；中央和地方分设税务机构，分别收税；中央对地方实行税收返还和转移支付。这次财税体制改革主要包括：全面改革流转税，建立以增值税为主体，消费税和营业税为补充的现代流转税体制；对内资企业实行统一的企业所得税，统一个人所得税；调整、撤并和开征了其他一些税种，如将资源税的征收范围扩大到所有矿产资源，开征了土地增值税，取消了奖金税和工资调节税。经过改革，税制结构趋于合理，中央和地方的财权、事权得到明晰，中央政府的财政实力和宏观调控能力大大增强。

---

① 中共中央文献研究室．十四大以来重要文献选编（上）［M］．北京：人民出版社，1996：527.

（2）不断完善金融体制改革。金融体制的改革表现在：一是金融组织体系不断健全。1995 年 3 月，《中国人民银行法》颁布，明确了中国人民银行作为中央银行的主要职能是制定和实施货币政策，对金融业实施监督管理。设立了 3 家政策性银行，将政策性贷款从中央银行和专业银行的业务中剥离出来。1995 年 5 月，《商业银行法》颁布，4 家国有专业银行逐渐向商业银行转化，并实行资产负债比例管理。二是市场化的间接货币政策工具的作用凸显。信贷规模管理逐渐弱化并退出，适时调整了法定存款准备金率和备付金率，开启了利率市场化改革。1994 年 4 月，中国人民银行开展外汇买卖公开市场业务。1996 年 4 月，开启国债公开市场操作业务，强化了货币供应的调控能力。三是外汇管理体制改革。1994 年 1 月，实现汇率并轨，实行以市场供求为基础的、单一的、有管理的浮动汇率制，取消了外汇收支的指令性计划。1996 年底，实现了人民币经常项目可兑换。

（3）加快计划体制改革。计划工作的任务是确定国民经济和社会发展战略、宏观调控目标和产业政策，搞好经济预测，规划重大经济结构、生产力布局、国土整治和重点建设。计划体制改革主要体现在：一是改进年度计划形式，从指标型计划转向政策型计划，突出计划的信息导向功能①；二是加强产业政策研究，突出产业政策的引导作用；三是改进年度计划指标体系，减少和简化产量指标，增加必要的总量指标；四是改进计划方法和计划制定程序，增强计划的科学性。

（4）推进政府职能转变和政府机构改革。1993 年 3 月，党的十四届二中全会审议通过了《关于党政机构改革的方案》，对不同的行政管理层次提出了不同的改革要求：国务院的机构改革，重点在加强宏观调控和监督部门，强化社会管理职能部门，一部分专业经济部门转变为行业管理机构或经济实体；省、省辖市两级的机构改革，注重加强对本地区经济发展的协调和社会管理职能；县、乡两级的机构改革，则侧重加强服务体系的建设。②这次改革，在综合部门中新组建了国家经济贸易委员会，旨在加强对国民经济运行中重大问题的协调，并把专业经济部门划分为三类：一类改为经济实体，不再承担政府行政管理职能；一类改为行业总会；一类是保留和新设的部门，主要职能是规划、协调、监督和服务。

---

① 王爱云. 党的第三代中央领导集体与中国的宏观调控 ［J］. 党史研究与教学，2006（5）：29－38.

② 中共中央文献研究室. 十四大以来重要文献选编（上）［M］. 北京：人民出版社，1996：125.

5. 建立合理的个人收入分配和社会保障制度

1993 年 11 月，党的十四届三中全会指出，个人收入分配要坚持以按劳分配为主体、多种分配方式并存的制度，体现效率优先、兼顾公平的原则，劳动者的个人劳动报酬要引入竞争机制，打破平均主义，实行多劳多得，合理拉开差距。同年 12 月，劳动部《关于建立社会主义市场经济体制时期劳动体制改革总体设想》提出，企业工资制度改革的目标是建立市场机制决定、企业自主分配、政府监督调控的新模式，进一步改进和完善工效挂钩办法。此后，企业内部的工资管理发生重大变化：一是国有企业从过去实行的等级工资制转变为推行岗位技能工资制；二是认识到经营者在企业发展中的作用，开始试行年薪制，构建独立的经营者激励机制；三是开展企业工资集体协商试点。企业内部分配制度的多样化，大大加强了工资的激励作用，使工资充分发挥了其经济杠杆的功能。1993 年 11 月，国务院发布《关于机关和事业单位工作人员工资制度改革问题的通知》，决定从 1993 年 10 月 1 日起，对机关、事业单位工资制度进行新中国成立以来的第三次重大改革。国家机关与事业单位工资制度相分离，分别建立符合各自特点的工资制度。机关工资制度改革，结合机构改革和推行公务员制度，建立起"职务级别工资制度"；事业单位工资改革，根据其自身单位特点和经费来源的不同，分别实行专业技术职务等级工资制、岗位工资制、艺术结构工资制、体育津贴奖金制和行员等级工资制五类基本工资制度。

社会保障制度改革取得突破性进展，初步建立起一个独立于企事业单位之外，资金来源多元化、保障制度规范化、管理服务社会化的社会保障体系。一是建立了统一的企业职工基本养老保险制度。城镇职工养老保险金由单位和个人共同负担，实行社会统筹和个人账户相结合。到 1998 年底，各省（区、市）实行企业职工基本养老保险省级统筹，基本养老保险工作由省级地方政府统一管理。二是初步建立起社会统筹和个人账户相结合的城镇职工基本医疗保险制度。三是逐步建立起覆盖城镇全部职工、基金三方合理负担、救济与再就业紧密结合，管理和服务社会化的失业保险制度。四是工伤、生育保险制度改革，农村养老和合作医疗制度建设也逐步展开。五是建立了统一的社会保障管理机构。1998 年 3 月，组建劳动和社会保障部，负责制定法规、监督、规划和协调工作，履行政府社会保障的行政管理职能。在社会保险制度不断完善的同时，社会救助、社会优抚和社会福利等也有了新的发展，商业保险也逐步成为重要补充。这样，在全国基本完成了从传统"国家—单位保障制度模式"向现代社会保障制度模式的转型。

三、经济的快速增长与产业结构的调整

1978～1998 年，中国经济总量规模迅速增长，并呈现出周期性波动特征。同时，经济结构特别是产业结构逐步调整和进步，经济增长方式开始由粗放型向集约型转变。经济增长及其方式的转变，为居民消费水平的提高和消费结构的优化奠定了雄厚的物质基础，为居民消费提供了更多的商品选择机会。

（一）经济总量规模迅速增长及其特征

1978 年以后，中国经济现代化建设进入了一个新的历史时期，其经济增长速度和实力增强程度是空前的（见表 1－4）。从经济总量上看，1978 年国内生产总值为 3624. 1 亿元，到 1998 年已增长到 78345. 2 亿元，按可比价格计算，二十年间国内生产总值增长了 5. 28 倍，年均增长速度为 9. 6%，比 1952～1978 年的 6. 2% 增长了 3. 4 个百分点。1978 年人均国内生产总值为 379 元，到 1998 年已增长到 6307 元，按可比价格计算，人均国内生产总值增长了 3. 92 倍，年均增长速度为 8. 3%，远高于 1952～1978 年的 4%。据世界银行公布的资料，1997 年中国国内生产总值在世界排名已升至第七位，居发展中国家首位。[①] 1978～1998 年居民消费水平的提升也快于 1952～1978 年。1998 年全国居民消费水平为 2973 元，按可比价格计算，是 1978 年的 3. 93 倍，二十年间年均增长率为 7. 1%。而 1978 年全国居民消费水平仅为 1952 年的 1. 77 倍，二十六年间居民消费水平年均增长率为 2. 2%。

表 1－4　　　　　　1978～1998 年中国国内生产总值增长情况　　　　单位：亿元

年份	国内生产总值	第一产业	第二产业			第三产业			人均国内生产总值（元）
				工业	建筑业		运输邮电	商业	
1978	3624. 1	1018. 4	1745. 2	1607. 0	138. 2	860. 5	172. 8	265. 5	379
1979	4038. 2	1258. 9	1913. 5	1769. 7	143. 8	865. 8	184. 2	220. 2	417
1980	4517. 8	1359. 4	2192. 0	1996. 5	195. 5	966. 4	205. 0	213. 6	460

① 曾培炎. 新中国经济 50 年（1949－1999）［M］. 北京：中国计划出版社，1999：212.

续表

年份	国内生产总值	第一产业	第二产业			第三产业			人均国内生产总值（元）
				工业	建筑业		运输邮电	商业	
1981	4862.4	1545.6	2255.5	2048.4	207.1	1061.3	211.1	255.7	489
1982	5294.7	1761.6	2383.0	2162.3	220.7	1150.1	236.7	198.6	526
1983	5934.5	1960.8	2646.2	2375.6	270.6	1327.5	264.9	231.4	582
1984	7171.0	2295.5	3105.7	2789.0	316.7	1769.8	327.1	412.4	695
1985	8964.4	2541.6	3688.6	3448.7	417.9	2556.2	406.9	878.4	855
1986	10202.2	2763.9	4492.7	3967.0	525.7	2945.6	475.6	943.2	956
1987	11962.5	3204.3	5251.6	4585.8	665.8	3506.6	544.9	1159.3	1103
1988	14928.3	3831.0	6587.2	5777.2	810.0	4510.1	661.0	1618.0	1355
1989	16909.2	4228.0	7278.0	6484.0	794.0	5403.2	786.0	1687.0	1512
1990	18547.9	5017.0	7717.4	6858.0	859.4	5813.5	1147.5	1419.7	1634
1991	21617.8	5288.6	9102.2	8087.1	1015.1	7227.0	1409.7	2087.0	1879
1992	26638.1	5800.0	11699.5	1284.5	1415.0	9138.6	1681.8	2735.0	2287
1993	34634.4	6882.1	16428.5	14143.8	2284.7	11323.8	2123.2	3090.7	2939
1994	46759.4	9457.2	22372.2	19359.6	3012.6	14930.0	2685.9	4045.4	3923
1995	58478.1	11993.0	28537.9	24718.3	3819.6	17947.2	3054.7	4932.3	4854
1996	67884.6	13844.2	33612.9	29082.6	4530.5	20427.5	3494.0	5560.3	5576
1997	74462.6	14211.2	37222.7	32412.1	4810.6	23028.7	3797.2	6159.9	6053
1998	78345.2	14552.4	38619.3	33387.9	5231.4	25173.5	4121.3	6579.1	6307

注：本表按当年价格计算。

资料来源：中国统计年鉴（1999）［M］. 北京：中国统计出版社，1999：93.

1978～1998年，中国人口年均增长速度有所下降，从1952～1978年的年均增长2%下降到了1.3%；国内生产总值的年均增长速度与人口增长速度两者的差幅，从1952～1978年的4.2个百分点扩大到8.3个百分点。这就为人均国内生产总值增长速度的提高幅度高于国内生产总值增长速度的提高幅度创造了条件。1952～1978年人均国内生产总值增长速度低于国内生产总值增长速度2.2个百分点，1978～1998年则低于1.3个百分点，两者差距明显缩小。因此，1978～1998年的经济增长是实质性的经济增长，不仅体现在总量增长上，而且体现在人均经济总量的增长上，经济总量增长与人口增长之间过度紧张的制约关系明显缓解。同时，经济总量与居民消费水平增幅也逐步接近。居民消费水平增长速度与国内生产总值增长速度之间的差幅从 1952 ~ 1978 年的 4 个百分点降低到 1978 ~ 1998 年的 2.5 个百分点。因此，改革开放以来经济增长与居民消费水平提高之间的紧张关系也明显缓解。

　　1978 ~ 1998 年，在新旧经济体制机制的摩擦作用下，中国经济增长呈现出周期性波动的特征（见图 1 - 1）。刘树成研究员按"谷谷"法，将1953 年到 1999 年的中国经济增长划分成九个周期，其中改革开放前五个、改革开放后四个。改革开放前，经济周期波动的突出特点是大起大落，表现为古典型周期，即在经济周期的下降阶段国内生产总值绝对下降，出现负增长。改革开放后，经济周期波动的主要特点为波幅减缓，并由古典型转变为增长型，即在经济周期的下降阶段国内生产总值并不绝对下降，只是增长率下降了。改革开放后的四个周期大致分为 1977 ~ 1981 年、1982 ~ 1986 年、1987 ~ 1990 年和 1991 ~ 1999 年。① 若把 1978 ~ 1998 年放在这四个经济周期中看，峰位经济增长率分别是 1978 年的 11.7%、1984 年的 15.2%、1987年的 11.6% 和 1992 年的 14.2%；谷位经济增长率分别是 1981 年的 5.2%、1986 年的 8.8%、1990 年的 3.8% 和 1998 年的 7.8%；峰谷落差（百分点）分别为 6.5、6.4、7.8 和 6.4。可见，改革开放以来中国经济周期波动呈现出一种新形态：峰位降低、谷位上升、波幅缩小。

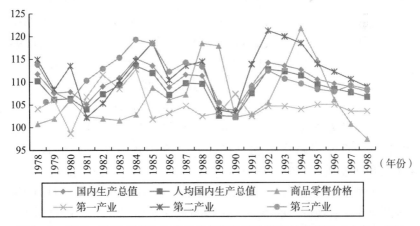

图 1 - 1　1978 ~ 1998 年国内生产总值指数和商品零售价格指数（上年 = 100）

---

① 刘树成. 中国经济周期研究报告 [M]. 北京：社会科学文献出版社，2006：3 - 5.

中国经济增长的波动与物价波动呈明显的同向关系，且物价上涨幅度大于经济增长率的波动幅度，这表明市场价格开始成为反映经济运行格局的信号，成为宏观经济调控的目标与手段。1978～1981 年经济增长率下降的主要原因，一是经济建设指导思想上开始摆脱过去的急于求成和对高速度、高指标的追求；二是政府运用行政手段强制性地大幅度压缩了基本建设规模。1982～1984 年经济增长率上升的基本原因，一是国民经济调整初步改善了产业结构不合理的状况；二是经济体制改革拉动了国民经济的回升。1985～1986 年经济增长率下滑，是由于政府加强宏观管理，对 1984 年和 1985 年的投资和消费需求双膨胀采用了抑制措施，以缓解供求失衡的矛盾。但 1986 年经济仍然在过热的状态下运行，1987 年经济增长速度达到了 11.6%。到 1988 年，经过十年的改革，整个国家面貌都发生了深刻变化，但也积累了不少问题和困难：社会总需求远超社会总供给，现有国力和社会生产能力已支撑不了庞大的建设规模；工农业关系、工业内部比例失调较为严重；新旧体制转换未能很好地相互衔接，经济秩序出现混乱。[①] 加之，价格改革"闯关"引发全国性抢购风潮。因此，1988 年 9 月，中共中央作出了治理经济环境、整顿经济秩序，为改革创造良好经济环境的决策。1989 年经济增长速度大幅下降，由上年的 11.3% 下降到 4.1%，1990 年降至 3.8%，成为改革开放以来增长速度最低的一年。与此相伴，经济运行中出现市场疲软的新问题。到 1991 年，国民经济经过短时期的萧条后恢复了正常的增长速度。1991 年，物价上涨率为 2.9%，经济增长率为 9.2%；国内生产总值达到 21617.8 亿元，按可比价格计算，比 1984 年增长 80.94%，年均增长 8.84%；人均国内生产总值为 1879 元，同比增长 63.67%，年均增长 7.23%。[②] 不过，这两项指标都低于 1978～1984 年的年均增长率（9.25% 和 7.78%）。1992 年邓小平南方谈话后，全国掀起了新一轮的经济建设热潮，经济又开始高速增长，本年度经济增长率为 14.2%。随着经济的高增长，经济运行再次出现过热征兆。1993 年通货膨胀率为 13.2%，1994 年更是增长到 21.7%。1993 年 6 月，中共中央、国务院颁发《关于当前经济情况和加强宏观调控的意见》，制定了涵盖金融、财政、计划投资等方面加强和改善宏观调控的措施。到 1996 年，经济增长率从 1992 年 14.2% 的高位，较为平稳地回落到 9.6%，进入适度增长区间；商品零售价格上涨

---

① 董辅礽. 中华人民共和国经济史（下卷）[M]. 北京：经济科学出版社，1999：306.

② 本书对来源于《中国统计年鉴》或根据《中国统计年鉴》计算出来的数据，不作注释。

率从 1994 年的 21.7% 下降到 1996 年的 6.1%。1997 年和 1998 年, 经济增长率分别为 8.8% 和 7.8%, 商品零售价格上涨率分别为 0.8% 和 -0.6%。可以说, 1992~1998 年, 经济发展取得显著成效, 既实现了经济快速增长, 又有效抑制了通货膨胀。

(二) 产业结构的调整与优化

1978~1998 年, 随着经济结构的调整和资源配置机制的变化, 中国产业结构及各种主要比例关系出现了一系列具有深刻意义的结构性变化。从三次产业的增长速度看, 1978~1998 年, 按可比价格计算, 第一产业增长了 2.63 倍, 年均增长 4.96%; 第二产业增长了 8.14 倍, 年均增长 11.70%; 第三产业增长了 6.44 倍, 年均增长 10.53%。除第一产业外, 第二、三产业的增长速度都高于国内生产总值的增长速度。

1978~1984 年, 尽管经济增长出现了较大的波动, 但经济得到了快速回升。1984 年与 1978 年相比, 按可比价格计算, 国内生产总值增长了 70.0%, 年均增长 9.25%; 人均国内生产总值增长 56.8%, 年均增长 7.78%; 第一产业增长 52.6%, 年均增长 7.3%; 第二产业增长 66.9%, 年均增长 8.91%; 第三产业增长 96.1%, 年均增长 11.88%。三次产业结构的调整主要有以下特点: 一是第一产业产值比重偏高, 且逐渐上升。1978 年第一产业产值的比重为 28.1%, 此后一直维持在 30% 以上, 1984 年为 32%。这表明中国工业化处于较低的水平, 农业仍然是最主要的产业。这一变化与世界各国在社会经济发展过程中第一产业产值比重下降的趋势不一致, 是因为这一阶段农村经济体制改革促进了农业生产的超高速发展, 其发展带有很大的恢复性质。二是第二产业产值比重下降, 从 1978 年的 48.2% 下降到 1984 年的 43.3%。主要原因是, 在国民经济调整中坚持 "一要吃饭, 二要建设" 的原则, 第二产业的发展速度慢了一些。三是第三产业发展水平很低。第三产业产值比重一直维持在 20% 多一点, 1984 年有所提高, 为 24.7%。这说明中国经济的社会化、市场化水平低, 城市化发展与工业化发展不同步。

1985~1991 年, 经济体制改革的全面推开激发了各类经济主体的活力, "七五" 计划超额完成, 国民经济上了一个新台阶。1991 年, 国内生产总值达到 21617.8 亿元, 按可比价格计算, 比 1984 年增长 80.94%, 年均增长 8.84%; 人均国内生产总值为 1879 元, 同比增长 63.67%, 年均增长 7.23%; 第一产业增长 27.92%, 年均增长 3.58%; 第二产业增长

107.49%，年均增长 10.99%；第三产业增长 101.22%，年均增长 10.50%。这一阶段，乡镇企业迅速发展，已成为中国工业化发展的第二个主力军。三次产业结构变化主要有以下特点：一是第一产业和第三产业产值所占比重逆向变化。第一产业所占比重自 1985 年开始出现明显下降，由 1985 年的 28.4% 下降到 1991 年的 24.5%，下降了 3.9 个百分点。第三产业比重持续上升，由 1985 年的 28.5% 上升至 1991 年的 33.4%，上升了 4.9 个百分点。二是第二产业产值结构出现较为明显的波动，1991 年比 1985 年下降了 1 个百分点。总体上看，中国从 1985 年开始形成"二、三、一"的产业结构。这一变化符合工业化发展的基本规律。

1992～1998 年，随着社会主义市场经济体制框架的初步确立，中国产业政策日渐成熟和完善。党的十四大报告提出，调整和优化产业结构，高度重视农业，加快发展基础工业、基础设施和第三产业。1994 年 3 月，国务院颁布《90 年代国家产业政策纲要》，产业调整和产业升级已成为中国经济发展的重大战略。1998 年，中国国内生产总值达到 78345.2 亿元，按可比价格计算，比 1991 年增长 107.54%，年均增长 15.28%；人均国内生产总值为 6307 元，同比增长 92.33%，年均增长 9.79%；第一产业增长 34.78%，年均增长 4.36%；第二产业增长 163.96%，年均增长 14.87%；第三产业增长 88.38%，年均增长 9.47%。中国产业结构变化主要有以下特点：一是第一产业和第三产业产值比重均有下降。第一产业比重由 1992 年的 21.8% 下降到 1998 年的 18.6%，第三产业比重由 1992 年的 34.3% 下降到 1998 年的 32.1%。二是第二产业产值比重继续提高，1998 年比 1992 年上升了 5.4 个百分点。

一般来说，一个国家在走向现代经济的过程中，三次产业结构会发生如下顺序的变化，即从"一、二、三"转向"二、一、三"，再转向"二、三、一"，最后转向"三、二、一"。1953～1970 年，中国产业结构是典型的"一、二、三"格局。1970 年，三次产业结构之比为 35.2∶40.5∶24.3，开始向"二、一、三"格局转变，这意味着中国从农业国开始向工业国转变。1978 年，三次产业结构之比为 28.1∶48.2∶23.7，仍然是"二、一、三"格局。1985 年，产业结构开始向"二、三、一"格局转变，三次产业结构之比为 28.4∶43.1∶28.5。此后，中国产业结构进一步调整与优化。与此相应，中国就业结构也发生了重大变化。从业人员在三次产业中的分布，1970 年为 80.7∶10.1∶9.2，1978 年为 70.5∶17.3∶12.3，1985 年为 62.4∶20.8∶16.8，1998 年为 49.8∶23.5∶26.7。总体上看，1979～1998

年中国开始从工业化前的准备阶段向工业化的实现阶段迈进。

（三）农业快速发展与农产品产量大幅增加

1978～1998 年，按当年价格计算，全国农林牧渔业总产值增长了 16.55 倍，其中农、林、牧、渔业分别增长 11.74 倍、16.71 倍、32.44 倍、108.78 倍（见表 1 - 5）。农业产值增长速度高，林业、牧业、渔业增长速度更高，导致农业内部的产业结构进一步优化。1978 年，农、林、牧、渔各业产值占农业总产值的比例是 80.0∶3.4∶15.0∶1.6，到 1998 年升级为 58.1∶3.5∶28.6∶9.9。农业内部的产业结构变化，既提高了农民的收入水平，也适应了居民生活水平不断提高和多样化的需求。与此同时，全国主要农业产品产量也大幅度增加，其中粮食、棉花、油料、糖料、茶叶、水果、猪牛羊肉和水产品等分别增长了 68.1%、107.7%、343.5%、311.1%、148.1%、730.0%、437.0% 和 739.6%（见表 1 - 6）。到 1998 年，农业产品的供求格局已发生根本性变化，基本告别了短缺，开始进入买方市场阶段。1998 年，全国人均粮食、棉花、油料、糖料、茶叶、水果、猪牛羊肉和水产品分别为 412.42 公斤、3.62 公斤、18.63 公斤、78.82 公斤、0.54 公斤、43.90 公斤、37.02 公斤和 31.45 公斤，比 1978 年分别增长了 93.68 公斤、1.35 公斤、13.17 公斤、53.91 公斤、0.26 公斤、37.03 公斤、19.09 公斤和 26.58 公斤。1995 年，中国农业主要产品产量居世界的位次：居第一位的有谷物、肉类、棉花、花生、油菜籽、水果；茶叶居第二位；大豆居第三位。

表 1 - 5　　　　　1978～1998 年中国农林牧渔业总产值和构成

年份	总产值（亿元）	农林牧渔业总产值（亿元）				构成（总产值＝100）			
		农业	林业	牧业	渔业	农业	林业	牧业	渔业
1978	1397.00	1117.50	48.06	209.37	22.07	80.0	3.4	15.0	1.6
1979	1697.60	1325.00	60.70	285.60	26.00	78.1	3.6	16.8	1.5
1980	1922.00	1454.14	81.38	353.63	32.85	75.7	4.2	18.4	1.7
1981	2080.62	1635.87	98.89	302.17	43.69	78.6	4.8	14.5	2.1
1982	2483.26	1865.30	110.04	456.70	51.22	75.1	4.4	18.4	2.1
1983	2750.00	2074.47	127.20	485.11	63.22	75.4	4.6	17.6	2.3

续表

年份	总产值（亿元）	农林牧渔业总产值（亿元）				构成（总产值＝100）			
		农业	林业	牧业	渔业	农业	林业	牧业	渔业
1984	3214.13	2380.15	161.61	587.32	85.05	74.1	5.0	18.3	2.6
1985	3619.49	2506.39	188.68	798.31	126.11	69.2	5.2	22.1	3.5
1986	4013.01	2771.75	201.19	875.71	164.36	69.1	5.0	21.8	4.1
1987	4675.70	3160.49	221.98	1068.37	224.86	67.6	4.7	22.8	4.8
1988	5865.27	3666.89	275.90	1600.61	322.47	62.5	4.7	27.3	5.5
1989	6534.73	4100.58	284.92	1800.38	348.85	62.8	4.4	27.6	5.3
1990	7662.09	4954.26	330.27	1967.00	410.56	64.7	4.3	25.7	5.4
1991	8157.03	5164.43	367.90	2159.22	483.48	63.1	4.5	26.5	5.9
1992	9084.71	5588.02	422.61	2460.52	613.56	61.5	4.7	27.1	6.8
1993	10995.53	6605.14	494.00	3014.40	881.99	60.1	4.5	27.4	8.0
1994	15750.47	9169.22	611.07	4671.99	1298.19	58.2	3.9	29.7	8.2
1995	20340.86	11884.63	709.94	6044.98	1701.31	58.4	3.5	29.7	8.4
1996	22358.16	13539.75	778.01	6019.97	2020.43	60.6	3.5	26.9	9.0
1997	23764.01	13852.54	817.76	6811.01	2282.70	58.3	3.4	28.7	9.6
1998	24516.67	14241.88	851.26	7000.65	2422.88	58.1	3.5	28.6	9.9

注：本表按当年价格计算。

资料来源：新中国五十年统计资料汇编［M］．北京：中国统计出版社，1999：30.

表1－6　　　　　1978～1998年中国主要农业产品产量　　　　单位：万吨

年份	粮食	棉花	油料	甘蔗	甜菜	茶叶	水果	猪牛羊肉	奶类	禽蛋	水产品
1978	30476.5	216.7	521.8	2111.6	270.2	26.8	657.0	856.3			465.3
1979	33212	220.7	643.5	2150.8	310.6	27.7	701.5	1062.4			431.0
1980	32055.5	270.7	769.1	2280.7	630.5	30.4	679.3	1205.4	136.7		359.5
1981	32502	296.8	1020.5	2966.8	636.0	34.3	780.1	1260.9	154.9		461.0
1982	35450	359.8	1181.7	3688.2	671.2	39.7	771.3	1350.8	195.9		516.0
1983	38728	463.7	1055.0	3114.1	918.2	40.1	948.7	1402.1	221.9		546.0
1984	40731	625.8	1191.0	3951.9	828.4	41.4	984.5	1540.6	259.6	431.6	619.0

续表

年份	粮食	棉花	油料	甘蔗	甜菜	茶叶	水果	猪牛羊肉	奶类	禽蛋	水产品
1985	37910.8	414.7	1578.4	5154.9	891.9	43.2	1163.9	1760.7	289.4	534.7	705.2
1986	39151.2	354.0	1473.8	5021.9	830.6	46.1	1347.7	1917.1	332.9	555.0	823.6
1987	40473.3	424.5	1527.8	4736.3	814.0	50.8	1667.9	1986.0	378.8	590.2	955.4
1988	39408.0	414.9	1320.2	4906.4	1281.0	54.5	1666.1	2193.6	418.9	695.5	1060.9
1989	40755.0	378.8	1295.2	4879.5	924.3	53.5	1831.9	2326.2	435.8	719.8	1151.7
1990	44624.0	450.8	1613.2	5762.0	1452.5	54.0	1874.4	2513.5	475.1	794.6	1237.0
1991	43529.0	567.5	1638.3	6789.8	1628.9	54.2	2176.1	2723.8	524.3	922.0	1350.8
1992	44265.8	450.8	1641.2	7301.1	1506.9	56.0	2440.1	2940.6	563.9	1019.9	1557.1
1993	45648.8	373.9	1803.9	6419.4	1204.8	60.0	3011.2	3225.3	563.7	1179.8	1823.0
1994	44510.1	434.1	1989.6	6092.7	1252.5	58.8	3499.8	3692.7	608.9	1479.0	2143.2
1995	46661.8	476.8	2250.3	6542.0	1398.4	58.9	4214.6	4265.3	672.8	1676.7	2517.2
1996	50453.5	420.3	2210.6	6687.6	1541.5	59.3	4652.8	3694.5	735.8	1965.2	3288.1
1997	49417.1	460.3	2157.4	7889.7	1496.8	61.3	5089.1	4249.5	681.1	1897.1	3601.8
1998	51229.5	450.1	2313.9	8343.8	1446.6	66.5	5452.9	4598.2	745.4	2021.3	3906.5

资料来源：中国统计年鉴（2000）［M］．北京：中国统计出版社，2000：387－389，393，395.
中国统计年鉴（1992）［M］．北京：中国统计出版社，1992：358－361，369－370，375.
中国统计年鉴（1997）［M］．北京：中国统计出版社，1997：390.

1978～1984 年，农业生产超高速增长。1978 年，党的十一届三中全会号召"全党目前必须集中主要精力把农业尽快搞上去"。1982 年以来，中共中央连续五年发布以"三农"为主题的中央 1 号文件，对"三农"工作作出具体部署。随着农村实行家庭联产承包制和大幅度提高农副产品收购价格，农业生产取得了超高速增长。按可比价格计算，农业总产值 1984 年比 1978 年增长了 55.4%，年均增长 7.6%，是新中国成立以来增长速度最快的时期，大大高于 1952～1978 年 2.7%的年均增长速度。1984 年，粮食产量达到 40731 万吨，第一次突破 40000 万吨大关；棉花产量达到 625.8 万吨，为历史最高峰，棉花生产由供不应求转向相对过剩。1984 年与 1978 年相比，油料和糖料的产量翻了一番，茶叶、水果、猪牛羊肉和水产品的产量分别增长了 54.48%、49.85%、79.91%和 33.03%。特别是粮食和棉花产量的快速增长，基本满足了城乡居民的消费需要，这就为从根本上解决温饱问题，取消配给式的定量供应奠定了坚实基础。

1985～1991 年，农业在徘徊中增长与农业内部结构调整。1984 年，中国粮食、棉花空前大丰收，曾一度出现了"卖粮难""卖棉难"。但是，粮食继续增产的势头没有保持下去，直到 1989 年粮食产量才恢复至 1984 年的水平，达到 40755 万吨。棉花产量的波动更为剧烈，1985 年减少到 414.7 万吨，1986 年减少到 354 万吨。直到 1990 年恢复实行对棉花生产的鼓励措施，棉花生产才有所恢复，1991 年达到 567.5 万吨。油料、糖类生产也出现了较大波动。这一阶段，水果、猪牛羊肉、奶类、禽蛋和水产品大幅度增长。1991 年与 1985 年相比，水果、猪牛羊肉、奶类、禽蛋和水产品分别增长了 86.97%、54.70%、81.17%、72.43% 和 91.55%。从人均主要农业产品产量看，1991 年全国人均粮食、棉花、糖料、水果、猪牛羊肉、奶类、禽蛋和水产品分别为 378.26 公斤、4.93 公斤、73.16 公斤、18.91 公斤、23.52 公斤、4.53 公斤、9.96 公斤和 11.74 公斤，比 1985 年分别增长了 4.87%、24.81%、27.17%、70.82%、41.43%、65.58%、97.23% 和 74.96%。主要农产品如谷物、棉花、猪牛羊肉、鸡蛋等的人均产量已接近、达到甚至超过世界平均水平，这就为中国居民解决温饱并走向小康奠定了重要基础。从产值结构看，农业内部的产业结构发生了很大变化。1985 年，农、林、牧、渔各业占总产值的比例是 69.2∶5.2∶22.1∶3.5，1991 年为 63.1∶4.5∶26.5∶5.9，农业产值比重与林牧渔业产值比重此消彼长。从肉类产品产量看，1985 年猪、牛、羊、禽肉占肉类总产量的比重分别为 85.9%、2.4%、3.1%、8.3%，1991 年分别为 78.0%、4.9%、3.8%、12.6%。高蛋白、低脂肪的牛羊禽肉比例上升，猪肉的品种也在发生变化，人们不再欢迎肥猪，瘦肉型猪饲养量增加。从种植业内部结构看，1985 年粮食作物、经济作物和蔬菜的播种面积分别为 163267.7 万亩、33567.0 万亩和 7130.0 万亩，1991 年分别增长至 168470.4 万亩、35207.7 万亩和 9819.0 万亩。粮食作物与经济作物的播种面积占农作物总播种面积的比重也是此消彼长，特别是蔬菜的播种面积扩大了 37.71%。这与各级政府为满足人民不断提高的生活水平，强调抓好"菜篮子"工程有直接关系。

1992～1998 年，农业生产重新回升，农业结构不断优化。1992 年以后，农业增产出现回升，增长速度较快。粮食产量在 1996 年首次突破 50000 万吨。油料、糖料、茶叶、肉类、奶类等稳步增长，水果、水产品都翻了一番，而且都在 1998 年达到历史最高产量。农业产品供求状况发生了明显变化，几乎所有农产品都出现了销售难和价格下跌的问题，这意味着中国农业产品供求结构已进入了买方市场阶段。从产值结构看，1993 年农业产业内

部结构首次出现"六四"新格局，即农业产值占农林牧渔总产值比重的
60%，林牧渔业产值上升到40%。此后，农业产值比重下降，1997年降为
58.3%。从主要畜产品产量看，1998年猪、牛、羊肉占肉类总产量的比重
分别为67.9%、8.4%、4.1%，其中猪肉所占比重比1991年下降了10.1个
百分点，牛肉和羊肉同比分别上升了3.5个百分点和0.3个百分点；1998
年牛奶和禽蛋的产量分别达到662.9万吨和2021.3万吨，分别比1991年增
长42.74%和119.23%。"菜篮子"工程进一步发展，1998年蔬菜的播种面
积比1991年增长87.79%。这就是说，随着居民生活水平的提高，对肉、
奶和蛋以及蔬菜的需求变化已传导到生产环节，居民膳食结构更趋合理化。
就水产品而言，海水产品与淡水产品的产量比重基本维持在"六四"的比
例，但天然生产与人工养殖之比发生了变化，人工养殖增长更快。1998年
比1991年，海水产品中天然生产增长1.46倍，人工养殖增长3.51倍；淡
水产品中天然生产增长1.50倍，人工养殖增长1.88倍。畜牧和水产养殖、
蔬菜种植、水果产业在农业中占有越来越高的比重，这是中国农业向现代农
业转型的一个重要标志。

（四）工业快速发展与工业内部结构的变化

1978～1998年，中国工业快速发展（见表1-7）。工业总产值从1978
年的4237亿元增长到1998年的119048.2亿元，按可比价格计算，增长了
14.51倍，年均增速14.7%，远高于同期国内生产总值9.6%的增速。工业
结构发生了深刻变化，实现了由工业化初期向工业化中期的历史性跨越。工
业在国民经济中的地位发生了重大变化，在工农业总产值中的比重由1978
年的75.2%上升到1998年的82.9%，中国已经成为工业生产大国。从主要
工业产品产量看，1998年化学纤维、纱、布、机制纸及纸板、糖、啤酒、
原煤、原油、天然气、发电量、钢、水泥、平板玻璃、汽车等，分别比
1978年增长了16.92倍、1.28倍、1.18倍、3.84倍、2.64倍、47.69倍、
1.02倍、0.52倍、0.63倍、2.88倍、2.11倍、7.22倍、8.64倍、9.93
倍；1998年家用电冰箱、电风扇、洗衣机、彩色电视机和照相机分别增长
到1060万台、6724.49万台、1207.31万台、3497万台和5521.87万架，同
比增长了378.57倍、47.80倍、30181.75倍、9201.63倍和147.12倍。从
全国人均主要工业产品产量看，1998年人均布、机制纸及纸板、纱、原煤、
原油、发电量、钢和水泥分别为19.40米、17.11公斤、4.36公斤、1.01
吨、129.61公斤、939.48千瓦小时、93.05公斤和431.50公斤，分别比

1978 年增长了 68%、246%、75%、55%、19%、250%、180% 和 532%。
1997 年，中国工业主要产品产量居世界的位次：钢、煤、水泥、化肥、电
视机居第一位；发电量、化学纤维、棉布居第二位；糖居第四位；原油居第
五位。

表 1－7　　　　　　1978～1998 年中国工业总产值、构成和指数

年份	工业总产值（亿元）			构成（工业总产值＝100）		指数（上年＝100）		
	工业	轻工业	重工业	轻工业	重工业	工业	轻工业	重工业
1978	4237.0	1826	2411	43.1	56.9	113.6	110.9	115.6
1979	4681.3	2045	2636	43.7	56.3	108.8	110.0	108.0
1980	5154.3	2430	2724	47.2	52.8	109.3	118.9	101.9
1981	5399.8	2781	2619	51.5	48.5	104.3	114.3	95.5
1982	5811.2	2919	2892	50.2	49.8	107.8	105.8	109.9
1983	6460.4	3135	3326	48.5	51.5	111.2	109.3	113.1
1984	7617.3	3608	4009	47.4	52.6	116.3	116.1	116.5
1985	9716.15	4575	5141	47.1	52.9	121.4	122.7	120.2
1986	11194.3	5330	5864	47.6	52.4	111.7	113.1	110.2
1987	13813.0	6656	7157	48.2	51.8	117.7	118.6	116.7
1988	18224.6	8979	9245	49.3	50.7	120.8	122.1	119.4
1989	22017.1	10761	11256	48.9	51.1	108.5	108.2	108.9
1990	23924.4	11813	12111	49.4	50.6	107.8	109.2	106.2
1991	26625.0	12887	13738	48.4	51.6	114.8	115.0	114.5
1992	34599.0	16123	18476	46.6	53.4	124.7	120.0	129.0
1993	48402.0	22507	25895	46.5	53.5	127.3	127.0	127.5
1994	70176.0	32491	37685	46.3	53.7	124.2	123.6	124.6
1995	91894.0	43466	48428	47.3	52.7	120.3	122.9	118.0
1996	99595.4	47932	51663	48.1	51.9	116.6	124.0	112.7
1997	113733.0	55701	58032	49.0	51.0	113.1	114.5	111.7
1998	119048.2	58673	60375	49.3	50.7	110.8	111.8	109.7

注：本表按当年价格计算。

资料来源：新中国五十年统计资料汇编［M］. 北京：中国统计出版社，1999：36－38.

　　1978～1984年，工业发展呈轻型化，轻工业增长明显快于重工业增长。党的十一届三中全会之后，针对当时国民经济和产业结构的状况，不再把重工业优先发展作为战略目标，而是把解决人民温饱、改善人民生活作为经济发展的首要任务。国家采取了增加轻工业基本建设投资，对轻工业实行"六个优先"的原则，轻工业生产能力迅速增强。轻工业总产值年均增长速度为12.3%，高于重工业7.2%的速度，也高于全部工业总产值9.5%的速度。这一阶段，轻工业生产发展带有明显的"还欠账"色彩。其中，纺织品、"四大件"[①]和家用电器等轻工业产品产量猛增（见表1-8）。1984年，化学纤维、纱、丝和布的产量达到73.49万吨、321.9万吨、3.76万吨和137.0亿米，比1978年分别增长了159.66%、35.14%、26.60%和24.21%。纺织品普遍供应充足，国家开始指令性限产。其中，缝纫机、自行车、手表的产量达到934.9万架、2861.4万辆和3798.2万只，同比增长了0.59倍、2.35倍和1.81倍。它们在经过几年的高速增长后，供需矛盾得到根本缓解，增速开始减慢。家用电器产量大幅增长，成为轻工业发展的新亮点。1984年，录放音机、电视机、电冰箱、洗衣机和电风扇的产量达到776.4万台、1003.8万台、54.74万台、578.1万台和1770.7万台，同比增长了164.19倍、18.40倍、18.55倍、14452.5倍和127.5倍。在加快发展轻工业的同时，重工业的发展速度有所降低。1978～1984年重工业总产值的年均增长速度低于1952～1978年的13.8%，基础工业发展滞后情况更为严重，造成原材料、能源供应和交通运输更为紧张。

表1-8　　　　　　　　1978～1991年中国主要轻工业产品产量

年份	化学纤维（万吨）	布（亿米）	机制纸及纸板（万吨）	缝纫机（万架）	自行车（万辆）	手表（万只）	收音机（万部）	录放音机（万台）	电视机（万台）	家用电冰箱（万台）	家用洗衣机（万台）	电风扇（万台）
1978	28.46	110.3	439	486.5	854.0	1351.1	1167.7	4.7	51.7	2.80	0.04	137.8
1979	32.63	121.5	493	586.8	1009.5	1707.0	1380.7	16.5	132.9	3.18	1.08	233.1
1980	45.03	134.7	535	767.8	1302.4	2215.5	3003.8	74.3	249.2	4.90	24.5	732.7
1981	52.73	142.7	540	1039.1	1754.3	2872.4	4057.2	154.6	539.4	5.56	128.1	1049.9
1982	51.70	153.5	589	1286.0	2420.0	3301.0	1723.9	347.1	592.0	9.99	253.3	918.6

---

　　① 也称"三转一响"，即自行车、缝纫机、手表和收音机。

续表

年份	化学纤维（万吨）	布（亿米）	机制纸及纸板（万吨）	缝纫机（万架）	自行车（万辆）	手表（万只）	收音机（万部）	录放音机（万台）	电视机（万台）	家用电冰箱（万台）	家用洗衣机（万台）	电风扇（万台）
1983	54.07	148.8	661	1087.2	2758.2	3469.0	1998.9	497.7	684.0	18.85	365.9	1045.7
1984	73.49	137.0	756	934.9	2861.4	3798.2	2220.3	776.4	1003.8	54.74	578.1	1770.7
1985	74.78	146.7	911	991.2	3227.7	5431.1	1600.3	1393.1	1667.7	144.81	887.5	3174.0
1986	101.73	164.7	999	989.4	3568.8	7317.4	1589.5	1756.8	1459.4	225.02	893.4	3528.7
1987	117.50	173.0	1141	970.0	4116.7	6142.8	1763.2	1978.0	1934.4	401.61	990.1	3660.7
1988	130.12	187.9	1270	983.2	4140.1	6661.8	1548.9	2540.4	2505.1	757.63	1046.8	4495.5
1989	148.09	189.2	1333	956.3	3676.8	7275.6	1834.1	2349.0	2766.5	670.79	825.4	4991.9
1990	165.42	188.8	1372	761.0	3141.9	8352.6	2103.0	3023.5	2684.7	463.06	662.7	5799.3
1991	191.03	181.7	1479	763.8	3676.8	7595.5	1969.1	2873.7	2691.4	469.94	687.2	6219.1

资料来源：中国统计年鉴（1992）［M］．北京：中国统计出版社，1992：438－440.

1985～1991年，工业结构开始由轻型化向重型化转变。在经济体制改革的重点转入城市后，工业生产增长速度加快，虽然受1985年双紧政策和80年代末治理整顿的影响，工业生产曾出现波动，1989年和1990年增长速度下降到个位数，但仍超过计划指标，而且很快回升，进入新的高速增长。1991年工业总产值和1984年相比，增长了2.50倍，按可比价格计算，年均增长19.6%。其中，轻工业同比增长2.57倍，重工业同比增长2.43倍。1985年轻工业和重工业之比为47.1∶52.9。1985年以后，轻工业生产在大多数年份里增长速度高于重工业，轻工业在工业总产值的比重呈上升趋势。轻工业通过更新改造和技术引进，不仅产量迅速提高，而且产品得到更新换代，花色品种丰富多彩，市场供应充足，出口大量增加。随着轻重工业比例失调矛盾的基本解决，到1990年轻工业和重工业之比为49.4∶50.6。1990年以后，中国工业结构结束了轻型化的进程，开始转向重型化。

20世纪80年代中国工业结构的轻型化，更多的是反映了消费资料工业的扩张和生产资料工业的回落。80年代中期以后，一方面，轻工业内部结构发生新的变化。由于深加工一直是食品工业的薄弱环节，食品工业产值占工业总产值的比重由1985年的11.5%下降到1991年的6.7%，传统的罐头制造、制糖、乳制品发展缓慢。饮料制造业较快增长，特别是可口可乐、百事可乐等饮料在中国建立起灌装厂后，合资饮料生产发展较快，也促进了国内饮料生产。啤酒、卷烟产量增长较快，1991年啤酒生产达838万吨，比1985年增长了1.7倍。纺织业增长缓慢，其产值占工业总产值的比重由1985年的15.3%下降到1991年的11.5%。棉、毛纺织都出现了下降，丝绸和化纤布有一定增长。皮革、毛皮及其制造业的产值则有较大幅度增长，1991年比1985年增长2.31倍，产值比重由0.9%上升到1.15%。"四大件"在城市日趋饱和的背景下，生产量有所下降，迫使生产结构进行调整。自行车在1988年达到历史最高点4140.1万辆后产量下降，1990年减少到3141.6万辆。而一些山地车、变速车的上市刺激了对自行车的需求，1991年产量又有所增长。手表的生产总体上是增长趋势，但增长势头减弱，并在1987年和1988年出现下滑。虽然以家用电器为代表的耐用消费品产量一度有所下降，但总体上是增长趋势。1991年与1985年相比，家用电冰箱增长2.25倍，电视机增长0.61倍，录放音机增长1.06倍，电风扇增长0.96倍。电视机的产量已居世界第一位，人均产量超过了世界平均水平。洗衣机在1988年达到最高产量后出现下降。家用电器在产量增长的同时，产品结构大为改善。电冰箱已普遍向双门、大容量发展。黑白电视机生产大大压缩，直角平面、多功能彩色电视机成为新宠。高级音响、空调的生产进入快速增长期。另一方面，重工业内部结构朝着优化的方向发展。国家加强了对基础工业和能源的基本建设投资，在政策上采取了一些鼓励的措施，使得基础工业、能源和原材料工业生产能力增强。按当年价格计算，1991年与1985年相比，采掘工业产值增长1.87倍，原料工业增长2.33倍，制造工业增长1.49倍。水泥、平板玻璃的产量已居世界第一位。

1992～1998年，工业增长从高速转向中高速，工业产品从短缺转向相对过剩。1998年工业总产值已增长到119048.2亿元，比1992年增长了2.47倍，按可比价格计算，年均增长18.57%。到90年代中期，中国已建立起了独立完整的现代工业体系。从轻工业内部结构变化看，产品已出现普遍过剩。1996年对50种轻工业产品统计，有31种产品不同程度增长，19种产品生产下降。增长较快的主要有照相机、录像机、空调等家电产品，合成纤维、毛线等纺织品以及饮料。生产下降较多的是自行车、缝纫机、电视机、收音机、录音机、纯棉布等。1998年对439种轻工业产品统计分析，供求平衡的有 57 种，供过于求的 382 种。① 轻工业结构调整中，纺织业具有典型性，其主要是初级加工能力的过剩，1996 年以后国家开始强制性压锭限产，向高精深加工转型。家用电器仍然是居民消费的热点之一，电冰箱、洗衣机、彩色电视机产量持续增长，1998 年比 1992 年分别增长 1.8 倍、0.7 倍、1.6 倍，生产能力已出现过剩，一些非名牌产品在竞争中被淘汰。空调、VCD 和家用电脑开始成为新宠。从重工业内部结构变化看，采掘工业和制造工业产值占重工业总产值的比重明显上升，原料工业占比下降。这是因为原材料工业主要产品的生产能力已经达到相当规模，90 年代中期普遍出现了供过于求的局面，需要进行结构性调整。这一阶段，各种能源的产量也都有增长，特别是天然气和发电量分别增长 47.45% 和 54.80%，能源供求紧张的状况有所缓解。同时，能源消费结构也发生了变化，1998 年生活能源消费总量 14393 万吨标准煤，比 1992 年减少 1243 万吨。其中，煤炭消费 8884 万吨，同比减少 5897 万吨；液化石油气消费 769 万吨，同比增加 530 万吨；电力消费 1325 亿千瓦小时，同比增加 685 亿千瓦小时。

四、收入分配格局变化与居民收入增加

改善人民生活、增加人民收入，主要的途径有两条：一是发展生产；二是改变国民收入的分配和使用的比例。② 1978~1998 年，随着经济体制改革的深入和国民经济的快速增长，国民收入分配向居民倾斜，城乡居民收入显著增加，这就为居民消费水平提高和消费结构优化提供了丰裕的动力之源和经济条件，同时也深刻改变了居民的传统消费习惯，影响着居民消费的迭代升级。

（一）国民收入分配格局向居民倾斜

政府、企业和居民是国民收入分配的三大利益主体。改革开放以来，政府、企业和居民三者收入分配关系总的变化是，由 20 世纪 80 年代的大幅度调整和显著变动转变为 90 年代以来的小幅调整和相对稳定。政府部门的收入比重从 1978 年的 33.9% 下降为 1999 年的 13.3%；企业部门的

① 董辅礽. 中华人民共和国经济史（下卷）[M]. 北京：经济科学出版社，1999：641.

② 董辅礽. "一要吃饭，二要建设"是指导我国经济工作的一项基本原则 [J]. 学习与思考，1982（6）：6-9.

收入比重从 11.1% 上升为 18.2%，居民部门的收入比重从 55% 上升为 68.5%。① 1978～1998 年，政府、企业和居民三者收入分配关系的变化经历了以下三个阶段：1978～1988 年为显著变动阶段。政府和企业可支配收入占国民可支配总收入的比重持续下降，居民可支配收入所占比重持续上升。1978 年，政府、企业和居民三者之间的分配关系为 33.9：11.1：55。到 1988 年，分配关系变为 21.2：8.3：70.5。居民收入所占比重上升了 15.5 个百分点。1989～1994 年为校正阶段。政府收入比重下降的幅度明显缩小，而企业收入比重则稳步上升，宏观收入分配向居民明显倾斜的现象得到了一定校正。1990 年，政府、企业和居民三者之间的分配关系为 21.5：9.1：69.4。到 1994 年，分配关系变为 18：16：66。1995～1998 年为相对稳定阶段。尽管政府、企业和居民三者的所占比重有升有降，但年度间波动幅度均小于 1 个百分点，三者收入分配格局处于相对稳定的状态。② 其中，政府收入比重基本稳定在 17% 左右，企业收入和居民收入分别稳定在 14% 和 69% 左右。

　　分析三大利益主体收入分配格局变化的原因，从居民部门看，由于家庭联产承包制极大地调动了农民的生产积极性，加之国家大幅度提高农副产品的收购价格，并对农业生产和乡镇企业发展给予减免税优惠政策等，农村居民的收入水平迅速提高。1984 年，经济体制改革重点转移到城市；1985 年，企业试行工资总额同经济效益挂钩；1987 年，企业普遍实行经营承包责任制，城镇居民收入特别是工资外收入迅速增加。城乡居民人均收入的快速增长使得 1979～1988 年国内生产总值与居民收入增长率的比值，按当年价格计算，达到 1：1.19，其中 1979～1985 年更高达 1：1.23。宏观收入分配快速向居民部门倾斜的状况，受到社会各界的广泛关注。随着国民经济增长周期的变化和市场机制对收入分配调节作用的增强，居民收入增长与经济总量增长基本保持了同步变化。1990～1994 年国内生产总值与居民收入增长率的比值降为 1：0.94，1994～1999 年两者的比值稳定在 1：1.06。③

　　从政府部门看，政府收入在国民可支配总收入中的比重呈"快速下降——降幅减缓——基本稳定"的变化轨迹。20 世纪 80 年代的企业改革和以"分级包干"为主线的财税体制改革使政府财力下降、行为弱化。

---

　　①③　国家统计局. 我国三大利益主体收入分配格局变化趋势 [J]. 中国国情国力，2001（2）：22-24.

　　②　庄健. 我国三者收入分配格局的变化及原因分析 [J]. 财贸经济，2001（4）：17-20.

由于企业分配机制不健全，政府在初次分配环节让利给企业的很大一部分，通过各种渠道在最终分配环节上转移给了个人，致使工资外收入迅速膨胀，也使国家税收和国有资产收益大量流失。由于中央财政收入占全国财政收入比重的减少，一方面使本应由中央集中的收入流向地方，造成财力分散，中央政府行为弱化；另一方面也助长了地方保护主义，各地、各部门滥用减免税权力，使国家财源大量流失。1994年分税制改革，重新规范了政府、企业和居民个人三者之间的收入分配关系，各级政府通过多种途径保持政府收入与国民可支配收入同步增长。其中，预算外的非税收入增长迅速。

从企业部门看，企业收入在国民可支配总收入中所占比重经历了"缓慢下降——缓慢上升——略有下降"的变化过程。20世纪80年代，以扩权让利为核心的企业改革，理应使企业收入比重有所上升，但由于宏观政策与企业经营管理体制不配套，企业经营行为短期化和内部分配制度欠规范，政府在初次分配环节让利给企业的部分最终又转移到个人。党的十三大以来，非公有制企业保持迅速发展的势头，加之市场机制在配置资源中发挥越来越重要的作用，使得企业收入所占比重明显回升。1994年以来，由于社会总供求矛盾的变化，国有企业和乡镇企业大都陷入了市场疲软的困境，经济效益下滑，甚至亏损、破产，最终导致企业收入所占比重在平稳中略有下降。

从国际经验看，在由低收入国家向中等收入国家迈进的过程中，居民和企业所得的比重将略有上升，政府所得比重则有所下降；而在由中等收入国家向发达国家演进时，企业所得份额会继续上升，居民所得份额则转为迅速下降，政府份额由过去下降势头转为显著上升。1978～1998年，中国属于由低收入向中等收入迈进的国家，政府收入比重下降，企业和居民收入比重上升是符合国际一般规律的。同时，三者收入分配格局的变化也是合理的，是符合改革方向的。20世纪80年代，调整投资和消费的比例，宏观收入分配向居民个人倾斜，主要是纠正改革以前长期不重视人民生活的偏向，有补还欠账的因素，也是为了激发微观经济主体的活力。90年代，随着市场化改革的深入推进，市场机制在资源配置中发挥基础性的作用，经济结构进一步调整和优化，现代企业制度和宏观调控体系逐步建立，收入分配制度日趋完善，企业收入所占比重开始回升，政府收入比重基本稳定。

（二）城乡居民收入显著增加

1. 1978～1984 年城乡居民收入快速提高

改革开放以来，在国民经济调整中，国家调整了国民收入中积累与消费的比例关系，提高了消费基金在国民收入使用额中的比重，从 1978 年的 63.5% 提高到 1984 年的 68.5%。"六五"时期，合计消费率为 68.7%，其中 1981～1983 年均高于 70%。直接用于城乡居民个人的消费基金，1979～1984 年共增加 1722 亿元，比 1953～1978 年的二十六年增加的总和还多。1978～1984 年国民收入分配更多地向农村居民倾斜，城乡居民收入差距日趋缩小。1978 年城镇居民人均生活费收入是农村居民人均纯收入的 2.36 倍，到 1984 年则为 1.71 倍。

（1）工资调整与初步改革，城镇居民收入提高。

在传统的计划经济体制下，职工收入分配实行的是平均主义的分配制度，职工获得收入的方式和来源主要是工资。工资受国家直接控制，实际工资水平基本保持稳定，1952～1978 年平均递增仅为 0.38%，[①] 人民生活改善甚微。1978～1984 年，国家开始分期分批调整职工工资，恢复、改进计件工资和奖金制度等，使长期处于冻结状态的职工工资开始活起来，职工工资水平无论是在工资总额上还是在平均工资上都有增长（见表 1-9）。从 1977 年到 1983 年，国家几乎每年都安排一部分职工工资升级。[②] 1978 年 5 月，国务院发出《关于实行奖励和计件工资制度的通知》，要求有条件地实行计件、奖励工资制。实行奖励制度的企业，奖金总额（包括现行的附加工资在内）的提取比例一般不超过实行奖励制度的职工标准工资总额的 10%，少数先进企业最高不得超过 12%。实行计件工资制度的企业和实行提成工资制的服务行业，计件超额工资和提成工资的部分控制在这些工人的标准工资总额的 20%。按当年价格计算，1984 年比 1978 年的工资总额增加了 564.6 亿元，增长近 1 倍；职工平均工资增长了 58.6%。若扣除价格上涨因素，平均工资实际增长 32.3%。就工资总额增长因素看，增加标准工资占 48.5%，增加奖金和计件超额工资占 30.5%，增加津贴占 20.0%。

---

① 阮崇武. 深化劳动、工资、社会保险制度改革促进企业经营机制转变 [J]. 管理世界，1992（3）：6-12.

② 宋士云，等. 中国劳动经济史（1949-2012）[M]. 北京：中国社会科学出版社，2021：516-518.

表 1－9   1978～1984 年中国职工工资增长情况

类别	1978 年	1979 年	1980 年	1981 年	1982 年	1983 年	1984 年	1984 年为 1978 年%
工资总额（亿元）	568.8	646.6	772.5	820.0	882.1	934.6	1133.4	199.3
全民所有制单位	468.6	529.4	627.9	660.4	708.9	748.1	875.8	186.9
集体所有制单位	100.2	117.2	144.6	159.6	173.2	186.5	254.0	253.5
平均工资（元）	614	668	762	772	798	826	974	158.6（132.3）

注：括号内数字为扣除价格上涨因素后的百分比。
资料来源：中国统计年鉴（1983）［M］. 北京：中国统计出版社，1983：485.
中国统计年鉴（1985）［M］. 北京：中国统计出版社，1985：554.

职工工资增长是影响城镇居民收入提高的最主要因素。这一阶段，影响城镇居民收入提高的因素还有：一是城镇就业人员增加。20 世纪 70 年代末，中国城镇就业形势日趋严峻。国家采取各种措施吸纳劳动力就业，1984 年比 1978 年全民所有制单位和城镇集体所有制单位职工人数分别增加了1186 万人和 1168 万人。就业人员增加，意味着每一就业者负担的家庭人口降低，1981 年为 1.77，1984 年降为 1.71。这也是城镇职工家庭收入的增长速度快于职工工资增长速度的主要原因之一。二是国家发给职工价格补贴。1979 年 11 月，国家在提高副食品价格的同时，发给职工副食品价格补贴。一些基本生活必需品，如粮食、食油、食糖和民用煤等，政府用低于收购价格的销售价格卖给城镇居民。1983 年，北京市用于生活必需品和交通、房租等补贴达 9 亿多元，按职工人数平均，每人补贴 259 元；按城镇居民平均，每人补贴 168 元。[①] 三是提高劳保福利待遇。提高干部离休退休和工人退休待遇标准，提高职工上下班交通费和洗理费标准，新增计划生育和独生子女保健费，增加职工探亲旅费补贴等。1978 年，全民所有制单位支付的劳保福利费为 66.9 亿元，相当于工资总额的 14.3%；到 1984 年提高到210.4 亿元，相当于工资总额的 24%，劳保福利费增加了 2.14 倍。职工福利不仅是对工资的补充，而且与职工工资分配具有同等重要的地位。

（2）农村居民收入迅速增长与收入结构多元化。

人民公社体制下农村居民的收入分配主要采取的是"工分制"。它有两个突出的特点：一是与农民的实际劳动贡献脱钩，是一种平均主义的分配方

---

① 赵德馨. 中华人民共和国经济史（1967－1984）［M］. 郑州：河南人民出版社，1989：755.

式；二是现金分配比重小，是一种实物分配方式。随着家庭联产承包制的实施，农村居民收入分配方式演变为"大包干"，即农户"交足国家的，留够集体的，剩下的都是自己的"。家庭联产承包制将农户的责、权、利结合起来，产品和产值成为衡量农户劳动数量、质量和收入的基本尺度和统一标准，农户收入与劳动的数量与质量直接联系起来。这一改革调动了广大农民的生产积极性，促进了农业生产的发展。加之，乡镇企业发展很快，国家采取提高农副产品收购价格和减免农业税收等措施，以及允许农民从事非农产业，使得农村居民收入获得了快速增长，大大增强了农民的货币购买力。据农村居民收支抽样调查，1957～1978 年，农村居民人均全年纯收入由 72.95 元增长到 133.57 元，21 年仅增长了 83%，年均增长率为 2.9%。1984 年农村居民人均全年纯收入增长到 355.33 元，比 1978 年增长 1.66 倍，扣除物价因素，人均实际收入年均增长 14.9%。1978～1984 年成为新中国成立以来农村居民纯收入增长速度最快的时期。到 1984 年，大多数农户已基本解决了温饱问题。

农民的收入结构也开始发生重大变化（见表 1 - 10）。从收入的来源看，农村居民从集体经营中得到的收入在总收入中的比重下降了，由 1978 年的 66.3% 下降到 1984 年的 10%；家庭经营纯收入所占比重上升，由 1978 年的 26.8% 上升到 1984 年的 80.3%。从收入的性质上看，农业生产性收入的比重下降了，而非农业生产性收入和非生产性收入的比重上升。

表 1 - 10　　　　1978～1984 年中国农村居民人均纯收入结构变化

项目		1978 年		1984 年	
		金额（元）	比重（%）	金额（元）	比重（%）
平均每人年纯收入		133.57	100	355.33	100
按收入来源分	从集体统一经营中得到的收入	88.53	66.3	35.33	10.0
	从经济联合体得到的收入	0	0	2.85	0.8
	家庭经营纯收入	35.79	26.8	285.44	80.3
	其他非借贷性收入	9.25	6.9	31.71	8.9
按收入性质分	农业生产性收入	113.47	85	250.36	70.5
	非农业生产性收入	9.39	7	64.70	18.2
	非生产性收入	10.71	8	40.27	11.3

资料来源：中国统计年鉴（1985）［M］. 北京：中国统计出版社，1985：570 - 571.

2. 1985～1991 年城乡居民收入在波动中增长

1985～1991 年，随着经济体制改革的全面展开和多种所有制经济的发展，城乡居民收入都有较快增长。但国民收入分配倾斜度有所缓和，而且主要是向城镇居民倾斜。国家统计局调查显示，城乡居民收入差距呈扩大之势。1985 年城镇居民人均生活费收入是农村居民人均纯收入的 1.72 倍，到 1991 年则为 2.18 倍。

（1）职工工资增长与城镇居民收入增加。

1985 年，国家对企业、机关事业单位的工资制度进行了重大改革。1991 年与 1985 年相比，职工工资增长速度较高，工资总额增长了 1.4 倍，平均货币工资增长了 1 倍（见表 1－11）。工资总额增长快于平均工资增长，主要是因为多种经济形式发展吸收了大量新职工。1991 年比 1985 年新增职工 2150 万人。其中，国有单位增加 1674 万人，集体单位增加 304 万人，其他所有制单位增加 172 万人。同时，职工平均工资收入形成了非公有制单位高于国有单位，国有单位高于集体单位的格局。1985 年国有单位、集体单位和非公有制单位的职工平均工资之比为 1∶0.80∶1.18，1991 年则为 1∶0.75∶1.40。非公有制单位工资高且增长快，是导致国有单位人才向非公有制经济单位流动的重要原因。此外，随着分配制度的改变，职工除了从单位得到的补贴、津贴、实物外，还有大量兼职、兼业收入，以及利息、股息、租金等收入。1985 年，职工工资外收入相当于工资收入的 13.2%，到 1990 年这一比重扩大到 44.5%。① 这说明城镇居民家庭收入结构模式已呈现多元化趋势。

表 1－11   1985～1991 年中国职工工资增长情况

类别	1985 年	1986 年	1987 年	1988 年	1989 年	1990 年	1991 年
全部工资总额（亿元）	1383.0	1659.7	1881.1	2316.2	2618.5	2951.1	3323.9
全民所有制单位工资总额	1064.8	1288.5	1459.3	1807.1	2050.2	2324.1	2594.9
集体所有制单位工资总额	312.3	362.8	409.1	487.6	534.4	581.0	658.6
其他所有制单位工资总额	5.9	8.4	12.6	21.5	33.9	46.0	70.4
全部工资总额指数	122.0	120.0	113.3	123.1	113.1	112.7	112.6

———————————

① 国家统计局. 我国三大利益主体收入分配格局变化趋势 [J]. 中国国情国力, 2001 (2): 22－24.

类别		1985 年	1986 年	1987 年	1988 年	1989 年	1990 年	1991 年
职工平均货币工资（元）								
全部职工		1148	1329	1459	1747	1935	2140	2340
全民所有制职工		1213	1414	1546	1853	2055	2284	2477
集体所有制职工		967	1092	1207	1426	1557	1681	1866
其他所有制职工		1436	1629	1879	2382	2707	2987	3468
货币工资指数	全部职工	117.9	115.8	109.8	119.7	110.8	110.6	109.3
	全民所有制职工	117.3	116.6	109.3	119.9	110.9	111.1	108.5
	集体所有制职工	119.2	112.9	110.5	118.1	109.2	108.0	111.0
	其他所有制职工	137.0	113.4	115.3	126.8	113.6	110.3	116.1
实际工资指数	全部职工	105.3	108.2	100.9	99.2	95.2	109.2	104.0
	全民所有制职工	104.3	108.9	100.5	99.2	95.4	109.7	103.2
	集体所有制职工	106.6	105.5	101.6	97.9	93.9	106.6	105.6
	其他所有制职工	122.5	106.0	106.1	105.0	97.7	108.9	110.5

注：指数均以上年为 100。

资料来源：中国统计年鉴（1992）［M］. 北京：中国统计出版社，1992：119，130。

　　据城镇居民家庭收支抽样调查，1985 年城镇居民年均每人生活费收入为 685.32 元，1986 年为 827.88 元，比上年增长 20.8%；扣除职工生活费用价格上涨因素，实际收入增长 13%。但有少数居民家庭由于物价上涨等原因，实际收入水平下降，生活比较困难。1987 年人均生活费收入为 915.96 元，比上年增长 10.6%；扣除物价上涨因素，实际增长 1.7%，有 21% 的城镇居民家庭实际收入水平下降。1988 年人均生活费收入为 1119.36 元，比上年名义增长 22.2%，实际增长 1.2%，但城镇不同居民家庭实际收入有增有减、收入差距有所扩大。据对 13 个城市抽样调查，有 34.9% 的居民家庭纯因物价上涨造成实际收入水平下降。1989 年城镇居民人均生活费货币性收入为 1260.67 元，比上年增长 12.6%，但低收入家庭实际收入水平下降较多。1990 年人均生活费收入为 1387.27 元，比上年名义增长 10%，实际增长 8.6%。1991 年人均生活费收入为 1544.30 元，比上年名义增长 11.3%，实际增长 7.7%。1991 年与 1984 年相比，城镇居民人均生活费收入在扣除物价因素后增长 32.9%，年均增长 4.1%，低于人均国内生产总值的增长速度。①

（2）农村居民收入增长有所减缓。

据农村居民收支抽样调查，1984 年农村居民人均纯收入为 355.33 元，1991 年增加到 708.55 元。扣除物价变动因素，1991 年比 1984 年增长 35.8%，年均增长 4.5%，远低于 1978～1984 年的增长速度。1985 年，人均纯收入在 300 元以下的户占全部农村居民的比重为 37.73%，1991 年下降到 9.37%；人均纯收入在 300～500 元的户占总数的比重为 39.85%，到 1991 年下降到 24.43%；人均纯收入在 500～800 元的户占总数的比重为 17.08%，到 1991 年提高到 33.90%；人均纯收入在 800～1500 元的户占总数的比重为 4.92%，到 1991 年提高到 25.28%；人均纯收入在 1500 元以上的户占总数的比重为 0.42%，到 1991 年提高到 6.48%。从收入来源看，农村居民经营纯收入所占比重有所上升，由 1985 年的 81.12% 上升到 1991 年的 83.60%；从收入性质上看，农业生产性收入的比重有所下降，而非农业生产性收入的比重由 1985 年的 21.70% 上升为 1991 年的 25.17%（见表 1－12）。这一阶段，农民收入提高的主要因素：一是农产品产量及收购量的增长和农副产品收购价格的提高。就农产品收购价格指数看，以 1978 年为 100，1984 年为 153.6，1991 年增加到 268.4，比 1984 年提高了 74.74%。二是乡镇企业的迅猛发展成为农民收入提高的重要来源。1985～1991 年，乡镇企业单位数由 1222.45 万家增加到 1908.88 万家；乡镇企业职工从 6979.03 万人增加到 9609.11 万人；乡镇企业工资总额由 301.4 亿元增加到 706.5 亿元。当然，也存在一些使农民减收增支的因素。在减收因素方面，农业生产资料价格上升引起农业生产经营成本的提高，以 1950 年为 100，1984 年农业生产资料零售物价指数为 118.0，1991 年增加到 200.9，增长 70.25%；在增支因素方面，农村工业品零售价格上涨带来了农民消费支出的增长。以 1978 年为 100，1984 年农村工业品零售价格指数为 107.7，1991 年为 177.2，比 1984 年增长 64.53%。可见，农业生产资料和农村工业品物价上涨部分抵消了农产品收购价格上涨给农民带来的收益。但由于农业生产资料和农村工业品物价上涨幅度低于农副产品收购价格上涨幅度，农民的净收入仍然是增长的，农民从农副产品收购价格提高中获得的好处是很大的。此外，由于农村工商业的发展，已经有越来越多的农业生产资料和农村

---

① 赵德馨．中华人民共和国经济史（1985－1991）［M］．郑州：河南人民出版社，1999：550－551.

工业消费品是由乡镇企业和农村个体私营企业生产的，因此，农业生产资料和日用工业品价格上涨的好处一部分保留在了农村和农民手中。

表 1 –12   1985 ~ 1991 年中国农村居民人均纯收入结构变化

项目		1985 年		1991 年	
		金额（元）	比重（%）	金额（元）	比重（%）
平均每人年纯收入		397.60	100	708.55	100
按收入来源分	从集体统一经营中得到的收入	33.37	8.39	66.09	9.33
	从经济联合得到的收入	3.69	0.01	1.97	0.28
	家庭经营纯收入	322.53	81.12	588.52	83.60
	其他非借贷性收入	38.01	9.56	51.97	7.33
按收入性质分	农业生产性收入	263.81	66.35	460.55	65.00
	非农业生产性收入	86.26	21.70	178.34	25.17
	非生产性收入	47.53	11.95	69.66	9.83

资料来源：中国统计年鉴（1992）［M］. 北京：中国统计出版社，1992：307.

这一阶段，农村居民收入增长减缓，最主要原因是农村经济发展放缓。在国内生产总值中，1985 ~ 1991 年第一产业的年均增长速度为 3.58%，低于 1978 ~ 1984 年的 7.3% 增长速度。再者是家庭联产承包制处于比较稳定发展的时期，农村居民仍然以传统的生产方式为主，从家庭经营获得的收入，特别是从非农业生产性获得的收入没有重大突破。

3. 1992 ~ 1998 年城乡居民收入的增长

1992 年以后，随着经济的持续增长和市场经济体制的初步建立，劳动力流动性进一步增强，劳动者就业渠道增多，企业自主分配权逐渐扩大，以及资本市场建立等。在上述多种因素的影响下，中国城乡居民收入水平显著提高，收入来源渠道更趋多元化。

1992 ~ 1998 年，职工工资总额增长迅速（见表 1 –13），由 3939.2 亿元增长到 9296.5 亿元，增长 2.36 倍，但其波动幅度较大。1992 ~ 1996 年增长较快，超过了国内生产总值的增长速度，主要原因是 1993 年的工资制度改革，改革后工资水平普遍得到提高。1997 ~ 1998 年增长速度低于国内生产总值增长速度，主要原因是失业人员大量增加、下岗职工工资收入水平偏低。1997 年国有企业实施减员增效和下岗分流改革，国有单位职工人数从

1997 年的 10766 万人下降到 1998 年的 8809 万人，减少 1957 万人；城镇集体单位职工人数从 2817 万人减少到 1900 万人，而其他单位职工人数仅增加了 917 万人。

表 1－13　　　　　　　　1992～1998 年中国职工工资增长情况　　　　　　指数：上年＝100

类别		1992 年	1993 年	1994 年	1995 年	1996 年	1997 年	1998 年
职工工资总额（亿元）		3939.2	4916.2	6656.4	8100.0	9080.0	9405.3	9296.5
职工工资总额指数		118.5	124.8	135.4	121.7	112.1	103.6	100.2
平均货币工资（元）	合计	2711	3371	4538	5500	6210	6470	7479
	国有单位	2878	3532	4797	5625	6280	6747	7668
	集体单位	2109	2592	3245	3931	4302	4512	5331
	其他单位	3966	4966	6302	7463	8261	8789	8972
平均货币工资指数	合计	115.9	124.3	134.6	121.2	112.9	104.2	106.6
	国有单位	116.2	122.7	135.8	117.3	111.6	107.4	106.1
	集体单位	113.0	122.9	125.2	121.1	109.4	104.9	102.5
	其他单位	114.4	125.2	126.9	118.4	110.7	106.4	102.1
平均实际工资指数	合计	106.7	107.1	107.7	103.8	103.8	101.1	107.2
	国有单位	107.0	105.7	108.7	100.4	102.6	104.2	106.7
	集体单位	104.1	105.9	100.2	103.7	100.6	101.7	103.1
	其他单位	105.3	107.9	101.5	101.4	101.7	103.2	98.3
国内生产总值（亿元）		26638.1	34634.4	46759.4	58478.1	67884.6	74462.6	78345.2
国内生产总值指数		114.2	113.5	112.6	110.5	109.6	108.8	107.8
城镇居民消费价格指数		108.6	116.1	125.0	116.8	108.8	103.1	99.4

注：其他单位包括股份合作单位、联营单位、有限责任公司、股份有限公司、港澳台商投资单位以及外商投资单位等其他登记注册类型单位。

资料来源：中国统计年鉴（2000）［M］．北京：中国统计出版社，2000：53－55，141－144，289.

职工工资总额增长迅速，得益于非国有部门的扩大和劳动生产率的提高。随着市场经济体制的建立，其他单位在国民经济中的比重明显增加。其他单位从一开始就采取市场化的现代企业组织形式，成为劳动力市场一体化进程的主要推动者。在整个社会工资水平长期受到低工资制度压制的情况下，由于通过劳动力市场决定工资水平，它们在其创立之初就有一个相对较高的工资水平。① 1992 年，其他单位的平均工资是城镇集体单位的 1. 88 倍，是国有单位的 1. 38 倍，此后更与集体单位的工资差距有一个拉大的过程。这主要是由于城镇集体单位从业人员中的 70％ 以上集中在制造业、批发和零售贸易、餐饮业和建筑业等传统产业，且企业管理水平、从业人员素质和产品技术含量等均无法与国有或其他单位在市场中竞争，导致从业人员劳动报酬难以提高。其他单位的扩张和就业人员的增加，使得工资总额的结构发生了显著变化。国有单位的工资总额比例从 1992 年的 78. 45％ 下降到 1998年的 73. 28％，集体单位的工资总额比例从 18. 87％ 下降到 10. 99％，其他单位的工资总额比例从 2. 68％ 上升到 15. 73％。从职工平均工资看，1992 ~1998 年职工平均货币工资从 2711 元上升到 7479 元，年均增长速度为18. 43％；扣除物价上涨因素，职工平均实际工资年均增长速度为 9. 29％。

1992 年城镇居民人均可支配收入为 2026. 6 元，到 1998 年增加至5425. 1 元。扣除物价上涨因素，1998 年比 1992 年增长了 41. 65％。从城镇居民人均可支配收入的增长看，这七年增长率走了一个先高增长——后下降——再回升的轨迹。1992 ~1994 年的高速增长得益于从 1992 年开始的全国范围的新一轮经济增长热潮与收入分配向城镇居民倾斜。1995 年以后，适度从紧宏观调控措施的实施、市场约束因素的增强和经济结构的大幅度调整，使城镇中以纺织行业为代表的部分传统行业，以国有企业和集体企业为主的部分企业中的从业人员下岗失业，使得 1995 ~1997 年城镇居民人均收入增长率较低。1998 年，城镇居民收入实际增长率回升，则与城镇社会保障制度的建立健全和提高城镇低收入居民的收入密切相关。从城镇居民人均年收入主要来源构成的变化看：一是工资收入或劳动者从其工作单位所获得的收入仍然是城镇居民收入的主要来源，不过其比重已有显著下降，从1992 年的 78. 04％ 下降到 1998 年的 69. 73％。二是伴随着工资性收入比重的下降，个体经营劳动者收入、财产性收入和转移性收入所占比重相应提高，这意味着传统的计划经济体制下的收入分配模式已被打破，城镇居民收入性质发生了根本性变化。

1992 年农村居民人均纯收入为 784. 0 元，到 1998 年增加至 2162. 0 元。扣除物价上涨因素，1998 年比 1992 年增长了 35. 69％。从农村居民人均纯收入的增长看，这七年增长率走了一个先下降——后上升——再下降的轨迹。1992 ~1993 年农业生产中仍然潜伏着一些不稳定的因素，相当一部分

①　蔡昉，都阳，王美艳. 中国劳动力市场转型与发育 ［M］. 北京：商务印书馆，2005：220.

地区的农民种粮增产不增收，乱集资、乱摊派加重农民负担的情况相当突出。1995～1996 年增长势头明显加快，主要是 1994 年大幅度提高粮食、棉花收购价格，加上其他农副产品自发涨价，农产品生产比较利益低的局面有所改善，激发了农民扩大生产的积极性。1997 年以后增幅陡然下降，主要是国民经济整体增长速度减缓，市场需求不旺，农产品价格下跌，乡镇企业增长速度明显回落，农村经济中的深层次矛盾尖锐等所致。从农村居民收入来源渠道的变化看：一是生产性收入仍然是农民收入的主要来源，但生产性收入的来源已经发生变化，来自第二、三产业的收入比重正在迅速增加。这说明有更多的农村居民从事农村工业、建筑、运输、商业、饮食业和服务业等非农生产的活动。二是货币收入和工资性收入占人均年收入的比重逐步提高，从 1992 年的 66.95% 和 15.96% 上升到 1998 年的 71.68% 和 19.0%。这说明 1992 年以后农村经济的商品货币化程度进一步提升。三是转移性、财产性等非生产性收入比重有所提高，但仍然偏低。1992 年转移性、财产性收入占该年人均收入的 3.92%，非生产性收入占人均年纯收入的 4.85%，到 1998 年转移性、财产性收入占该年人均收入的 4.48%，非生产性收入占人均年纯收入的比重则为 5.66%。这说明农村居民的非生产性收入是很低的，特别是转移性收入更低。[1] 1998 年城镇居民所获得的转移性、财产性收入分别为农村居民的 9.55 倍和 4.38 倍。

五、商品流通格局与市场供求关系的变化

在传统的计划经济体制下，受短缺经济的制约，国家在用计划手段严格控制主要产品生产的同时，通过统购统销、定量供应和凭票（证）购买的方式，将大部分生活资料纳入国家计划分配的范围，真正进入市场进行直接交换的商品很少。在优先发展重工业战略下，居民收入偏低，不得不把收入的绝大部分用于即期消费支出，以维持家计，储蓄和积累很少。1978～1998 年，随着经济的快速增长与产业结构的调整，商品供给能力快速提高，市场供求关系发生显著变化。其中，生活资料的供给由市场机制与计划定量配给共同完成，且市场供给份额逐渐扩大，居民消费选择权逐步增强，[2] 消费品开始由卖方市场向买方市场转变。加之，医疗、教育、住房等方面改革滞

---

① 宋士云. 1992－2001 年中国居民收入的实证分析［J］. 中国经济史研究，2007（1）：32－40.

② 郭其友. 居民消费行为变迁与宏观政策选择［J］. 厦门大学学报（哲学社会科学版），2003（1）：41－49.

后，人们几乎没有后顾之忧，增长的收入转化为现实的消费，使得这一时期居民消费的变化呈现出"量的扩张"特征。

（一）国家逐步弱化计划配给制，消费品市场兴起

改革开放以前，国家对农副产品，根据对国计民生的重要程度分为一、二、三类，分别实行统购、派购和议购；对工业品实行国营商业统购包销。商品价格一律实行国家统一定价。居民不是一个独立的经济主体，在消费品选择中处于被动地位。1979～1984年，随着经济调整和改革工农产品购销政策，改革商业所有制结构，商品流通微观主体开始多元化，农副产品和日用工业品等生活资料市场渐趋活跃、规模扩大，初步形成了多种经济成分、多种流通渠道、多种经营方式和较少流转环节的"三多一少"商品流通格局，居民选择消费品的机会开始增多。1978年，有73种主要商品在全国范围内凭票（证）定量或限量供应。到1984年底，除粮、油、煤和少数名牌商品外，大都取消了凭票（证）供应的办法。此外，随着社会商业结构的调整，在外用餐、住店、理发、缝衣、修理难的状况也得到大大缓解。

1. 调整和改革农副产品购销政策

从1979年开始，国家开始放宽农副产品的购销政策。一是恢复和扩大议购议销。1979年9月，《全国物价工作会议纪要》指出：小宗农副土特产品和小商品，应该发挥市场调节的作用，即"根据供求状况，价格自由涨落，议购议销，高进高出，低进低出"。1983年10月，国务院批转商业部《关于调整农副产品购销政策组织多渠道经营的报告》，对农民完成统购派购任务后的产品（不包括棉花）和非派购产品，允许多渠道经营，开展议购议销业务，参与市场调节。二是调整农副产品收购、调拨定基数。1982年中央1号文件《全国农村工作会议纪要》允许对部分农副产品核定收购基数，超过部分由实行超购加价办法（简称基数法）逐步改为按固定比例收购（简称比例法），即一部分用平价收购，一部分用超购加价收购的办法。三是减少统购派购品种，扩大自由购销。1981年7月，国家物价总局、商业部等部门共列出全国统一派购的二类商品128种，其中属于粮食、商业、供销、医药部门经营的有101种，比1978年减少16种。1983年10月，商业部管理的一、二类农副产品由46种减为21种，1984年调减为12种。四是逐步放宽农副产品贩运政策。1983年中央1号文件《当前农村经济政策的若干问题》指出：农民个人或合伙进行长途贩运，有利于扩大农副产

品销售，有利于解决产地积压、销地缺货的矛盾。1984 年 2 月，国务院颁发《关于合作商业组织和个人贩运农副产品若干问题的规定》，允许个人和合伙贩运的农副产品限于三类农副产品和统购、派购任务以外的农副产品，贩运农副产品不受行政区划和路途远近的限制。上述政策的实施，初步改变了对农副产品统得过多、管得过死的状态，活跃了农副产品市场，扩大了居民消费选择的范围。

2. 调整和改革日用工业品购销体制

工业品购销体制改革主要从以下方面展开：一是减少工业品批发环节。1980 年 3 月，商业部提出要按经济合理的原则组织商品流通，打破不合理的限制，减掉不必要的环节。1984 年 7 月，国务院批转商业部《关于当前城市商业体制改革若干问题的报告》，指出改革一、二、三级的多层次的批发体制，批发站下放到市，同市批发公司合并；同一城市同一行业，不得按行政层次设置国营商业批发公司；要在所有城市逐步建立日用工业品贸易中心，贸易中心是商品批发市场，实行开放式经营。到 1984 年底，全国已成立贸易中心 2248 个，其中工业品贸易中心 1254 个、农副产品贸易中心 753 个、综合贸易中心 241 个。[①] 二是由统购包销改为多种购销形式。1979 年 10 月，国务院批转商业部《关于当前商业工作几点意见的报告》，规定一、二类商品继续由商业部门统购包销，其中少数不宜包销的品种，可降为三类。三类商品要搞得活些，属于几个地方生产、供应全国的品种，由商业部门包销，一部分品种实行商业部门订购，多数品种实行商业部门选购；订购和选购剩余的部分，由工业部门自销。1981 年，取消包销制度，改为统购统销、计划收购、订购和选购四种形式。其中，统购统销商品 11 种，计划收购商品 24 种，订购商品 58 种。除以上三类，其余品种繁多的工业品，都是选购商品，生产企业可以自销，商业企业可以选购。三是减少商业部管理的计划商品。1978 年商业部系统中国家计划收购和调拨的商品有 188 种，到 1984 年减少到 60 种。

3. 疏通城乡商品流通渠道

1979 年以后，由于工业品和农副产品增多，农村购买力大幅度提高，给商业工作提出新的任务，即进一步疏通城乡商品流通渠道，组织好工业品下乡，扩大城乡物资交流，改善农村市场的供应状况。1982 年 6 月，国务

---

① 王积业，朱元珍. 经济体制改革手册 [M]. 北京：经济日报出版社，1987：851.

院发出《关于疏通城乡商品流通渠道，扩大工业品下乡的决定》。为此，商业部门采取了以下措施：增加分配给供销社的工业品比重，特别是增加了紧俏工业品比重；国营商业公司直接在主要集镇建立下伸点，或同供销社共同建立批零兼营的联营店；在县城或县以下较大集镇举办综合性、专业性或季节性的商品展销会、供货会、调剂会；组织各批发机构带商品目录、样品、账簿和单据巡回下乡，扩大工业品销售。1984 年农村商品零售额达 1999.3 亿元，比 1978 年增长了 1.47 倍。特别是在农村长期紧缺的耐用消费品供应有所改善，销量激增。

4. 多种所有制商业形式共同发展

1979～1984 年，商业所有制结构改革主要从以下方面展开：一是扩大国营商业企业自主权和实行多种形式的经营责任制。其中，对国营小型商业企业试行"改、转、租、卖"改革。到 1984 年底，国营零售商业、饮食业、服务业机构减少到 21.1 万个，比 1978 年减少 14.6 万个，但从业人员增加 8.8 万人。1984 年，国营商业商品零售额为 1537.9 亿元，占社会商品零售总额的 45.6%。二是鼓励和扶持集体商业发展。1984 年与 1978 年相比，城乡集体零售商业、饮食业、服务业机构由 62.3 万个发展到 159.4 万个，增长 1.56 倍；从业人员由 199.6 万人发展到 815.9 万人，增长 3.09 倍。1984 年，集体商业零售额为 1337.2 亿元，占社会商品零售总额的 39.6%。三是鼓励和扶持个体商业发展。到 1984 年底，城乡个体商业机构达到 728.1 万个，比 1978 年增长 39.9 倍；从业人员达 960.7 万人，比 1978 年增长 35.7 倍。1984 年，个体商业零售额为 323.7 亿元，占社会商品零售总额的 9.6%。四是发展集市贸易，开放城市农副产品市场。城乡集市贸易迅速发展，其中农村集市由 1978 年的 33302 个增长到 1984 年的 50356 个，成交额由 125 亿元增长到 390.3 亿元；城市集市由 1979 年的 2226 个增加到 1984 年的 6144 个，成交额由 12 亿元增长到 80.3 亿元。1984 年，全国城乡集市贸易年成交额占社会商业零售总额的 13.9%。此外，恢复和发展了一批日用工业品市场、小商品市场和旧货市场。

（二）　商品流通体制改革深化，消费品市场迅速发展

在有计划的商品经济理论指导下，商品流通进一步放开，公有制商业企业市场主体性增强，流通微观主体更加多元化，进入市场调节的商品范围不断扩大，农副产品市场、日用工业品市场、城乡集贸市场等都得到了迅速发展。到 1991 年底，在市场流通的商品中，农副产品市场调节的比重已达到

80％左右，日用工业品达到95％左右，几乎全部消费品都已纳入市场调节的范围，凭票（证）购买商品的时代基本结束。

1. 农副产品市场的放开与批发市场发展

1985年1月，中共中央、国务院发出《关于进一步活跃农村经济的十项政策》（即1985年中央1号文件），决定从1985年起，"除个别品种外，国家不再向农民下达农产品统购派购任务，按照不同情况，分别实行合同定购和市场收购。"粮食、棉花取消统购，改为合同定购。定购以外的粮食可以自由上市，定购以外的棉花允许农民上市自销。生猪、水产品和大中城市工矿区的蔬菜，也逐步取消派购，自由上市，随行就市、按质论价。农产品经营、加工、消费单位都可以直接与农民签订收购合同；农民可通过合作组织或建立生产者协会，主动与有关单位协商签订销售合同。取消农产品统派购制度是农产品流通体制的重大改革，肯定了农副产品的商品性质，确立了农民的商品生产者地位，加强了农民与市场的联系。

随着主要农产品统派购制度的取消，除粮食、棉花等9种农产品由商业部门按计划与农民签订合同进行收购，烟草按专卖条例规定收购，甘草、厚朴、麝香、杜仲4种中药材由国家指定的商业公司收购外，其余农产品以及完成合同定购或按规定收购以后剩余的农产品均可由农民自由上市，其交易额约占社会收购额的一半以上。粮食及其制成品自由购销的比重大大增加，相当多的城市居民家庭已不再向粮店购买计划定量粮，而是到城市粮食集贸市场上购买粮食，在品种、质量方面有了更多的选择余地。大中城市副食品经营逐步由"统"到"放"。从1985年起，广州、武汉、成都等大中城市相继放开了蔬菜、猪肉、牛羊肉、水产品、禽、蛋、奶等副食品的市场。大中城市放开副食品经营以后，供应大中城市的副食品在数量、品种、质量等方面都有较大的发展，副食品市场越来越兴旺、活跃，城市居民的"菜篮子"逐渐丰富多彩。

各种类型的农副产品批发市场兴起。有综合性批发市场，也有专业性批发市场，如粮食批发市场、蔬菜批发市场、肉类批发市场、禽蛋批发市场、水果批发市场等。城市集贸市场的农副产品多数来自这些批发市场。1990年10月，国家级的郑州粮食批发市场正式开始营业。山东寿光大力发展商品蔬菜，上规模、上档次，逐渐成为全国规模最大的蔬菜集散地。到1991年，农副产品批发市场已发展到1600多个。

2. 日用工业品市场的放开与批发市场崛起

为落实国务院批转的商业部《关于当前城市商业体制改革若干问题的

报告》的精神，商业部所辖的专业公司撤销公司的名称；各省（区、市）商业厅（局）陆续将直属企业下放到所在市。1986 年以后，批发体制改革进一步深化，在日用工业品流通领域基本上放开市场，指令性计划管理的商品范围大大缩小；放开价格，国家管理的价格品种基本消失；产销直接见面，多家可以经营；国有批发企业普遍实行"四放开"，即经营、价格、分配和用工放开。到 1989 年，商业部系统中国家计划收购和调拨的工业品已减至 14 种。① 小商品日用工业品市场已完全放开，生产与经营小商品的厂家和经营者根据市场需要灵活安排生产和经营活动。各种小百货、小五金制品、小塑料制品、小玩具、小杂件等小商品应有尽有，琳琅满目，美不胜收，极大地丰富了居民的生活。随着日用工业品流通量增加，日用工业品批发市场迅速崛起，特别是日用工业小商品批发市场发展更为迅速。1990 年，全国日用工业品批发市场 265 个，年成交额达 113 亿元。1991 年底，全国日用工业品批发市场增加到 411 个。在综合性日用小商品批发市场发展的基础上，涌现出了一批专业性很强的工业品批发市场。武汉市汉正街小商品批发市场，以其商品小、品种全、价格低、经营活的特色，吸引了来自全国各地的客商。浙江义乌小商品市场，每天南北客商络绎不绝。温州桥头纽扣市场，以纽扣花色品种齐全的专业优势闻名遐迩，被称为"东方第一大纽扣市场"。

3. 全国城乡集贸市场进一步发展

1985 ~ 1991 年，城乡集贸市场进一步发展。1985 年，全国城乡集贸市场共 6.13 万个，全年贸易成交额达 632.3 亿元，占全社会商品零售总额的 14.69%。到 1991 年，全国城乡集贸市场达 7.47 万个，贸易成交额 2622.2 亿元，已占社会商品零售总额的 27.85%。据国家统计局城调队对 106 个城市、140 个县城的抽样调查，1986 年城镇居民从集市购买食品人均支出 152.28 元，比 1985 年增加 32.76 元，增长 29.7%。到 1989 年，在城市副食品供应中，计划外市场的比重日益增大，已形成"半壁江山"。据国家工商局的统计，1989 年全国城市集贸市场主要商品成交量与国营商业零售量相比，若以国营商业零售量为 100%，则集贸市场的蔬菜成交量为 139%，鲜蛋成交量为 103%，牛羊肉、水产品成交量均在 180% 以上，鸡鸭鹅和干鲜果的成交量分别为 230% 和 391%。猪肉的成交量略小于国营商业零售量，为 75%。城乡集贸市场在城乡居民副食品供应中的作用日益增大，到 1990

---

① 董辅礽. 中华人民共和国经济史（下卷）[M]. 北京：经济科学出版社，1999：447.

年已成为居民副食品的主要来源。城乡集贸市场的发展大大丰富了城乡居民的菜篮子，并已形成南菜北运、水果和水产品流通全国的格局。为适应这一变化，许多地方把集贸市场的建设纳入城市总体规划之中，兴建室内集贸市场，引"摊"入室，并加强集贸市场的管理，取得了良好的效果。但也有相当多的城市，对集贸市场地位与作用的变化认识不到位，以街为市、以路为市，占道经营，影响了城市交通和公共卫生，给居民购物带来很大的烦恼。

4. "三多一少"商品流通格局的基本形成

随着商品流通体制改革的逐步深化，国营商业"三固定（固定供应对象、固定货源和固定价格）"和"一、二、三、零（一级、二级、三级批发站和零售）"封闭式经营模式被打破，基本形成"三多一少"的开放式的商品流通格局，市场愈加活跃和繁荣。

国营商业企业和供销合作社市场化经营的比重明显提高，逐渐成为市场竞争主体。到 1987 年底，全民所有制商业机构已发展到 46.45 万个、747.91 万人，比 1985 年底分别增长 8.16% 和 8.95%；供销合作社机构已发展到 66.17 万个、380.49 万人，同比分别增长 2.79% 和 4.51%；其他集体所有制商业机构 88.64 万个，同比减少 4.87 万个，人员 513.10 万人，同比增长 11.05 万人。1987 年，全民所有制商业社会商品零售额为 2249 亿元，占全社会商品零售额的 38.64%；集体所有制商业（含供销合作社）社会商品零售额为 2079 亿元，占全社会商品零售额的 35.72%。

非公有制经济成分的流通组织迅速发展。1985 年底，全国个体有证商业户 623.86 万户，从业人员 842.22 万人，完成社会商品零售总额 661.0 亿元。到 1987 年底，全国个体有证商业户增长到 733.07 万户，比 1985 年增长 17.51%；从业人员增长到 1024.25 万人，同比增长 21.64%。1987 年完成社会商品零售总额 1011.6 亿元，占到全社会商品零售总额的 17.38%。1985 年农民对非农民的零售额为 219 亿元，1987 年增长到 461 亿元，占全社会商品零售总额的比重由 6.67% 增长到 7.92%。同时，私营商业、中外合资合营商业也有较快发展。

到 1987 年底，全国各种类型的零售商业、饮食业、服务业的经营网点数达到 1205.9 万个，比 1978 年底增长 8.6 倍；从业人员达 2827.1 万人，比 1978 年底增长 3.65 倍。

5. 抢购风潮与治理整顿中出现市场疲软

1988 年夏秋之间，中国爆发了一场巨大的商品抢购风潮，来势之猛，影响之大，为新中国成立以来之最。这场全国性抢购风潮，从8月17日开始，首先在福州、天津、上海、重庆、成都、北京、西安等大城市的中心商业区爆发，随后迅速扩散到全国大部分地区。抢购的商品主要集中在价高、耐用的高档日用工业品上，如家用电器尤其是彩色电视机、电冰箱、洗衣机、空调，以及服装、床上用品。其他工业品以及粮食、食油、食盐和副食品也有大量抢购。参与抢购的主力军是青年夫妻和中年家庭妇女。半个月时间，全国抢购了价值约60亿元的商品，商品销售额呈非正常大幅度增长。1988年8月，全国商品零售额比上年同期增长38.63%，主要商品零售量与上年同期零售量相比的增长差率：彩色电视机为40%，黑白电视机64%，洗衣机160%，电冰箱100%，录音机71%，电风扇68%，自行车52%，毛线70%，棉布46.7%，呢绒53%，绸缎40%，棉毛衫裤92%，滞销多年的缝纫机也增长了58%。这场商品抢购风潮还引发了银行挤兑风潮，以及社会躁动和人心浮动，形势十分严峻。

这场抢购风潮形成的主要原因是，经济过热和价格改革"闯关"时机选择不当。1984年下半年和1985年上半年，中国经济出现过热，投资饥渴和消费饥渴症再起，引发物价大幅度上涨。1985年，经济增长率为13.5%，零售物价上涨率为8.8%。1987年和1988年的经济增长率再次攀升至两位数，分别为11.6%和11.3%，经济再度过热。1987年物价上涨率又上升到7.3%，1988年上半年物价上涨率逐月攀升，2月为11.2%，6月达16.5%。然而，当时重点工作抓的是价格改革，并称价格改革要敢冒风险，要迎着风浪前进。价格改革"闯关"政策的酝酿与出台使物价上涨幅度进一步提高，7月上涨至19.5%，8月、9月更是高达到23.2%。如此之高的物价上涨率突破了居民心理承受能力的极限，扭曲了居民的预期与消费选择。因此，1988年9月，党的十三届三中全会确定了治理经济环境、整顿经济秩序和全面深化改革的方针，强调当务之急是要把物价基本稳定下来。从10月开始，消费品市场开始降温。到1991年，市场环境得到了初步的治理，商品流通秩序有了一定的好转。

市场销售疲软，从1988年末到1989年初就已露出苗头，尤其是抢购风潮中热销商品的销售量明显下降。1989年市场仍处于疲软状态，商品销售量比上年下降了8.9%。其中，农村市场疲软程度比城市更大。一直到1990年下半年，市场销售疲软的势头才有所减弱。1991年，国内市场销售基本摆脱疲软状态，恢复到正常增长水平。1991年社会商品零售总额达到9398亿元，比上年增长13.2%，扣除零售物价上涨因素，实际增长10%。

（三） 商品流通体制改革进一步深化，买方市场初步形成

随着商品流通体制改革的进一步深化，消费品市场的经营主体和经营方式都发生了重大变化，消费品市场供求总量趋于平衡，物价涨幅稳步回落，居民消费行为日趋理性化。到1997年，全国性的买方市场初步形成。

1. 多元化商业微观经营主体的改革与发展

国有商业企业改革进入建立现代企业制度阶段。1992年全国以国有商业企业为基础组建的股份公司有200多家，涉及的商业领域包括工业品、副食品、粮食、饮食业、零售业和批发业，仅上海市就有13家国有商业企业进行了股份制改革。到1996年，国内贸易部系统的股份制企业有500多家，其中上市公司有40多家。在国有大中型商业企业股份制改革的推动下，其他所有制的商业企业也纷纷转设成股份公司。到1996年，全国零售商业机构中的股份制经济网点有7835个，批发商业的股份制经济网点有14529个。1992年以后，人们对非公有制经济的认识有了新的突破，不再纠缠姓"社"姓"资"。在坚持国有商业为主导的前提下，个体、私营商业异军突起，并在商业领域取代了国营商业的主体地位。

商业领域逐步对外商投资开放。1992年以前，禁止外商在中国开办独资或合资的零售、批发企业，但外商在华投资的生产企业可以销售部分产品。1992年以后，在商业领域，外商在华投资经历了由禁止进入到先零售、后批发的逐步开放的过程。到1996年，经国务院正式批准的中外合资零售企业有19家，由地方政府审批的有200多家。商业领域引进外资促进了中国商业尤其是零售业的改革，推动了商业业态的更新和商业技术的改进。

在全国批发、零售贸易业中，国有经济、集体经济的网点和从业人员稳步增长，但国有单位、集体单位的社会消费品零售额占全社会消费品零售总额的比重有所下降，到1998年分别占比20.65%和16.57%；个体经济和其他经济（含私营经济、股份制经济、外商投资经济和港澳台投资经济）发展迅速，在全社会消费品零售总额中所占比重上升，到1998年分别占比37.05%和25.16%（见表1-14）。

表1-14   1992~1998年中国社会消费品零售总额（按经济类型分）   单位：亿元

年份	零售总额	国有单位	集体单位	合营	个体	其他
1992	10993.7	4539.8	3068.2	80.3	2228.0	1077.4
1993	12462.1	4676.4	2741.0	36.3	3016.9	1991.5
1994	16264.7	5193.9	3375.2	70.4	4626.6	2998.6
1995	20620.0	6154.1	3981.6	73.3	6253.8	4157.3
1996	24774.1	6745.1	4567.0	125.3	7923.7	5413.0
1997	27298.9	6355.9	4768.0	148.6	9512.2	6514.2
1998	29152.5	6021.3	4829.9	164.3	10802.2	7334.8

注：1993年以后，其他经济包括私营、股份制、外商投资、港澳台投资经济。
资料来源：中国统计年鉴（1999）［M］. 北京：中国统计出版社，1999：546-547.

2. 消费品市场体系的新变化

党的十四届三中全会提出，改革现有的商品流通体系，进一步发展商品市场，在重要产品的产地、销地或集散地，建立大宗农产品、工业消费品和生产资料批发市场。在此精神推动下，中国商品市场体系建设步伐加快，商业业态日趋多样化，传统的摊贩、店铺、集市和现代化商业共存和竞争，市场的经营主体由严重短缺变为接近饱和。1997年，全国6000余个农副产品、日用工业消费品批发市场，年成交额在4000多亿元以上；传统的集市在现代商业崛起中丰富、壮大，已发展到8.7万个，年交易额达到1.74万亿元。上市的品种，突破了传统的农产品和小农具，增添了现代化的耐用消费品和农具。虽然仍以零售现货交易为主，但是，批发和远期合同交易也在发展。日用工业消费品零售市场门类最多、网点最密、影响最广，既有以业种或业别来区分的传统的零售行业，如百货商店、粮油店、肉店、副食品店、布店、绸缎店、土产店、杂货店等，也有根据人们所需服务方式的不同而组建的新型零售店铺，如连锁商店、超级市场、仓储商店、大型购物中心、专卖店、便利店、自选店等。两者的区别在于，前者主要回答"卖什么"的问题，后者则主要回答"怎么卖"的问题。

传统零售行业向新型零售业态发展，主要表现在：第一，以超级市场为代表的新型业态迅猛发展。1992年以后，超级市场在大城市普遍开花，尤其是以连锁经营形式发展起来的连锁超市更是超常规发展，成为超市的主要形态。超市经营规模大，单体超市营业面积少则几千平方米，多则一万平方米以上，有的甚至三四万平方米。超市经营品种大众化，购物环境便捷、安全、舒适。超市重视物流配送工作，物流配送统一、及时和规范化。超市最大的优点是自由选购、统一结算。消费者进超市，可直接接触商品，能充分满足消费者反复挑选、取舍的心理需要，提高了消费者购物的自由选择度和满意度。同时，由于商品种类丰富，消费者可以一次选购多种商品，用购物车装载，然后在出口处统一结算，省时省力，颇受消费者青睐。超市普遍采用电子收款设备，结算效率高。因此，90年代中后期，超市逐步取代了百货商店成为中国最具活力、最快发展的零售业态。

第二，百货商店等传统业态在困境中变革突围。超市等新业态的出现和超常发展，对百货业形成新的竞争。一是品牌化。百货商店开始主要经营品牌商品，尤其是名牌商品。这在服装、珠宝、首饰、钟表、电子产品（尤其是家用电器）等商品大类中表现得尤为明显。一大批名牌商品借助于百货业的商业活动推向市场。二是专业化。在中、高档商品的经营品种方面，百货商店逐渐形成特有优势，从而与超市形成差异化竞争，赢得发展空间。三是连锁化。百货商店开始向多店铺以至连锁化方向发展，不仅在总店所在城市开设分店，还在其他城市开设分店，形成百货商店连锁化的趋势。四是混业化。在一些大型百货商店中，除了传统的百货业态模式外，还增加了超市、便利店、专业店等其他业态模式。尤其是与超市模式的嫁接，使百货商店大大增加了客流量，提高了营业额。大型百货商场还附设了餐饮、娱乐等营业内容，方便了顾客，带动了主业经营的发展。

第三，连锁经营成为零售领域最具活力的经营方式。随着超市、便利店等新型零售业态的超常发展，连锁店逐渐转变成为连锁化的经营方式，在许多新型零售业态中得到发展。在超级市场领域，连锁经营发展最为迅猛，成为超市业态超常规发展的重要推手。在便利店领域，连锁经营发展也很快。上海市对几万个商业零售小门店实行连锁便利店式的改造，采取入股的办法，每个店配一台电脑、一部电话，随时可以与配送中心联系，发出需求信息后，由配送中心按其要求送货。这样，几万个传统的小商店就变成了与大型超市接轨的小型便利店。在专业店领域，连锁经营方式得到了较快发展。随着家用电器、电子产品的迅速兴起，家电专业店连锁、手机专业店连锁、电脑专业店连锁等纷纷涌现。连锁经营方式在大城市普遍推广的同时，还把它的触角伸向了中小城市和农村。

3. 消费品买方市场已初步形成

改革开放以来，随着市场化改革的推进，民生工业得到较快发展，商品供给能力快速提高，市场供求关系发生重大变化。到 1995 年，买方市场已初现端倪。根据中国商业信息中心对全国市场主要商品供求情况的统计数据，1995 年主要商品供求平衡和供过于求的商品已占总数的 86.9%，供不应求的商品只占 13.3%，市场上商品供求关系紧张的局面已基本扭转。1996 年买方市场特征已相当明显，供求平衡和供过于求的商品已占总数的 93.8%，供不应求的商品只占 6.2%。1997 年供不应求的商品的比重已下降到 1.6%，而供过于求的商品比重则骤升至 31.8%，[①] 出现了明显的市场疲软。另据内贸部 1997 年下半年公布的 609 种主要商品供求情况分析数据，供求平衡的商品占 66.99%，供过于求的占 32%，供不应求的仅占 1.01%。因此，到 1997 年，中国在全国范围内初步形成了买方市场。

　　1989～1990 年，中国曾出现过一次市场疲软、大量商品滞销的情况。同样是出现市场疲软、商品滞销的情况，人们却大多认为买方市场形成于 1997 年，而非 1989～1990 年。究其原因，1989～1990 年的市场疲软不是市场正常发展过程中供给能力提高所导致的供过于求，而主要是特殊条件下需求大幅下降造成的。1988 年抢购风潮后，消费者购买力大量透支，消费信心不足，因此，出现了大量商品滞销，销售额下降的市场下行走势。相比之下，1997 年的市场疲软则是在供需两旺，商品销售额逐步攀升，市场行情上行走势中出现的。1992～1997 年全国消费品零售总额分别比上年上涨 12.3%、15.2%、8.8%、11.8%、13.3% 和 10.2%。

　　中国买方市场的形成，是改革开放和经济发展成就的重要体现。但也应看到，当时的买方市场还只是初级的、不成熟的、不完善的买方市场。一是居民消费水平仍较低。发达国家和新兴工业化国家形成买方市场时，人均 GDP（国内生产总值）多在 3000 美元以上，有的甚至高达 1 万美元以上，而中国在 1997 年人均 GDP 还不到 800 美元。1997 年，社会消费商品零售总额为 2.73 万亿元，人均才到 2200 元的水平；恩格尔系数较高，城镇居民为 46.4%，农村居民为 55.1%，处于温饱型向小康型过渡时期。因此，受居民购买力和消费水平的限制，当时的买方市场仍是低水平的。二是居民的实际收入增长幅度回落。虽然城乡居民的实际收入在增加，但增长幅度在回落，从而影响市场商品销售的扩大。在农村，有的地区农民增产不增收，1996 年农村居民人均纯收入增长率高达 9%，但 1997 年陡降至 4%；在城市，由于下岗失业工人增多，一部分城镇居民家庭收入下降，1993 年城镇

---

① 范剑平. 2002 年消费品市场宏观调控对策［J］. 消费经济，2002（1）：3－7.

居民人均收入增长达到 10.2%，但到 1997 年增幅回落至 2.7%。三是市场体系不完善。尤其是覆盖全国的医疗、养老、失业救济等方面的社会保障体系还没有真正建立起来，这必然会影响到居民的消费倾向，制约居民消费支出的增加。四是市场化程度偏低。农民通过市场化取得的货币收入还比较少，企业工人平均工资水平相对较低，形成了"廉价劳动力"现象。这主要是因为工人的工资中没有完全包含劳动力再生产所必需的全部费用，人们的工资水平很难支付商品化住房等费用，这也是福利性分房长期存在而商品化住房消费迟迟难以推进的主要原因。五是市场的过渡性。从商品供求关系看，总体上供求基本平衡和供过于求，但结构上积压与脱销共存。从商品交换关系看，买方主导市场已成为消费品市场的主流。"顾客是上帝"已成为商家的口号，消费潮流已成为商家捕捉的目标。但卖方主导的现象仍然存在，脱离需求、重复建设、继续生产长线产品的情况屡见不鲜。

第二章

中国居民消费水平研究

　　提高城乡居民的生活水平，让人民群众过上好日子，一直是党和政府高度重视和关心的问题，也是社会主义经济发展的根本目的。改革开放以来，在中国特色社会主义理论的指导下，中国式现代化建设取得了举世瞩目的成就，创造了"中国奇迹"。1978～1998年双轨制时期，随着社会主义市场经济体制的逐步建立，中国居民生活水平连续上了几个大的台阶，在消除贫困、解决温饱的基础上，基本上达到小康，实现了历史性跨越。其突出表现为：居民收入大幅提升，消费水平和消费质量显著提高，彻底扭转了新中国成立以来消费长期增长缓慢甚至停滞不前的局面，迎来了居民消费史上前所未有的大发展、大转变。据统计，1978年中国人均国内生产总值为385元，1998年增加到6860元，增长了16.8倍，按可比价格计算，增长了3.8倍，年均实际增长率高达8.16%；居民消费水平从1978年的184元提高到1998年的3122元，增长了16倍，扣除物价上涨因素，实际增长了3.6倍，年均实际增长率达7.89%。[①]　总的来说，1978～1998年中国居民开始进入了一个物质生活比较宽裕、精神生活相对充实、生活环境逐步改善的新阶段。[②]　主要表现为：居民消费在饮食、衣着、用品等基本生活需求方面急剧扩大，呈现出明显的量的扩张趋势，并带有补偿性增长的特征；物质消费成为居民消费的主体内容，精神消费增长相对缓慢且所占比重较小。

　　本章按照时间顺序，基于居民消费水平的数量变化和质量提升两个维度，尝试全面刻画1978～1998年中国城乡居民在食品、衣着、用品、居住、医疗保健、交通通信、文教娱乐等方面的消费水平状况，分析总结居民消费

---

　①　本书对来源于《中国统计年鉴》或根据《中国统计年鉴》计算出来的数据，不作注释。
　②　钟禾. 历史转折：由温饱到小康［J］. 经济改革与发展，1998（9）：19-25.

发展变化的内在规律及其经验，以真实、客观展现双轨制时期中国居民消费的巨大变化，以及社会经济发展赋予城乡居民实实在在的获得感、满足感和幸福感。

一、居民消费水平的概念与阶段性划分

（一）居民消费水平的概念

居民消费水平是指一个国家或地区在一定时期居民按人口平均消费生活资料和劳务的数量和质量状况。人们无论对物质生活资料还是精神生活资料的消费需求，都是不断变化和增长的。但在社会生产力水平一定的条件下，有些需求可以满足，而有些需求则不能满足，人们消费需求得到满足的程度是确定的。在一定时期内，按人口平均消费的各种生活资料和劳务的数量和质量，体现为居民消费需求实际得到满足的程度，表现为消费水平。消费水平的高低，不仅表现为消费总量或人均消费量的大小，而且还通过消费结构的差异反映出来。一般来说，大多数发达国家的消费结构是基本生活必需品的支出在家庭总费用支出中所占比重很小，而服装、交通、娱乐、卫生保健、旅游、教育等的支出所占比重很大；发展中国家的消费结构是基本生活必需品在家庭总费用支出中占有很大比重，但它会随着经济发展、家庭收入水平的提高而不断下降。

衡量居民消费水平是一个复杂的问题。一般说来，衡量居民消费水平的高低，可以通过实物形态、劳务形态和价值形态表现出来。实物形态是衡量居民消费水平的核心指标，可通过消费特定的物质产品来实现。劳务形态是从消费服务方面衡量消费水平的基本指标。劳务消费是指生活消费性服务，不是对实物的消费，而是消费"服务"所具有的某种使用价值，是对活劳动的消费，其范围包括文化教育、医疗保健、体育娱乐以及日常生活中的理发、照相、饮食、修配等各种服务行业。劳务消费在居民消费构成中所占比例，是衡量一个国家或地区居民消费水平高低的标准之一。第三产业越发达，劳务消费所占比例越大，表明居民消费水平越高。价值形态是用货币形态衡量消费水平的基本指标，是整个社会居民消费水平的综合反映，其计算公式为：居民消费水平（元/人）=报告期国内生产总值中的居民消费总额/报告期年平均人口。

消费水平是一个综合性概念，内涵包括多种层次的规定性。一是消费水

平不仅包括消费资料的数量，也包括消费资料品种、质量的差异。同样一种消费资料，尽管数量相同，如果质量或品种差别大，满足人们需要的程度迥异，反映的消费水平就会显著不同。消费水平是消费数量和消费质量的统一。消费水平的数量特征通过实物、劳务和价值数量指标表现出来。消费水平的质量特征主要表现在消费品的质量、生活环境和生活条件、人们的健康状况和人均寿命、闲暇时间的利用度以及精神享受、安全感等方面。二是消费水平既包含物质生活的满足程度，也包含精神文化生活的满足程度。三是消费水平既包含生活资料的消费，又包含对劳务的消费。四是消费水平的高低还可从消费结构的变化趋势上反映出来。消费结构是各种消费资料和劳务的组合比例。如在吃、穿、用、住、行等消费支出中，吃的比例下降；在衣着消费中，中高档衣着品比重上升；在用的消费支出中，耐用消费品比重上升；在消费支出总额中，物质生活消费支出比重下降，精神生活消费支出比重上升等，都体现着居民消费水平的提高。

　　需要说明的是，本书所探讨的居民消费水平，属于社会消费水平，主要是从宏观角度，研究社会平均消费水平和各阶层、各地区消费水平的差异及其发展趋势，总结居民消费水平发展变化的规律，把握消费和生产、整个国民经济相互协调的内在关联。宏观层面的居民消费水平，标志着一定时期内社会多数居民消费的一般状况，集中反映了居民生活的水平，也是这一时期社会生产能力和国民经济运行效果的直接体现。

（二）居民消费水平的阶段性划分

　　根据消费水平演进过程中的不同表现和特征，学界提出了消费水平阶段性划分的不同观点，主要有"三阶段论""四阶段论"和"七阶段论"。其中，"三阶段论"[①] 比较符合中国消费起点较低、消费水平持续稳定上升的状况，基本反映了双轨制及其以后时期中国居民消费水平的发展趋势。第一阶段，温饱消费水平阶段，也称最低消费水平阶段。这一阶段只能从生理上维持自然人最低生存的消费，从再生产的角度维系劳动者的简单再生产。此时消费者的消费结构是低层次的，恩格尔系数[②]通常在50%～80%，消费倾

---

　　① 姜彩芬，余国扬，李新家，符莎莉．消费经济学［M］．北京：中国经济出版社，2009：93-94．

　　② 恩格尔系数是指食品支出总额占个人消费支出总额的比重。联合国粮农组织用此系数判定居民生活发展阶段的一般标准是：60%以上为贫困；50%～60%为温饱；40%～50%为小康；40%以下为富裕。

向即"支出/收入"接近100%，居民的消费储蓄几乎为零。消费市场呈现紧绷状态，抢购现象时有发生，购物排队更是司空见惯。第二阶段，小康消费水平阶段。这一阶段消费者的温饱问题已经解决，消费结构处在良性变动过程中，已有部分较高层次的消费内容、对象、项目进入人们的消费领域。吃、穿、用、住等消费均已不成问题并向高层次发展。恩格尔系数降到40%~50%，消费倾向降到60%~80%，消费者有相当数量的现金和银行存款，并握有多种有价证券。人们开始注重并追求精神消费，相应这方面的支出明显增加，消费者可支配的闲暇时间也逐渐增多。第三阶段，富裕消费水平阶段。这一阶段是小康生活水平进一步发展的结果，多数消费者的吃、穿、用、住等均已进入高层次的消费。消费者闲暇时间进一步增多，追求生活质量和注重精神消费成为一种趋势，娱乐型、享受型和发展型消费成为消费的主要内容。这一阶段，恩格尔系数在20%~40%之间，消费倾向下降到50%~60%。由于储蓄倾向即"储蓄/收入"较高，可达到40%~50%，负债消费成为时尚。

二、中国居民食物消费水平的变化

改革开放以来，党的工作重心转到以经济建设为中心，国民经济持续快速发展，人民生活进入提高最快、得到实惠最多的时期。到1998年，中国居民生活实现了消除贫困、解决温饱、总体步入小康的历史性跨越，这无疑是一项伟大而壮丽的成就。

民以食为天。食物消费从古至今都是排在第一位的消费，它是人们维持生命、生长发育、繁衍后代以及从事各种社会活动的物质基础，也是人类赖以生存和发展的基本。[1] 根据人类消费发展规律，在尚未达到富裕之前，食品总是居民消费中的主要内容，特别是处于勉强度日阶段更是如此。改革开放以来，农业和消费品工业快速发展，城乡居民收入显著提高，食品供给日益丰富，居民的食品消费结构、消费方式、消费观念等都发生了巨大变化，直接反映了人民共享改革发展成果的实际效果。具体表现在：恩格尔系数下降，标志着人们生活水平从改革之初的贫困型、温饱型转变为基本实现小康；在消费目标方面，人们从追求吃得饱，到吃得好，再向吃得健康转变；从消费性质看，食物消费摆脱了充饥和维持生存阶段，从生存性消费转变到

---

① 刘丹青. 我国食物消费的发展新趋势［J］. 消费经济，1999（3）：33-34.

享受型、发展型消费；从消费结构看，改革开放之初城乡居民整体处于"粮菜"型食物结构，到双轨制末期农村居民动物性食品消费快速增长，部分城镇居民进入"蔬菜＋粮食＋动物性食品"或"蔬菜＋动物性食品＋粮食"阶段，城乡居民食品消费结构彻底完成了从主食型到副食型的转变；从发展趋势看，居民食物消费观念和消费方式发生了巨大改变，普遍关注食物营养平衡，强调饮食科学，人们的膳食结构和营养结构日趋合理化，消费质量主题渐成风尚，食物消费方便化、社会化日益凸显，农村居民食物消费逐渐向城镇居民靠拢，城市化趋向愈加显著。

改革开放以前，中国居民食物消费受需求和供给两方面制约，食物消费来源渠道狭窄，档次较低。1978～1998年双轨制时期，随着社会经济的发展和收入水平的提高，居民食物消费集中表现为量的扩张的粗放式特征。生产结构决定消费结构，中国二元经济结构导致城乡居民消费的水平和发展迥异，呈现出鲜明的二元化特征。下面分城镇居民和农村居民两类消费主体，分阶段分析居民食物消费的演变过程和阶段特点。

（一）1978～1984年居民的食物消费水平

农村经济体制改革率先启动，农业经济迅速发展，农产品市场日趋活跃，为城乡居民生活水平的提高提供了物质基础和市场条件。党和政府从根本上改变了过去强调高积累、低消费的发展模式，随着一系列惠民政策的相继实施，居民收入水平大大提高，增强了城乡居民改善生活的动力基础和源泉。1978～1984年，城乡居民生活一举扭转了长期以来连温饱都成问题的状况，生活水平得到了极大改善和提高，其中城乡居民食物消费改善最为显著，成为新中国成立以来人民生活发展最快的一个阶段。对于农村居民来说，由于其生活水平一直低于城镇居民，其效果表现更为突出。1983年，农村居民恩格尔系数下降到60%关口以下，成功突破了贫困标准，实现了千百年以来的温饱梦想。这一阶段，农村居民食物结构中，主食和蔬菜占据主导地位，食品消费数量全面增长，生活水平发生了质的提升；城镇居民由单一的主食型结构转变为多样化的副食型结构，主食消费比重开始下降，副食消费大幅增长，温饱生活进一步巩固和发展。

1. 农村居民"粮食＋蔬菜"的主食型消费格局

（1）农村居民恩格尔系数的变化。

恩格尔系数是指食品支出总额占个人消费支出总额的比重，是反映居民消费水平高低的主要指标之一。新中国成立以来，大力发展重工业，进一步固化了城乡二元社会经济结构。1978 年，中国农村居民恩格尔系数为 67.7%，城镇居民为 57.5%，相差 10 多个百分点，分别属于绝对贫困和实现温饱两个生活水平阶段。

1978～1984 年，农村居民的恩格尔系数从 1978 年的 67.7% 快速下降到 1984 年的 59.3%，下降了 8.4 个百分点（见表 2-1）。1983 年，农村居民恩格尔系数为 59.4%，突破了温饱阶段的临界值 60.0%，由贫困阶段进入到温饱水平。农村居民生活基本摆脱了此前三十多年来连吃饭都成问题的局面，发生了有史以来的大提升、大改善，消费水平发生了质的飞跃。

表 2-1 　　　　　 1978～1998 年中国城乡居民恩格尔系数变化情况 　　　　单位：%

类别	1978 年	1980 年	1981 年	1982 年	1983 年	1984 年	1985 年	1986 年	1987 年	1988 年
农村居民	67.7	61.8	59.8	60.5	59.4	59.3	57.8	56.5	55.8	54.0
城镇居民	57.5	56.9	56.7	58.6	59.2	58.0	53.3	52.4	53.5	51.4
居民	63.9	59.9	58.6	59.9	59.4	58.8	56.0	54.8	54.8	52.8
类别	1989 年	1990 年	1991 年	1992 年	1993 年	1994 年	1995 年	1996 年	1997 年	1998 年
农村居民	54.8	58.8	57.6	57.5	58.1	58.9	58.6	56.3	55.1	53.2
城镇居民	54.5	54.2	53.8	52.9	50.1	49.9	49.9	48.6	46.4	44.2
居民	54.7	56.8	55.9	55.3	54.0	54.1	54.1	52.3	50.3	48.0

资料来源：国家统计局网站，https：//data. stats. gov. cn。

农村居民人均纯收入迅速提高是恩格尔系数下降的主要原因。1978～1984 年，农村居民人均纯收入由 133.57 元上升到 355.33 元，增长了 1.67 倍；农村居民生活消费支出从 116.06 元上升到 273.80 元，增长了 1.36 倍；农村居民食物消费支出额从 78.57 元增加到 161.52 元，增长了 1.05 倍。以人均纯收入水平分组构成来看，300 元以上的户所占的比例由 1978 年的 2.4% 上升到 1984 年的 66.8%。可见，农村居民收入增加的范围和数量是非常惊人的，加之农村居民的收入与消费支出增长幅度均高于食物消费额增长幅度，从而导致了农村居民恩格尔系数的下降。不过，农村居民仍处于较低的生活水平，而且食物消费自给性比重仍然较高，1982 年食品自给性比例达 62%。

农村居民恩格尔系数变化呈现出一定的波动性。1978 年为 67.7%，1980 年陡然下降到 61.8%，1981 年继续下降到 59.8%，1982 年有所反弹，上升到60.5%，此后继续下降。这种波动主要是因为农村居民食物补偿性消费所致。此前很长时间内，农村居民生活在贫困线上，基本口粮都难以满足，食品严重缺乏，细粮、蔬菜在食物结构中占比较低。收入提高后，农村居民自然要表现为对食物消费的巨大需求，在相当长的时间内主动增加食物方面的支出，花更多的心思改善生活，尽可能增加食物的数量和品种。而传统的消费观念、消费习惯、消费行为相对影响了恩格尔系数下降的速度。

（2）农村居民食物消费结构开始优化。

第一，主食消费量稳步增长。1978～1984年，农村居民人均消费粮食由496斤稳步提高到1984年的533斤，增加了37斤。粮食作为农村居民的基本口粮，对于补充农村居民繁重农业生产中的能量消耗，有着不可替代的作用。同时，细粮消费量快速提升，由1978年的245斤增长到1984年的418斤，提高了176斤，增长71.8%，提高幅度很大。在短短六年时间，细粮在主粮中所占的比重由1978年的49.3%急剧提升到1984年的78.4%，主食细粮化，表明农村居民温饱水平不断稳固，主食结构迅速优化。

第二，副食消费快速增加。受农业生产和收入水平的限制，农村居民在吃的方面偏重主食，副食比较简单。农村居民生活水平提高后，在主食消费稳步提高的同时，副食品消费种类迅速增加，数量大幅提升。从副食消费量来看，1984年人均消费油7.93斤，比1978年的3.91斤，增长1.02倍；1984年人均消费肉类21.24斤，比1978年的11.51斤，增长84.5%；人均蛋类消费由1978年的1.59斤提高至1984年的3.68斤，增长1.31倍；人均食糖消费由1978年的1.46斤提高至1984年的2.6斤，增长78%；人均鱼虾消费由1978年的1.68斤增加到1984年的3.47斤，增长1.06倍。家禽和酒消费量增长幅度更大，1984年农村居民人均消费分别为1.87斤、6.95斤，比1978年的0.50斤、2.44斤，增长2.74倍和1.85倍。可见，农村居民副食提升的幅度是惊人的，这表明改革开放初期农村居民多年来吃饱、吃好的愿望开始释放。在增加主食消费、填饱肚子的同时，大幅提高了食用油、家禽、蛋类、鱼虾的消费。原来主食一统天下的餐桌上出现了新鲜蔬菜、荤菜等高营养食物，粗陋型食物消费结构开始得以改善。

第三，动物性食物消费开始增加。改革开放前，农村居民的关注点是填饱肚子，解决温饱。从营养构成看，食物来源过于单一，对植物性食物，特别是对粮食的依赖性过大，有93.9%的热量和94.4%的蛋白质来自植物性食品，仅有6.1%的热量和5.6%的蛋白质来自动物性食品，低于世界平均水平。① 随着生活水平的改善，农村居民大幅度增加了肉类、家禽、水产品等动物性食品的消费，一年半载不能吃上一顿肉、动物性食品缺乏的局面开始改变，饮食消费向多样化方向发展。

（3）"粮食+蔬菜"的主食型消费格局形成。

在居民主要食品消费结构中，如果把猪牛羊肉、家禽、鲜蛋、水产品、鲜奶统称为动物性食品，那么居民食物消费主要由粮食、蔬菜、动物性食品组成。1978～1984年，农村居民粮食消费稳定增长，平均每人每年消费515.8斤，占食物总消费数量的63.0%；蔬菜在食品消费中也占有相当分量，平均每人每年消费265.2斤，占食物总消费数量的32.4%；动物性食品，平均每人每年消费23.9斤，仅占食物消费总量的2.9%。可以看出，虽然农村居民各种食品消费大量增长，但仍延续了改革开放前的主食型消费格局。农村居民食品消费以粮食和鲜菜为主，粮食是主要消费对象，占据整个消费量的一半以上，其消费量超过鲜菜与动物性食品的总和。粮食和蔬菜两项占食物总消费的95.4%，占据食物消费的绝大比重，动物性食品与粮食、鲜菜相差悬殊较大，形成典型的"粮菜"型食物结构。这反映出农村居民刚刚脱离贫困线，食物消费主要以吃饱为核心，表现出温饱阶段的低水平消费特点。

2. 城镇居民"鲜菜+粮食+动物性食品"的消费格局

（1）城镇居民恩格尔系数的变化。

不同于农村居民，1978年城镇居民恩格尔系数为57.5%，已然处于温饱生活水平，生活状况优于农村。1978～1984年，城镇居民恩格尔系数，到1981年下降至56.7%，1982年出现上升，1983年达到59.2%，而后又恢复下降走势，降低至58.0%，高于1978年的水平。城镇居民恩格尔系数在居民收入增加的同时出现反弹现象，主要原因是城镇居民食物的补偿性消费。从1953年起，国家对粮食及其他农产品开始实行统购统销，农产品按计划定额供应，城镇居民凭票证购买，不能自主按家庭需要安排饮食。食品消费以粮食、低档次蔬菜为主，细粮不足就辅以粗粮，夏天萝卜、冬天大白菜，年年循环往复，很少改变，肉、蛋等动物性食品是偶尔享用的奢侈品。居民饮食粗陋、结构单一，仅能维持最低的生存需要。改革开放后，随着企业扩权让利和收入分配方面的改革，城镇居民有了工资以外的奖金等收入，

① 朱高林. 非均衡视野下中国居民消费水平考察：1949-1978 [J]. 学术界，2012（4）：175-188，288.

消费能力大幅提高。加之，农村集体经济逐步解体，商品流通渠道日益多元化，城镇居民的食物消费选择性增强，激发了城镇居民长期压抑的食物购买欲望，购买食物数量和质量显著提升，吃饱吃好和改善饮食品质的愿望在很大程度上得到了满足。

城镇居民恩格尔系数有降有升，波动较大。主要是因为城镇居民生活还处于温饱阶段，消费水平层次较低，食物消费仍然是第一需求。在收入提高的条件下，城镇居民不仅要增加食物购买数量，而且还会关心食物的花样和档次，改善营养结构，这势必会提高食物消费的支出，带来食物消费支出的大幅度增长。此外，这一阶段国家不断提高和放开粮食价格也影响了城镇居民食物消费支出的增加，导致恩格尔系数的波动。

（2）城镇居民食物消费结构的变化。

第一，粮食和蔬菜消费呈下降趋势。为分析方便，选用城镇居民商品购买量作为消费量。1981年城镇居民人均消费粮食290.88斤、鲜菜304.68斤，1984年分别为284.16斤、298.08斤，比1981年减少6.72、6.60斤。随着生活条件的好转，长期在城镇居民食物消费中占主要内容的粮食和蔬菜，消费数量开始减少，逐渐被品种丰富的副食所替代。

第二，副食比重逐渐上升，主食比重逐年下降。改革开放以来，城镇居民主副食比例开始发生变化，1981年城镇居民主食消费支出在食品支出中所占比重为22.86%，1984年为19.46%，降低了3.40个百分点；同期副食消费支出占全部食品支出的比例从54.20%，上升为55.81%，提高了1.61个百分点。副食消费开始占据城镇居民食品消费的主体地位，食物消费质量稳步提升。

第三，副食消费整体粗放式扩张。城镇居民食用油、猪肉、牛羊肉、鲜蛋、鱼虾、烟、酒等消费全面增长，1981年城镇居民人均年消费食用油9.60斤，1984年为14.16斤，1984年比1982年增长47.50%；1981年人均年消费猪肉33.84斤，1984为34.20斤，同比增长1.06%；1981年人均年消费牛羊肉3.36斤，1984年为5.52斤，同比增长64.29%；1981年人均年消费鲜蛋10.44斤，1984年为15.24斤，同比增长45.98%；1981年人均消费酒9.36斤，1984年为13.56斤，同比增长44.87%。其中，牛羊肉、酒增长幅度较大，接近或超过50%；鲜蛋、食用油次之，超过20%；猪肉消费稍有增加。城镇居民肉类消费种类多样，相对于猪肉，更多增加了食用口感好、脂肪低的牛羊肉。高营养、高蛋白的水产品、鲜奶等高层次的动物性食品增长较慢，食用油、蛋类等生活必需品的消费量增长较多。

（3）"鲜菜+粮食+动物性食品"的消费格局形成。

1978～1984年，城镇居民平均粮食消费占食品总消费支出的20%左右，副食消费占食品总消费支出的55%左右，副食消费成为城镇居民食品消费的主体。城镇居民鲜菜消费平均为300斤左右，超过粮食消费数量，成为食品消费的第一大对象，且其消费量呈现下降趋势；粮食消费数量平均为290斤左右，为第二大消费对象。动物性食品消费量不断增长，在城镇居民饮食生活的重要性迅速提升。城镇居民食品消费已经形成了以鲜菜为主的副食型消费格局，居民生活水平发生了重大变化。

总之，城镇居民的粮食消费稳中有降，副食消费明显增加，食物结构更加多样，偏好营养健康的优质动物性食物，城镇居民食物消费在温饱水平上日趋多元化、合理化。

（二）1985～1991年居民食物消费水平提高

1985年，以城市为重点的整个经济体制改革全面启动，工业高增长带动城市职工收入大幅增加，城镇居民收入增长速度赶上和超过农村居民收入增长速度，而农村居民家庭人均纯收入增加步伐有所放缓。农村居民食物消费由主食型向副食型转变，食物结构优化；城镇居民动物性食品消费大幅增加，传统的植物性食物为主导的食物消费模式发生改变，生活水平在温饱基础上持续稳步提升，开始向吃好方向发展。

1. 农村居民食物消费水平的提高

（1）农村居民恩格尔系数的变化。

随着农村经济体制改革的推进和乡镇企业的崛起，农村居民人均收入和消费水平继续提高，农村居民生活在1983年达到温饱水平的基础上进一步巩固。1985～1991年，农村居民恩格尔系数呈现出较大的波动性（见表2-1）。1985年为57.8%，经过1986～1988年连续三年的大幅下降，降至54.0%，下降了3.8个百分点。1989年小幅上升至54.8%，1990年大幅上升至58.8%，1991年再次下降至57.6%，大体相当于1985年的水平。1989年、1990年连续两年恩格尔系数出现反弹，主要是由于1988年"价格闯关"引起物价水平迅速上涨，食品价格也随之大幅上升。此外，是由于农村居民食物消费支出、生活消费支出的增长速度快于收入的增长。这一阶段，农村居民家庭人均纯收入由397.60元上升到708.55元，增长78.21%。而同期农村居民家庭人均生活费支出由317.42元上升到619.79元，增长95.26%；人均食品支出额由183.33元上升到352.30元，增长92.17%。

1978～1984 年，中国农村居民主要是依靠农业增产而增收。而 1984～1988 年随着农产品供需矛盾的缓解，农业增产不增收的矛盾逐渐呈现，农村居民收入增长的主渠道开始由农业转向农村工业，1986 年农村居民实际收入首次出现改革开放以来的负增长。1989～1991 年治理整顿期间，农村工业效益下降，农村居民实际人均纯收入增速放慢，年均仅增长 0.70%，大大低于同期城镇居民人均实际收入的增长。

（2）农村居民食物消费结构的变化。

第一，主食消费及粗细粮比例趋于稳定。1985 年以来，农村居民粮食消费延续改革开放以来的上升趋势，但增幅变小，达到峰值后逆向变化。1985 年人均消费粮食 514.90 斤，1987 年为 518.00 斤，1989 年为 524.00 斤，1990 年增加至 524.16 斤，1991 年首次转为下降走势，为 511.16 斤。但这次变化是农村居民粮食消费历史的新走向，粮食消费经过十几年的稳步增长后，基本稳定下来。同时，农村居民细粮消费与粮食消费呈现同步变化，1991 年第一次出现下降。1985 年农村居民人均消费细粮 418 斤，1987 年和 1988 年均为 422 斤，此后微弱增长至 1990 年的 430.04 斤，1991 年转为下降趋势，降至 427.64 斤。1985～1991 年，细粮消费占主粮的比例一直稳定在 81%～92% 之间，1980 年细粮在粮食消费的比例仅为 63.4%，前后相差大约 17 个百分点。这一阶段，农村居民饮食中已普及了细粮，此前细粮不够粗粮补的情况已经一去不复返了，饮食中的粗粮只是为了增添口味、调节食物结构搭配。

第二，基本生活性副食消费数量持续扩大。1985 年农村居民人均消费肉类 21.94 斤，1991 年为 24.30 斤，增长 10.76%；1985 年人均消费家禽 2.06 斤，1991 年为 2.68 斤，同比增长 30.10%；1985 年人均消费蛋类 4.10 斤，1991 年为 5.46 斤，同比增长 32.48%。农村居民人均消费食油由 1985 年的 8.08 斤上升至 1991 年的 11.30 斤，同比增长 39.85%；1985 年人均消费蔬菜 262 斤，1990 年为 269.98 斤，1991 年为 253.94 斤，浮动不大。受传统习惯的影响，刚刚富裕起来的农民对酒类消费情有独钟，价格不高的烈性酒在农村很有市场。1985 年农村居民人均消费酒 8.74 斤，1991 年为 12.76 斤，增长了 46%。总体上看，1985～1991 年农村居民人均副食消费持续增长，增幅高达 30%～40%。

（3）副食型食品消费格局形成。

随着生活水平的提高，农村居民副食消费支出开始超过主食支出，主副食比例发生了根本性转变。1987 年，副食消费支出第一次超过主食消费支出，主副食比例历史性地变为1∶1.08。在食品消费中，农村居民逐渐改变了传统以粮食和蔬菜为主的膳食结构，显著增加了口味好、营养丰富的副食品，餐桌上的食物从单调开始走向多样化。农村居民在吃饱的基础上，追求吃得好，食品消费逐渐向城镇居民靠拢、看齐。

2. 城镇居民食物消费水平的提高

（1）城镇居民恩格尔系数的变化。

第一，城镇居民恩格尔系数整体走低。1985年城镇居民恩格尔系数为53.3%，低位开局，比1984年陡降了4.7个百分点，1988年进一步降至51.4%，其原因主要是城市经济体制改革全面启动带来了城镇职工收入的快速增长。1988年的恩格尔系数是这一阶段的最低值，说明在1988年的抢购风潮中城镇居民食物消费支出并未出现异常增加，人们更多关注的是其他生活用品，食品特别是副食品不耐储藏，受到波及较小。1989年和1990年恩格尔系数反弹至54.5%和54.2%，成为这一阶段的最高值，主要原因是通货膨胀引起的食品价格大幅提高所致。1985~1991年城镇居民恩格尔系数平均值为52.3%，比1978~1984年的平均值57.8%，低5.5个百分点，相比同期农村居民恩格尔系数平均值56.8%，低4.5个百分点。城镇居民恩格尔系数整体走低，表明城镇居民消费水平提高较快，温饱水平持续巩固，逐渐接近小康生活水平。

第二，城镇居民恩格尔系数变化背离收入水平增长。1985~1991年，城镇居民人均年收入增长了964.18元，1987年首次跃过千元大关，年均名义增长14.8%，大大超过1979~1984年职工工资年均8.2%的增长速度。城镇居民生活费收入由1985年的685.32元上升到1991年的1544.30元，提高了858.98元，1988年首次突破千元大关，收入水平发生极大变化。但是，从城镇居民人均收入水平的增长和恩格尔系数变化相比较来看，1985年城镇居民恩格尔系数为53.3%，1991年为53.8%，1991年相比1985年恩格尔系数不降反升，提高了0.5个百分点。究其原因，改革开放以来消费需求的持续扩张，宏观经济于1988年出现了新中国成立四十年来最严重的通货膨胀，物价上涨削弱了收入增长对居民生活的拉动效应，致使城镇居民的实际消费水平出现了起伏变化。

（2）城镇居民食物消费结构的变化。

第一，粮食、鲜菜消费数量持续下降。根据《中国统计年鉴》统计方法，选用城镇居民商品购买数量作为消费数量。1985~1991年，城镇居民粮食和鲜菜消费延续了改革开放以来的下降趋势，城镇居民食物消费结构进一步优化。1985～1988 年城镇居民粮食和蔬菜消费有升有降，波动不大，但从 1989 年起逐年快速下降。粮食消费从 1985 年的 269. 52 斤下降至 1991 年的 255. 86 斤，减少了 13. 66 斤；蔬菜消费从 1985 年的 288. 72 斤下降至 1991 年的 264. 36 斤，减少了 24. 36 斤。

第二，高层次动物性食品消费大幅增长。城镇居民人均食用油消费数量由 1985 年的 11. 52 斤上升至 1991 年的 13. 86 斤，提高了 20. 31%；猪肉消费量由 33. 36 斤上升至 37. 72 斤，提高了 13. 07%；牛羊肉消费量由 4. 08 斤上升至 6. 68 斤，提高了 63. 73%；家禽消费量由 6. 42 斤上升至 8. 80 斤，提高了 37. 07%；鲜蛋消费量由 13. 68 斤上升至 16. 52 斤，提高了 20. 76%；鱼虾消费量由 14. 16 斤上升至 16. 04 斤，提高了 13. 28%；酒消费量由 15. 60 斤上升至 18. 90 斤，提高了 21. 05%。与此同时，不利于身体健康的一些食品消费呈现下降趋势，食糖消费量由 5. 04 斤下降为 3. 60 斤，减少了 28. 57%；卷烟消费量由 36. 12 盒下降至 34. 69 盒，减少了 3. 96%。以上数据表明，城镇居民牛羊肉、家禽消费数量增长幅度最大，食用油、鲜蛋、酒次之，猪肉、鱼虾消费量再次之。食糖和卷烟消耗量降低。可以看出，这一阶段，城镇居民继续大量增加牛羊肉、家禽、蛋、鱼虾等动物性食品的消费，在肉类中人们更多选择牛羊肉来替代高脂肪含量的猪肉。在满足生活需要的情况下，城镇居民正逐渐降低高糖和不利于身心健康的食品（如卷烟、烈酒）消费。

第三，主、副食消费支出均持续增长。1985 年城镇居民人均粮食消费支出 60. 24 元，1987 年为 66. 92 元，1989 年为 81. 88 元，1991 年突破百元，提高至 102. 53 元。1991 年比 1985 年，城镇居民人均粮食消费支出增加了 42. 29 元，增长 70. 20%，年均增长 9. 27%。1985 年城镇居民人均副食消费支出 202. 92 元，一路保持大幅增长走势，1987 年为 276. 86 元，1989 年为 406. 28 元，1991 年增加至 469. 37 元，六年提高 266. 45 元，增长了 1. 31 倍，年均增长 15%。这一阶段，城镇居民粮食消费支出增长主要原因并不是粮食消费数量的增加，而是人们对于主食消费要求的提高，钟情于精加工的优质粮，如高品质的稻米，精加工的玉米、小米等，也喜欢吃些杂粮以调节口味。生活条件好了以后，不仅吃饱，更要吃好，人们显著增加了高蛋白和富有营养的蛋、肉、奶等动物性食品，副食消费支出快速提高。

（3）"副食＋其他食品＋主食"的食品价值构成。

从食品的价值形态构成来看，一是城镇居民副食消费在全部食品支出中所占比重呈上升趋势，稳居首要地位。1985 年所占比重为 57. 69%，1987

年为 58.5%，1989 年为 61.56%，1991 年为 59.98%。1985～1991 年，城镇居民副食消费在食品支出的平均比重为 59.70%，副食消费支出是主食消费支出的 4.28 倍，这说明副食已成为城镇居民食品消费的最主要消费对象，食品消费质量进一步提高。1990 年、1991 年副食所占比重稍有下降是由于进入了治理整顿期，经济增长减速，人民生活受到一定影响。二是其他食品平均占据全部食品支出的 16% 左右，已超过主食支出比重，列食物支出的第二位。其他食品消费支出上升，干鲜果类等食品成为城镇居民日常饮食不可或缺的内容。这一阶段，城镇居民的食物内容和膳食结构发生很大变化，大量增加了瓜果、糕点、零食等花样食品的消费，市场上出现了更多的预制食品、散称食品，为人们的膳食提供了更多的选择。三是城镇居民主食消费支出在全部食品支出中所占比重整体呈逐年下降走势，退居次要地位。1985 年粮食消费支出所占比重为 17.13%，1987 年为 14.15%，1989 年为 12.41%，1991 年为 13.10%。这一阶段，平均主食所占比重为 13.97%，1990 年相比 1985 年主食所占比重下降了 4.95 个百分点。1991 年主食所占比重出现反弹是由于粮食价格的放开和提高。

（三）1992～1998 年居民食物消费水平进一步提高

1998 年农村居民人均纯收入比 1978 年翻了两番，有超过一半的农村居民人均纯收入达到 1100 元（1990 年的不变价格）的小康目标，整体已接近小康水平；1994 年城镇居民生活水平从温饱阶段成功跨入小康阶段，提前实现"三步走"经济发展战略目标的第二步战略部署。随着社会经济的发展和收入水平的提高，经过食品消费全面扩张之后，城乡居民在食品消费上量的需求逐渐得到满足，正进入一个新的阶段，即由量的扩张向质的提高转变。城乡居民主食消费绝对数量明显下降，副食消费保持基本稳定，其他食品消费显著上升。食品消费由"吃饱型""吃好型"逐步转向"营养型"，食品消费结构日趋科学化、合理化。

1. 农村居民"粮食＋鲜菜＋动物性食品"的消费格局

党的十四大以来，社会主义市场经济体制的建立为农民的生产和生活提供了良好的发展环境和致富机会。乡镇企业的崛起和外出经商人员的增加拓宽了农民的收入渠道，来自从事商业、建筑业、运输业等的收入显著增加，农村居民收入水平大幅增长。继 1994 年农村居民人均纯收入首次突破 1000 元大关后，又由 1995 年的 1577.74 元提高至 1998 年的 2161.98 元，扣除物价上涨因素，实际增长 31%，年均增长 9.7%，比 1953～1978 年年均实际增长 3.3% 高出 6.4 个百分点。在收入稳步增长的基础上，农村居民消费支出全面扩大，消费水平显著提高。1995 年农村居民人均生活消费支出 1310.36 元，已经突破千元大关；1998 年提高至 1590.33 元，提高 21.4%，扣除物价上涨因素，年均增长 6.6%，比 1957～1978 年农村居民生活消费支出年均增长 2.4% 高出 4.2 个百分点。这一阶段，在食品消费方面，营养和口味成为农村居民追求的重要目标，开始注重食物消费的便利与否，农村居民食物消费模式和消费结构逐渐具有城市化倾向。

（1）农村居民恩格尔系数的变化。

1992～1995 年，农村居民恩格尔系数在 58% 上下徘徊，居高不下。主要原因是，1992 年国家对粮食统购统销体制进行改革，放开粮食价格和销售市场后，粮食价格出现了持续性上涨，而粮食价格上涨又带动了食品价格以及整个消费品价格的上涨。尤其是 1994 年，居民消费价格总指数比上年增长 24.1%，创下了改革开放以来的最高纪录，而且食品价格上涨速度快于其他商品价格的增长。除了价格因素，也有数量原因。这一阶段，农村居民的消费水平仍处于温饱阶段，对于以食品为主的基本需求仍在扩张，因此，食品消费数量的不断增长引起了食物消费支出的更快增长。从 1996 年起，农村居民恩格尔系数开始持续走低，即从 56.3% 降至 1998 年的 53.2%，创下改革开放二十年以来的最低，比 1994 年的最高点 58.9%，降低了 5.7 个百分点，下降幅度较大，这表明 90 年代中期以后农村居民生活水平又一次出现了较大程度的改善。究其原因，1995～1998 年农村居民人均纯收入和生活消费支出的增长快于食物消费支出的增长，即食品消费增长逐步放缓导致了恩格尔系数降低。1998 年农村居民人均纯收入、生活消费支出和食物消费支出，分别比 1985 年增长了 37.03%、21.37% 和 10.60%。经过二十年的改革开放，农村居民消费水平显著提高，整体生活在温饱的基础上持续改善，由温饱阶段的低水平发展到温饱阶段的高水平，即将迈入小康生活。到 1995 年底，全国已有 92% 以上的农村居民过上温饱有余的生活，贫困人口由 1990 年的 8500 万人下降至 1998 年的 4210 万人，八年间有 4290 万人成功脱贫。①

（2）农村居民食物消费结构的变化。

第一，主食和蔬菜消费稳中有降。1992～1998 年农村居民粮食消费有

---

① 国家统计局农村社会经济调查总队.1998 年我国农村人口贫困状况调查 [J]. 调研世界，1999（7）：27.

升有降，呈现波动变化，基本保持下降趋势。1992 年农村居民人均消费粮食 501 斤，1993 年为 532.04 斤，1995 年为 517.84 斤，1998 年为 498.56 斤；细粮消费和主食消费出现同样变化，1992 年人均消费细粮 421.26 斤，1993 年为 442.04 斤，1995 年为 421.48 斤，1998 年为 417.94 斤。农村居民粮食消费渐趋稳定在 500 斤以下，细粮在 420 斤左右，细粮在粮食消费中的比重保持在 84% 以上，粮食消费的细粮主体结构持续得以巩固。同期，蔬菜消费在波动中逐渐下降，1992 年农村居民人均消费蔬菜 258.24 斤，1993 年下降为 214.86 斤，1995 年为 209.24 斤，1998 年为 217.92 斤。1998 年比 1992 年，蔬菜消费减少了 40.32 斤，下降了 15.61%。

第二，以家禽、水产品为代表的高层次副食消费大幅增长。从农村居民副食消费数量变化情况看，1992 年人均年猪牛羊肉消费 23.66 斤，1994 年为 22.00 斤，1995 年为 22.58 斤，1998 年为 26.40 斤。1998 年比 1992 年，猪牛羊肉消费增长 2.74 斤，增长 11.58%。1992 年农村居民人均消费家禽 2.98 斤，1995 年为 3.66 斤，1998 年为 4.66 斤，1998 年比 1992 年增长 1.68 斤，增长 56.38%。1992 年人均消费蛋及制品 5.70 斤，1995 年为 6.44 斤，1998 年增加至 8.22 斤，1998 年比 1992 年增加 2.52 斤，增长 44.21%。1992 年农村居民人均消费鱼虾 4.50 斤，1995 年继续上升为 6.12 斤，1998 年为 6.62 斤，1998 年比 1992 年消费增加 2.12 斤，增长 47.11%。这一阶段，农村居民人均消费猪牛羊肉小幅增长，营养丰富、口味好的家禽、蛋类、水产品等高层次副食明显增加，并且水产品、蛋类的人均消费数量均保持较大数值，在副食消费数量排位中的位次大幅提升。总之，农村居民食品消费呈现多样化、营养化趋势，来源于淀粉类食物的热量比重下降，以及水产品、禽蛋产品等高蛋白食物的比重上升，动物性蛋白、脂肪比重进一步提高，膳食结构更加合理。高层次副食消费大幅增长的情况，城镇居民在 1985～1991 年就已经出现，同样的消费变化轨迹表明，城乡居民食物消费均沿着"粮食消费→低层次副食→高层次副食"的结构升级次序向前演进，而且随着经济社会的快速发展，城乡居民食品消费差距正在逐步缩小。

第三，其他食品消费异军突起。1992 年，农村居民人均其他食品消费支出仅为 57.60 元，1998 年增长到 126.35 元，提高了 1.19 倍。特别是 1995 年以后，农村居民对于其他食品的消费提高明显加快，1995～1998 年，其他食品平均支出为 120.32 元，占农村居民全部食品支出的比重达到 14.39%。其他食品消费支出和主食、副食共同成为农村居民食品消费的三大支柱。随着农村居民收入和消费支出的大幅增加，农村居民消费水平逐渐提高，对食品消费有了强烈的质量化需求。营养和口味成为食物消费追求的目标，在满足能量需求的基础上，食品支出更多地花在品质和营养上，动物性食品、以干鲜水果为代表的其他食品呈现持续增长的势头。同时，农村居民传统消费观念和消费方式正在发生改变，不愿在吃的方面花费太多时间，开始注重食物消费的便利性，加工食品和各种方便食品需求量增加，营养丰富、讲求精细、省时省力的精制食品迅速在农村家庭中得以普及。

（3）"粮食+鲜菜+动物性食品"的消费格局形成。

从三大食品的绝对消费数量来看，1992~1998 年农村居民人均消费粮食 511.98 斤，蔬菜 221.74 斤。同期，动物性食品消费量增长迅速，农村居民人均动物性食品消费量由 36.84 斤快速上升到 45.90 斤，增加 9.06 斤，提升了 24.59%，上升幅度较为明显。这一阶段，农村居民人均年消费动物性食品 38.77 斤，以粮食消费比重为 1，则鲜菜为 0.4，动物性食品约为 0.1，即 1.0:0.4:0.1。相比粮菜占绝大比重的主食型结构，三大食品格局是继 80 年代末农村居民副食型食品结构取代主食型结构的又一次重要变化。

从农村居民副食消费构成来看，1992~1998 年农村居民人均蔬菜消费基本持平，年平均消费 214 斤，同期年人均动物性食品消费 40.10 斤，蔬菜与动物性食品消费比为 5.34:1.00，动植物副食比例悬殊。单就动物性食品消费构成看，1992~1998 年农村居民平均肉类食品消费占动物性食品数量的比重高达 70.58%，蛋白质含量较高的奶类、蛋类与水产品类食品所占比例较小，总共占比仅为 29.42%，加在一起仍大大低于肉类比例。可见，农村居民副食过于向植物性的蔬菜食品集中，在动物性食品消费中又向高脂肪的肉类集中。虽然农村居民食品结构处于持续改善进程中，但由于食品营养水平起点低，收入增长起伏变化，经过二十年的发展，农村居民副食消费仍存在"两种集中"倾向，导致农村居民动物性食品消费不仅数量不足，而且消费结构单调，尚处于较低营养水平。

2. 城镇居民食物消费水平进一步提高

1992 年以来，中国经济迎来又一个发展高潮，城镇居民收入迅速提高。1994 年城镇居民生活水平发生划时代变革，率先从温饱跨入小康。在满足吃的基本需求的基础上，城镇居民追求较高层次的消费，食物消费由量的增长进入质的提高的新阶段。

（1）城镇居民恩格尔系数的变化。

1992～1998 年，城镇居民恩格尔系数保持逐年下降趋势（见表 2－1）。1992 年恩格尔系数为 52.9%，1994 年下降至 49.9%，首次小于小康水平的临界点 50%，标志着城镇居民生活提前实现了由温饱型向小康型的转变。1998 年降至 44.2%，比 1992 年下降了 8.7 个百分点，是改革开放以来城镇居民恩格尔系数下降幅度最大、速度最快的一个阶段。

1992～1998 年，城镇居民人均年收入由 2031.53 元上升至 5458.34 元，提高 1.69 倍；同期城镇居民人均消费性支出从 1617.73 元上升至 4331.61 元，提高 1.59 倍；城镇居民人均食品消费支出从 884.82 元提高到 1926.89 元，提高 1.18 倍。可以看出，食品消费支出增长幅度远小于收入增长和消费支出增长的幅度，进而导致城镇居民恩格尔系数下降较为显著。1998 年城镇居民人均收入比 1990 年增长 1.01 倍，提前实现了收入翻番的目标，收入的较快增长为城镇居民提前跨入小康生活提供了充分的基础条件。

（2）"鲜菜＋粮食＋动物性食品"的消费格局进一步发展。

为方便统计分析，仍然选用食品购买数量作为食品消费数量。1992～1998 年城镇居民人均年消费粮食 193.69 斤，人均年消费蔬菜 236.68 斤，人均年消费动物性食品 86.50 斤。从消费绝对数量来看，虽然这一阶段仍然保持着前一阶段"鲜菜＋粮食＋动物性食品"的消费格局，但三大食品之间的相对量正在发生剧烈的变动，动物性食品消费数量快速增加，而粮食和蔬菜消费呈反方向变化，预示着新的消费格局即将形成。这一阶段，城镇居民粮食消费量直线下降，1993 年人均消费粮食跌破 200 斤大关，此后延续减少趋势，1998 年粮食消费量减少至 173.44 斤。1998 年城镇居民粮食消费数量比 1992 年的 223.00 斤，减少了 22.22%，年均下降 4.11%。日本居民进入富裕阶段时，每年人均谷物消费量始终不下 240 斤。[①] 中国城镇居民人均粮食消费急剧减少，逐渐偏离东方国家以谷物为主的消费模式，容易引起营养过剩问题；城镇居民鲜菜消费在下降走势中趋于稳定，1992 年城镇居民人均年消费鲜菜 249.82 斤，1998 年为 227.52 斤，1998 年比 1992 年减少了 22.30 斤，下降了 8.93%。鲜菜仍然是城镇居民第一大消费对象，稳居城镇居民食品消费首位；经济条件改善后，城镇居民对肉类食品青睐有加，1985 年以来对高层次动物性食品需求旺盛，再加上改革开放以来对粮食、鲜菜消费的持续下降，此时城镇居民动物性食品的消费数量已经相当可观，动物性

---

① 朱高林．中国城镇居民东方饮食模式嬗变探析［J］．消费经济，2009（4）：10－12.

食品在食品消费结构中的地位也一路攀升。1992 年城镇居民人均年消费动物性食品 88.26 斤，1995 年为 85.18 斤，1997 年为 88.82 斤，1998 年为 88.94 斤，保持高企趋势。按平均数量计算，1992～1998 年，城镇居民人均动物性食品消费是粮食消费的 44.66%，是鲜菜消费的 33.55%，动物性食品成为城镇居民紧随粮食之后的重要消费对象。城镇居民"鲜菜 + 粮食 + 动物性食品"的消费格局进一步巩固，随着消费水平的提高，三大食品所处的地位会发生更替变动，从而形成更高水平的新的消费格局。

（3）城镇居民食物消费呈现新趋势。

第一，食物消费由量的扩张向质的提升转变。城镇居民对粮食的消费在 90 年代中期急剧下降，虽然对粮食的消费量在不断减少，但受消费偏好的影响，对粗粮消费增加，引起粮食消费开始微弱回升；城镇居民对普通菜的需求减少，对反季节蔬菜、异地蔬菜、无公害蔬菜情有独钟；动物性食品消费向一多（多维生素）、二高（高蛋白、高热量）、三低（低脂肪、低胆固醇、低糖）方向发展。高脂肪、高胆固醇的猪牛羊肉、鲜蛋等低层次动物性水平下降或者上升缓慢。[①] 1992 年城镇居民人均消费猪肉 35.40 斤，1998 年消费猪肉 31.76 斤，1998 年比 1992 年减少 3.64 斤，下降 10.28%。而高营养、高蛋白的高层次动物性食品保持高位消费，并且上升迅速。1992 年城镇居民人均消费水产品 16.38 斤，1998 年增加到 19.68 斤，1998 年比 1992 年增加 3.30 斤，增长了 20.15%，水产品成为城镇居民仅次于猪肉、鲜蛋的第三大动物性食品。其中，鲜奶的消费量上升最快，增长量占整个动物性食品增量的一半以上。出于身体健康的考虑，卷烟、白酒消费量不断下降。1998 年与 1992 年相比，城镇居民人均卷烟量从 33.03 盒下降至 27.25 盒，酒类消费从人均 19.70 斤减少至 19.36 斤，白酒消费向啤酒、果酒转移。城镇居民食品消费不再是满足于吃饱，而是向吃精细吃好、吃出健康转变，从过去追求数量向追求质量转变。

第二，食品消费营养化、绿色化。在食物消费方面，营养平衡特别重要。《黄帝内经》提出坚持营养平衡的饮食原则："五谷为养，五果为助，五畜为益，五菜为充"。城镇居民食品消费度过了充饥和维持生存阶段，开始进入享受、健康阶段。在迈向小康型膳食结构中，中国城镇居民食物结构和营养状况是：热量满足需要，而蛋白质不满足，尤其是优质蛋白质偏低；

---

① 朱高林. 中国城镇居民食品消费结构的基本趋势探析 ［J］. 现代经济探讨，2006（11）：87 - 91.

谷物消费量大，豆类和动物性食品不足；多种矿物质、维生素摄入量已达到营养标准，但钙、核黄素、维生素 A 等仍然偏少。随着人们绿色意识、安全卫生意识和健康意识的增强，城镇居民越来越重视食物营养，强调营养平衡，食物消费崇尚绿色化、无污染化。原生态、无添加、纯天然、无公害等食品很受消费者欢迎，注重绿色消费，追求新鲜、原汁原味成为一种时尚；人们对食物的消费，除了基本需求外，希望通过食物消费达到补充维生素、改善睡眠、提高免疫力的目的，食品消费向营养保健型转变。风味食品、营养优质食品受到城镇居民的青睐，成为人们餐桌上的"常客"，普通食品退居其后，特色产品大行其道，城镇居民饮食更加简约、营养、精细。城镇居民对保健食品需求直线上升，保健食品消费成为 90 年代消费的一大热点，保健食品支出的迅速增长一时创造了中国保健企业的辉煌。

第三，食品消费出现方便化、社会化趋势。随着生活节奏的加快，人们花在一日三餐上的时间相应减少，饮食方便化、外购化势所必然，传统的以家庭自我料理为主的饮食消费逐步向省时省力的社会化服务发展。一是方便食品方兴未艾。馒头、包子、火腿肠、方便面等食材，从半成品到成品、从生食到熟食、从手工制品到工业制成品，琳琅满目，应有尽有。各种成品开袋即食，各种半成品稍作加工即可食用，大大减轻了居民的家务劳动。90年代以来，中国食品工业发展较快，1998 年整个食品工业总产值已达3516.00 亿元，比 1992 年的 1671.91 亿元增长了 110.30%，一跃成为第五大工业行业。二是居民在外就餐成为日常。随着城镇居民生活半径的延长和家庭外出休闲活动的增加，在外就餐成为必然选择。适应不同收入阶层的需求，小吃店、大排档、餐馆、酒店等餐饮机构纷纷涌现，外出饮食从过去招待亲朋好友偶尔为之的"奢侈行为"，逐渐变成城镇居民的平常行为。城镇居民每人在外用餐的支出，1993 年为 91.77 元，1994 年为 119.88 元，1995年为 160.66 元，[①] 1998 年上升至 227.01 元，逐年大幅增加。

总之，1978～1998 年双轨制时期，随着改革的不断推进和国民经济的快速发展，中国城乡居民收入大幅增长，居民食品消费模式发生了根本性变化。城乡居民食品消费经历了一个从生存型到数量型的变迁过程，食品消费数量迅速扩张，消费结构不断优化，消费质量较大提升，食品消费的商品化、社会化程度不断增强，居民膳食结构和营养水平逐渐朝着均衡化、科学

---

① 尹世杰. 中国"九五"时期消费结构发展趋势研究 [M]. 长沙：湖南人民出版社，1998：164.

化轨道前进。但由于中国经济发展基本仍处于短缺时代，出于消费补偿性的原因，城乡居民食品消费整体上呈现出粗放式量的扩张特征；由于中国社会经济结构的二元化，从食品消费水平升级来看，存在着农村居民追赶和模仿城镇居民消费格局并逐步推进的趋势。

三、中国居民衣着消费水平的变化

衣食住行，衣着乃生活之首。衣着消费，关乎人的生存和发展，是人类文明的体现，更是一种独特的物质文化现象，既折射出一定时期的政治、经济、社会、文化制度，也反映不同时期人们的生活方式、审美观念。[①] 改革开放后，随着中国农业和轻工业的快速发展，与人民群众生活密切相关的物质资料生产与市场供应日益丰富兴旺。1983 年 12 月，政府取消了布票的使用，棉絮、棉布、化纤布敞开供应，居民衣着商品消费的限制逐渐被清除。社会政治环境的宽松和消费品流通体制的改革，进一步促进了居民消费观念和消费方式发生根本性变化，城乡居民衣着消费大幅上升，衣着本身的基本属性不再重要，更多地成为人们追求时尚、展示个性的标志。1978 ~ 1998年双轨制时期，中国居民衣着消费，既遵循了国际衣着消费的一般规律，也有基于中国基本国情的独有特色。中国居民衣着消费经历了补偿消费、追风赶潮、凸显个性三个不同水平的发展阶段，尤其是城镇居民衣着消费逐渐突破了政治化的羁绊而走向自由，衣着消费成衣化、个性化、高档化、品牌化趋势日益彰显。下面分阶段分析改革开放二十年来中国城乡居民衣着消费水平的具体状况和变化特点。

（一）1978 ~ 1984 年居民衣着消费水平提高

在新中国成立后的很长一段时间内，物质生活资料的匮乏和政治原因造成的以苦为乐的消费观念，压抑了人们的正常衣着消费需求，城乡居民衣着消费水平基本处于停滞状态。改革开放以来，随着城乡居民收入的快速提高和生活资料市场供应的持续好转，人们长期被压抑的衣着消费需求被释放出来，拥有了追求美和穿衣打扮的自由。1978 ~ 1984 年，中国城乡居民衣着消费支出大幅增加，逐渐改变了过去服装款式单一、色调基本以蓝灰黑为主

---

① 朱高林. 中国城镇居民衣着消费的基本趋势：1957 - 2004 ［J］. 东北财经大学学报，2007（3）：48 - 52.

的局面，穿着日益丰富多彩。

1. 居民衣着消费支出大幅增加，城乡差距扩大

随着国民经济的发展和人均收入水平的提高，城乡居民衣着消费支出大幅增加。1978 年农村居民人均衣着消费支出为 14.74 元，1979 年为 17.64 元，1982 年为 24.77 元，1984 年上升到 28.33 元，1984 年比 1978 年增加 13.59 元，几乎增加 1 倍，年均增长 11.50%。1981 年城镇居民人均年衣着消费支出为 67.56 元，1982 年为 67.68 元，1984 年提升至 86.88 元，1984 年比 1981 年增加 19.32 元，提高了 28.60%，年均增长 8.75%。

农村居民衣着消费支出占全部生活消费支出的比重先升后降，且下降趋势明显。1978～1984 年农村居民衣着消费支出所占比重变化情况：1978 年为 12.70%，1979 年为 13.12%，1981 年为 12.35%，1983 年为 11.14%，1984 年下降至 10.35%，1984 年比 1978 年下降了 2.35 个百分点。农村居民衣着消费支出增加表明，改革开放后随着消费限制政策的取消，在吃饱的同时要求穿暖，农村居民衣着消费方面的基本需求快速扩大，在收入提高的条件下，要改变过去一件衣服一年穿到头、缝缝补补又一年的窘况，季季需要有合时令的衣服，也要尽可能满足人们添置新衣的正常愿望。

城镇居民衣着消费支出占全部生活费支出的比重则是先降后升，变化幅度不甚明显。城镇居民衣着消费支出在人均生活消费支出中所占比重的变化情况：1981 年为 14.79%，1982 年为 14.37%，1984 年上升至 15.53%，1984 年比 1981 年增加了 0.74 个百分点。随着城镇居民衣着消费需求单一化向多样化转变，衣着消费既有数量的增加，又有花色、质地的要求，一些新潮的、档次高的的确良、呢绒、绸缎等布料备受欢迎，致使衣着消费支出所占比重不断提升，表明这一阶段城镇居民衣着消费呈现补偿性增长，温饱阶段的穿衣需求尚未得到满足，还有继续提升的空间。

2. "衣料＋成衣"的衣着消费格局形成

从农村居民人均衣着消费总量看，1978 年农村居民人均消费棉布、化纤布、呢绒等各种布料 6.09 米，1980 年为 5.35 米，1982 年为 5.57 米，1984 年为 5.61 米。1978～1984 年，农村居民人均年消费各种布料 5.64 米，按成年人每件衣服用布 2 米计算，可制作衣服 2.82 件，基本能够实现换季有新衣。从农村居民人均衣着消费品构成看，基本以棉花、布料、毛线消费为主，成品的服装和鞋帽消费较少。这主要是受经济、实用、朴素的衣着消费观念和自力更生传统的影响。这一阶段，农村居民自己动手织布逐渐减

少，供销合作社增设了布匹柜台，布料商店如雨后春笋般出现，集市布料销售日渐兴旺。专业加工服装的店铺开始兴起，相当一部分布料加工转移到专业裁缝店，一些布料商店为了招揽生意，甚至主动提供"代剪"服务。在布料消费中，棉布是首选，化纤布、呢绒、绸缎等新式、高档面料开始进入农村居民日常生活。化纤布料消费日益普遍，是布料消费的第二大对象，到1984 年其消费数量甚至和棉布消费平分秋色。1978~1984 年，农村居民人均棉布消费数量急速下降，而其他较高档次面料消费数量迅速上升。1978年，农村居民人均棉布消费 6.09 米，1984 年仅为 2.82 米，减少了 3.27 米，下降了 53.69%；人均化纤布消费数量从 1978 年的 0.41 米，直线上升至1984 年的 2.48 米，增长了 5.04 倍。1984 年与 1978 年相比，农村居民人均呢绒、绸缎消费量分别增加 2 倍和 11 倍；胶鞋、球鞋、皮鞋消费数量增加几乎 1 倍。这表明，农村居民衣着消费状况得到了极大改善，衣着从单一化逐渐多样化，向穿暖、穿好转变。

城镇居民衣着消费数量无论衣料还是成衣均有大幅度增加，量的扩张明显。在布料消费中，城镇居民人均消费棉布由 1981 年的 4.64 米上升至 1984年的 8.99 米，增长 93.75%；化纤布消费由 1981 年的 1.67 米增加至 1984年的 1.95 米，增长 16.77%；呢绒布料数量由 1981 年的 0.22 米上升至1984 年的 0.37 米，增长 68.18%；绸缎数量由 1981 年的 0.43 米上升至1984 年的 0.49 米，增加 13.95%。在服装消费中，对化纤服装、呢绒、绸缎的购买量不断增加，尤其是化纤服装呈直线上升趋势，1981 年与 1984 年的消费数量相比，城镇居民人均化纤布服装由 0.73 件上升至 1.14 件，增长56.16%；呢绒服装由 0.11 件上升至 0.18 件，增长 63.64%；绸缎服装由0.02 件上升至 0.05 件，增长 1.5 倍。款式新颖、色彩鲜艳、舒适大方的针织衣裤和毛线毛裤尤其受到少年儿童和男女青年的普遍喜爱，消费量迅速增长。1981 年城镇居民家庭人均购买针织衣裤 1.15 件、毛线毛衣 0.24 斤，1984 年分别上升至 1.73 件、0.55 斤，增长 50.43%和 129.17%。从城镇居民衣着消费商品数量看，棉布、化纤布服装、针织衣裤占据城镇居民衣着消费前三位。在布料消费中，棉布消费稳居榜首，1981 年城镇居民棉布消费占布料消费总量的 66.67%，1982 年为 61.54%，1983 年为 63.30%，1984年上升至 76.19%，1981~1984 年棉布消费平均占据布料消费总量的66.93%，居于主体地位。这一阶段，城镇居民衣着仍以棉质为主，这既得益于棉花产量的增长和棉纺织业的迅速发展，也与根深蒂固的传统衣着观念有关。

从城乡居民衣着消费方式看，形成了"衣料＋成衣"的消费格局。在居民衣着商品购买数量中，暂不考虑皮鞋、袜、帽子等用品，衣着消费主要由布料和服装两部分组成。1978～1984年，衣料消费平均占据城乡衣着消费总量的60%左右。[①] 1981年，城镇居民人均衣料消费6.96米，1984年增加至11.8米，增长了69.54%；同期，成衣消费从1981年的2.48件上升1984年的3.51件，增长了41.53%。无论从存量方面，还是增量方面，城镇居民衣料消费均高于成衣消费，说明城镇居民购买布料做衣服仍是主流。同时，一个不容忽视的状况是，到裁缝店加工衣服（包工包料）也渐成趋势，购买成衣开始兴起。由于农村居民衣着消费商品化、社会化程度低，布料消费占据衣着消费的绝对支配地位，棉衣、布鞋基本由农民自身家庭缝制，购买布料由人代剪自己加工衣服盛行，购买成衣比例更低。20世纪80年代，缝纫机成为抢手货，是农村家庭的必备"四大件"之一，从中可以窥见当时农村衣料流行的盛况。

3. 居民衣着消费的阶段性特点

国际衣着消费的规律是：随着经济的腾飞和居民生活水平的提高，衣着消费支出占全部生活费支出的比重会逐渐增加，而当经济发展到一定阶段，居民衣着消费需求得到基本满足后，其所占比重则会呈下降趋势并逐渐趋于稳定。中国居民衣着消费基本符合这一发展规律，但由于受传统消费习惯、消费品流通体制改革的影响，又有其不同特点。

1978～1984年，城乡居民衣着消费的阶段性特征主要有：

（1）化纤布料日趋流行，棉布消费面临挑战。这一阶段，城乡居民布料购买量大增。在布料消费中，化纤布料颇受欢迎，它以耐磨、挺括、不易褪色、不易变形、好洗、快干等优点，成为人们竞相购买的面料，需求量迅速扩张，开始在城镇居民家庭，后来蔓延至农村，很快在城乡人民生活中流行开来，棉布一统江湖的局面渐成历史。与化纤等新兴面料相比，棉布成为落后、老土的代名词，销售量开始下降。中国居民重"化纤"轻"棉织"的消费倾向，集中体现了由农业社会向工业社会转变时人们的喜好变化。

（2）量体裁衣依然盛行，成衣消费初露锋芒。随着审美意识的增强，大部分居民购买布料不再像六七十年代拿回家自己凭经验做衣服，而是向专业裁缝店转移。一个明显的例子，就是1984年以后，每百户城镇居民缝纫

---

① 按成年人每件衣服用布2米，把居民平均每人年消费布料数量（米）和年消费服装总量（件）换算为相同单位，计算可得。

机拥有量呈下降趋势，农村居民家庭购买量也在缝纫机大流行之后逐渐减少。不少家庭转向专业裁缝店寻求"代剪"，或者在裁缝店量身定做。适应衣着消费需求的变化，一大批专业服务加工店应运而生，遍布大街小巷，手艺好、追赶潮流的缝纫店生意火爆，顾客络绎不绝，一件新衣需要等待多天才能做好。成衣与自制衣服相比，有着无与伦比的优势，它的时髦高档深受青年人和上班族青睐，讲究的年轻人开始流行成衣。衣服批发市场作为一种新的销售方式，加速了衣着商品的流通速度，拓展了城乡销售边界。服装商店如雨后春笋般出现在街头和集市上，它作为当下社会衣着流行的风向标，引领着时尚潮流由中国的南方向北方，由城镇向乡村涌动。

（3）盲目追求潮流，衣着消费趋同化。改革开放使人们获得了穿衣打扮、追求美的自由，一时间人们不知所措，审美容易受外界事物的影响，出现盲目追风的现象。西装在中国迅速升温。受港台电影的影响，喇叭裤、瓦尔特衫在广大青年中风靡一时。中国女排在 1984 年奥运会上取得"三连冠"，各种形式的健身运动迅速在城乡掀起，质地和款式都不讲究的运动装大行其道。美似乎变成了统一的模式，一个款式跟着一个款式，刮起了一阵阵穿着流行风。人们热衷于追赶潮流，忽略了从自身特点考虑穿着。

（二）1985～1991 年居民衣着消费水平进一步提高

1. 居民衣着消费支出大幅增长，城乡差距进一步拉大

1985～1991 年，城乡居民衣着消费支出总额均有大幅度增长。1985 年农村居民人均衣着消费支出为 31.34 元，1987 年为 34.23 元，1990 年为 45.34 元，1991 年增加至 54.52 元。1991 年与 1985 年相比，农村居民人均衣着消费支出增加 23.18 元，增长了 73.96%。1985 年城镇居民人均衣着消费支出为 98.04 元，1986 年闯过了百元大关，为 113.04 元，1988 年为 153.21 元，1991 年增加至 199.64 元。1991 年与 1985 年相比，城镇居民人均衣着消费支出增加 101.60 元，增长了 103.63%。可见，城镇居民衣着消费支出增长更快，城乡居民衣着消费之间的差距进一步扩大。究其原因是，随着国营企业市场化改革的进行，城镇居民人均收入快速提升，而同期农村居民收入增长放缓，进而导致了城镇居民衣着消费支出增长速度高于农村居民消费支出的增长速度。

从衣着消费支出占消费总支出的比重变化看，1985～1991 年，农村居民衣着消费支出比重呈下降趋势，而城镇居民衣着消费支出比重下降趋势不明显。1985 年农村居民人均衣着消费支出占全部生活消费支出的比重为

9. 87%，1987 年为 8. 59%，1989 年为 8. 29%，1991 年为 8. 23%，基本呈下降趋势，1991 年比 1985 年下降了 1. 64 个百分点；1985 年城镇居民人均衣着消费支出占全部生活消费支出的比重为 14. 56%，1987 年为 13. 69%，1989 年为 12. 32%，1991 年为 13. 73%，1991 年比 1985 年下降了 0. 83 个百分点。这一阶段，城乡居民衣着消费延续了改革开放以来的变化趋势，随着居民收入的不断增长，衣着消费水平与居民整体生活水平的提升保持同步发展。与农村居民衣着消费的变化趋势相比，城镇居民更热衷于改善衣着消费结构和质量，用于衣着方面的消费增长幅度更大，兼顾数量的增长和品质的提高，发展更为全面。

2. "成衣 + 衣料"的衣着消费格局形成

1985 ~ 1991 年，随着生活节奏的加快和审美要求的提高，城乡居民的衣着消费观念发生变化，成衣因其款式新颖、质地良好、做工细致、节省时间等优势，在城乡居民生活中的地位越来越高。主要表现在：

（1）成衣消费大幅上升。选用城镇居民人均衣着用品购买数量作为消费数量。为分析方便，按成年人每件衣服用布 2 米，把城镇居民平均年布料消费总量（单位米）换算为成衣数量（单位件）。这一阶段，鞋类、饰品消费所占比例仍然较小，布料和成衣两类商品消费情况，基本能够体现城镇居民逐步提高的衣着消费水平。1985 年城镇居民人均消费棉布、化纤布、呢绒等各种衣料 4. 94 米，布制服装、化纤布服装等成衣 3. 4 件，平均每人消费衣着商品 5. 87 件；1987 年城镇居民人均消费衣料总量为 4. 73 米，成衣数量为 3. 51 件，平均每人消费衣着商品 5. 88 件；1991 年城镇居民人均消费衣料总量为 3. 13 米，成衣数量为 3. 77 件，平均每人消费衣着商品 5. 34 件。城镇居民成衣消费呈现大幅提升趋势，成衣消费数量稳步增加，人均成衣消费数量由 1985 年的 3. 4 件提升至 1991 年的 3. 77 件，上升了 10. 88%，7 年间平均每人消费成衣 3. 53 件。城镇居民成衣消费占衣着商品消费的比重，由 1985 年的 57. 92% 增加至 1991 年的 70. 67%，提高了 12. 75 个百分点，7 年间成衣消费平均所占比重为 61. 82%。城镇居民注重穿着的意识日趋增强，穿戴应时漂亮、衣装丰富多变、打扮入时成为许多人的共同需求。城镇居民成衣消费日趋普遍，人们根据自己的喜好，紧跟社会潮流，不断购买不同风格、不同质地的服装，以此表达自己对美的追求和对日新月异的美好生活的热爱。居民一季多衣、穿着多样成为日常。这一阶段，随着时代的发展，成衣消费能够更好满足社会民众的穿着需求，适应居民衣着消费发展趋势，逐步占据主导地位。

（2）布料消费迅速下降。城镇居民衣料消费直线下降，人均衣料消费总量从 1985 年的 4.94 米锐减至 1991 年的 3.13 米，减少 1.81 米，下降了 36.64%。农村居民布料消费也呈锐减趋势，棉布、化纤布、呢绒、绸缎布料数量全面下降，下降幅度更大。农村居民人均布料消费总量从 1985 年的 5.25 米下降至 1991 年的 2.87 米，减少了 45.33%；棉布消费数量从 1985 年的 2.54 米减少至 1991 年的 0.90 米，下降了 64.57%；同期化纤布从 2.50 米减少至 1.83 米、呢绒布从 0.14 米减少至 0.09 米、绸缎从 0.07 米减少至 0.05 米，分别下降了 26.80%、35.71% 和 28.57%。

可见，服装消费逐渐取代布料消费，成为城乡居民衣着消费的主流。成衣市场的繁荣直接导致裁缝市场和布料生意的衰落，裁缝店和布料店再也没有 80 年代中期的火爆场面，布料店或关门歇业或者转型经营，裁缝店则主要从事修剪裤边、织补衣服的小活。

3. **居民衣着形式的新变化**

1985～1991 年，城乡居民衣着消费的新变化主要体现在：

（1）化纤布（服装）大行其道。在布料消费中，棉布的购买量直线下降，化纤、呢绒、绸缎的购买量下降缓慢，甚至有所上升。1985～1991 年，农村居民化纤布料消费在布料消费中的平均比重为 58.14%，棉布消费在布料消费中平均占有比重为 37.52%，化纤布消费比重超过棉布，成为居民布料消费的新宠。化纤新式布料的出现，拓宽了农村居民狭窄的衣着选择范围，相比厚重、粗糙的传统棉布，其耐磨、易干的特点受到农村居民的欢迎，很快在农村市场得到普及。在成衣消费中，人们对棉质服装的购买量下降，对呢绒、绸缎、化纤服装的购买量上升，尤其是化纤服装呈迅速上升趋势。

（2）针织服装消费成为时尚。1985～1991 年，城镇居民针织服装消费占服装（成衣）消费总量的平均比重为 43.00%，高于棉制服装所占比重 10.42% 和化纤服装所占比重 38.69%，独占鳌头。随着居民消费水平的提高，人们的穿着内外兼修，不仅外装的档次提升，对内衣的质量要求也越来越高，毛衣的款式、花色、质地一年一个样，人们竞相追逐。针织服装外穿，能显示人的体型美、健康美，颇受广大青年的喜爱，新颖别致、色彩流行的针织品成为时尚、气质、身份的体现。

（3）衣着消费政治色彩逐渐淡化。20 世纪 80 年代是各种新旧思想观念交织碰撞的年代，作为文化意识载体的衣着消费冲破了落后的传统观念，人们的穿衣打扮获得了一些自由。改革开放之初，由于国家封闭太久，服装样式的更新受到很大阻力。对于社会上各种流行穿搭，有些人动辄上纲上线，和思想原则问题联系起来，批评是"颓废""腐朽"的表现，认为青年人"盲目模仿西方资产阶级的生活方式"，而大力抵制、反对。改革开放加快了人们思想解放的步伐，社会上对于穿着的看法，逐渐摈弃了原先浓厚的政治化标签，逐步回归其行为方式和生活爱好属性，趋于客观、理智，态度更加温和。1979 年底，《中国青年》杂志发表题为《谈引导——从青年人的发式和裤脚谈起》的文章，提出"头发的长短、裤脚的大小和思想的好坏没有必然的联系"。[①] 1985 年，有关部门的一项抽样调查显示，在回答"对于人们的服装打扮，完全不应该加以干涉，谁爱穿什么就穿什么"时，赞成的占 56.2%，有点赞成的占 19.3%，很难说的占 6.2%，有点反对的占 14.7%，反对的仅占 6.5%。[②] 对穿着多样化表示赞同的占大多数，反映了人们思想认识的进步。随着中国融入世界潮流步伐的加快，穿衣打扮也逐渐摆脱了意识形态的羁绊，人们可以按照自己的愿望塑造形象。

（三）1992～1998 年居民衣着消费的新变化和新趋势

1992 年以后，随着市场经济体制的逐步建立，中国居民收入水平显著提高，居民衣着消费进入了一个新的阶段。人们不再满足于穿暖穿好的数量型消费，开始追求衣着的档次和款式，并发展到追求个性和品位。衣着成为人们美化生活和追求时尚的一个标志。

1. 居民衣着消费支出的变化趋势

1992～1998 年，城乡居民衣着消费支出额呈明显的倒"U"形变化趋势。1992 年城镇居民人均衣着消费支出 240.60 元，1993 年为 300.61 元，1994 年为 390.38 元，1995 年为 479.20 元，1996 年为 527.93 元，1997 年转为下降走势，减少为 520.91 元，1998 年继续下降至 480.86 元。1998 年与 1992 年相比，城镇居民人均衣着消费支出增加了 240.26 元，增长近 1倍，年均增长 12.25%。1992 年农村居民人均衣着消费支出仅为 52.51 元，1993 年为 55.33 元，1994 年为 70.32 元，1995 年为 89.79 元；1996 年首次超过百元，为 113.77 元，1997 年出现下降，为 109.41 元；1998 年为 98.06元。1998 年与 1992 年相比，农村居民人均年衣着消费支出增长了 86.75%，

① 廖慧. 中国牛仔裤风云录 [J]. 社会观察，2008（9）：28－29.
② 朱高林. 中国城镇居民衣着消费的基本趋势：1957－2004 [J]. 东北财经大学学报，2007（3）：48－52.

年均增长 10.98%。就人均衣着消费支出额超过百元这个指标，农村居民落后城镇居民整整十年。

1992～1998 年，城乡居民衣着消费支出比重起伏变化，整体呈下降趋势。1992 年城镇居民衣着消费支出在消费结构中所占比重为 14.08%，1994 年为 13.69%，1996 年为 13.47%，1998 年减少至 11.10%。1998 年与 1992 年相比，城镇居民衣着消费比重下降了 2.98 个百分点，下降幅度较大。农村居民衣着消费支出比重变化为：1992 年为 7.96%，1994 年为 6.92%，1996 年为 7.24%，1998 年为 6.17%。1998 年与 1992 年相比，农村居民衣着消费比重下降了 1.79 个百分点。衣着消费是基本生活消费，许多国家衣着消费变化情况表明，随着生活水平的提高，衣着消费需求得到基本满足之后，衣着消费在消费结构中的比重呈现下降趋势。中国城乡居民衣着消费变化状况也反映了这一规律。此外，90 年代以来中国纺织行业过剩局面日益加剧，激烈的竞争使得服装市场价格持续走低，消费者可以花不多的钱就能买到自己需要的服装，这也是衣着消费支出比重持续下降的原因之一。

2. "成衣＋饰品"的衣着消费格局形成

1992～1998 年，随着衣着消费质量的普遍提高，城乡居民衣着消费基本以成衣为主，衣料消费比重越来越小。先来看城镇居民衣着消费中成衣比例变化情况，1992 年成衣消费支出在衣着消费结构中所占比重为 56.31%，1995 年提高至 60.10%，1998 年继续增加至 64.68%。成衣消费是城镇居民衣着消费的第一大消费对象，在衣着消费结构中占据主体地位，并且所占比重越来越大。反观衣料变化趋势，1995～1998 年，城镇居民棉布、化纤布、呢绒等整个布料消费平均为 1.58 米，还不够做一件衣服，只占 1985 年人均布料消费量的 31.98%。90 年代，农村居民购买成衣的趋向非常突出。与 1990 年相比，1995 年成衣购买量从人均 0.69 件上升至 1.01 件，增长了 46.4%。1995 年与 1994 年相比，人均成衣支出增长 45 元，增长了 30.8%，增加额占同期全部衣着增加额的一半多。[①]

与服装相配的鞋帽袜的档次、质量也在提高，在衣着消费结构中的比重逐步增加。在城镇居民衣着消费结构中，1992 年城镇居民人均鞋帽袜消费支出 55.53 元，衣着材料消费 41.07 元，鞋帽袜消费超过衣料消费，在城镇居民衣着消费各组成部分中位列第二。1992 年城镇居民鞋帽袜支出在衣着消费结构中所占比重为 23.59%，1995 年为 24.75%，1998 年上升为

---

① 尹世杰. 中国"九五"时期消费结构发展趋势研究 [M]. 长沙：湖南人民出版社，1998：15.

25.10%，所占比例稳步提高。随着生活水平的提高，人们的审美品位不断提升，增加了对于个人衣着打扮系统性、和谐美的要求，在不断加大服装支出的同时，鞋帽袜及其他衣着方面的需求日益旺盛。其中鞋类的变化较为显著，质地精良、做工考究的皮鞋价格不菲，一双好的皮鞋能够抵得上一套衣服的价格。新兴的运动休闲鞋，色彩和样式时尚新颖，款式多变，适合日常穿着，受到消费者的普遍青睐。首饰、手提包、头饰、太阳镜等装饰性极强的饰物，对衣着的整体美起到画龙点睛的作用，能最大限度地体现个性和品位，手提包尤其受到女性消费者的推崇，有些人追求名牌包到了痴迷的程度。

3. 居民衣着消费呈现新趋势

1992～1998 年，城乡居民衣着消费的新趋势主要表现在：

（1）衣着消费个性化。小康型消费模式的一个重要特征是消费个性化。服装是最能表现消费者个性的消费品，人们通过新颖、美观、新奇的穿着，以展现个性。城乡居民衣着消费趋于理性化，不再像 80 年代盲目追风赶潮，而是更加注重展现个人审美修养、生活品位和精神追求，注重挑选符合自己气质、个性、身材、身份的服装。从宏观上看，把个人放到社会整体中，每个社会成员总是追求个人风格的与众不同，在服装上做到独具特色。尤其是年轻人更善于追求风潮，张扬个性，不拘传统、热情奔放的性情在不同装束中尽显出来。

（2）衣着追求高档化。按照经济学家凡勃伦的消费理论，服装档次的高低是一个人修养、气质、风度的重要体现，关系到社会和周围人对自己的评价。在生活水平达到一定程度后，崇尚品牌、追求时尚、注重品位就成为人们的内心需求。随着消费水平的提高，消费者服装档次大大提高，许多消费者要求服装质地好，做工精细，穿着舒适，裘皮、真皮、纯毛、真丝面料服装十分畅销。[1] 农村居民衣着打扮向城市居民靠拢，对时装的需求量上升，款式趋向新颖，质量向中高档方向发展。[2]

（3）衣着名牌化趋势明显。随着经济的快速发展和收入水平的提高，人们的品牌意识增强。在中青年消费者中，追求名牌服装者甚众，即使价格贵上许多，也要穿皮尔卡丹、金利来等名牌服装，以穿名牌来体现地位和气派。

---

① 尹向东. 建立合理小康型消费结构的主要对策 [J]. 南方经济，1994（10）：49－53.

② 王萍萍. 农民消费特征及"九五"展望 [J]. 消费经济，1996（5）：16－20.

（4）休闲服装备受青睐。90 年代末，曾经代表经典、高尚的传统正装成为老旧、呆板的代名词，逐渐从人们的视野中淡去。从 1997 年开始，城镇居民人均西服购买量呈下降趋势。休闲装以其注重宽松、彰显活力、舒适耐用的特点，日益受到各年龄段消费者的欢迎。

总之，1978 ~ 1998 年双轨制时期，中国城乡居民衣着消费发生了根本性变化。城乡居民以布料消费为主的消费格局向以成衣消费为主的消费格局演变，衣着消费从单一、低档发展到多样化、中高档，再到时装化、个性化，表现出从生存性消费到量的扩张，再到质的提高的逐级递升的发展过程。衣着消费资料中生存资料比重明显下降，发展资料、享受资料比重显著增加。从城乡居民衣着消费在消费结构中所占比重变化过程看，城镇居民消费水平较高，衣着消费在消费结构中的比重一般略高于 10%，且比较稳定。而农村居民衣着消费比重呈现先提高再下降的变化趋势，随着收入水平的提高，衣着消费在消费结构中的比重迅速提升，比如 80 年代的前几年均超过了 10%。由于农村居民的收入水平较低，其衣着消费在消费结构中的比重整体偏低。此外，中国城乡居民衣着消费还存在一个重要现象，即化学纤维的比重增加、天然纤维的比重减少。这一方面是由于化学纤维衣物本身具有无可置疑的优点；另一方面是由于中国耕地面积少，棉花总产量不可能大幅度增加，因此，大力发展化纤纺织品也就成为重要考量。

四、中国居民用品消费水平的变化

生活消费用品包括日用生活消费品、文娱用品和耐用消费品等。人们常说，吃、穿、用、住、行。在解决了温饱问题以后，用品方面的需求会迅速扩张，用品消费在居民消费结构中的地位逐步提高，居民消费结构朝着优化的方向发展。在居民生活消费中，生活用品消费范围最广、最复杂、涉及行业最多，发展变化快，是现代消费内容的一个极为重要的方面。[1] 因此，对 1978 ~ 1998 年双轨制时期居民生活用品消费进行研究，对于揭示中国居民消费水平的变化特点和内在规律具有重要意义。

改革开放前，受经济发展水平和传统经济体制的影响，城乡居民收入水平较低，居民生活的重心放在养家糊口上，吃穿成为人们生活的核心内容。居民的用品消费支出微薄，用品消费大都限于诸如脸盆、暖壶、茶缸等日杂

---

① 尹向东. 建立合理小康型消费结构的主要对策［J］. 南方经济，1994（10）：49 - 53.

用品和桌子、柜子、床等普通耐用品上面，机电类耐用消费品拥有量微乎其微。消费用品档次低，每家每户雷同现象严重，用品消费处于低层次的生存型水平。改革开放以来，随着经济发展和生活水平的提高，在中国城乡居民家庭中，居民用品从生活必需品逐渐向发展型、享受型转变，在消费结构中所占比重迅速攀升，生活用品的拥有和使用发生了根本性变化，主要表现为日用生活消费品日益丰富，文娱用品种类繁多，耐用消费品消费更加引人注目，从无到有、从少到多、从低档到高档，呈现出典型的浪潮式发展。

（一）1978～1984 年居民用品消费水平快速提高

1. 居民用品消费支出急剧攀升

1978 年农村居民人均用品消费支出额为 7.62 元，1979 年为 11.14 元，1982 年为 22.39 元，1984 年增长到 30.26 元，1984 年比 1978 年增长近 3 倍，而同期农村居民人均食品、衣着消费支出额仅增长了 1 倍左右。农村居民生活用品消费支出额上升幅度之大，是食物、衣着消费远远不及的。

城镇居民用品消费支出额同样迅速增加。1981 年城镇居民人均用品消费支出①73.92 元，其中，人均日用品消费支出 43.68 元、人均文娱用品支出 25.92 元、人均书报杂志支出 4.32 元。1984 年城镇居民人均用品消费支出 81.12 元，其中，人均日用品消费支出 50.64 元、人均文娱用品 24.60 元、人均书报杂志支出 5.88 元。1984 年与 1981 年相比，城镇居民人均用品消费支出、人均日用品支出、人均书报杂志支出分别增长了 9.74%、15.93%、36.11%，其中书报杂志支出额增长最快。

2. 居民用品消费支出所占比重迅速上升

1978 年农村居民生活用品支出占生活消费总支出的比重为 6.57%，1979 年为 8.28%，1981 年为 10.22%，1984 年为 11.00%。1984 年与 1978 年相比，农村居民用品消费在生活消费结构中的比重上升了 4.43 个百分点。生活用品消费支出在实物消费序列中的位次由 1978 年的第四位上升至 1984 年的第三位，农村居民长期形成的"吃、穿、烧、用、住"消费序列变化为"吃、住、用、穿、烧"。消费序列的变化表明，随着农村居民消费水平进入温饱阶段，农村居民消费结构发生了明显变化，消费状况得到了改善。

城镇居民用品消费比重基本保持稳定趋势。1981 年城镇居民生活用品

---

① 与现行的八大消费类别统计口径相一致，城镇居民用品消费支出未包括药及医疗用品方面的支出。

消费支出在生活费总支出中所占比重为 16.18%，1982 年为 14.72%，1983
年为 14.11%，1984 年为 14.50%，均保持在 14% 以上。从居民用品消费内
部构成来看，1981 年城镇居民日用品支出占生活费总支出的比重为 9.56%，
文娱用品比重为 5.67%，书报杂志比重为 0.95%；1984 年城镇居民日用品
支出占生活费总支出的比重为 9.05%，文娱用品比重为 4.40%，书报杂志
比重为 1.05%。1984 年与 1981 年相比，城镇居民日用品、文娱用品支出在
居民生活消费结构中所占比重略有下降，而书报杂志所占比重呈现上升趋
势。其原因主要是，随着工业生产能力和商品市场货源充足，消费者购买由
盲从转为理性，以电视机、洗衣机等为代表的耐用品以较快的速度在城镇居
民家庭中得以普及，传统的耐用品消费大幅降温，新的耐用品消费热点尚未
形成，致使城镇居民日用品和文娱用品方面的消费相对比较稳定。随着城镇
居民温饱阶段消费层次的递升，精神文化需求日益旺盛，文化生活逐渐丰
富，读书看报开始成为许多城镇居民日常生活不可或缺的部分，书报及学习
用品等满足人们文化需要的消费因而持续增长。

3. 农村"四大件"＋城镇"中档新三件"① 消费热潮

耐用消费品拥有量是衡量居民家庭消费水平的重要标志。耐用消费品一
般是指使用寿命较长、可多次使用的家庭消费品，主要包括大型家具、家电
设备及其他用品。改革开放以前，居民收入水平较低，收入的绝大部分用于
维持吃饭穿衣的需要，居民家庭中除了一些普通的家具外，其他耐用消费品
少之又少，各家各户大同小异。改革开放以来，居民收入水平大幅度提高，
受国家补偿性消费政策的影响，由于消费领域狭窄，没有更多的渠道吸收、
分流居民的新增收入，再加上城镇居民住房、医疗、养老方面的改革滞后，
这方面的消费没有后顾之忧，在基本满足了吃穿问题后，许多居民的消费兴
趣转向了高档的耐用消费品，特别是机电类耐用消费品，形成一浪又一浪的
消费热潮，中国居民耐用消费品实现了跨越式发展。中国耐用消费品在消费
结构中的比重超常提升，普及和更新换代速度大大快于同等收入水平国家，
甚至是中等收入水平国家，与西方发达国家的差距不断缩小。

农村居民家庭"四大件"得到普及。1978～1984 年，随着农村居民收
入水平的不断提高，以自行车、手表、缝纫机、收音机为代表的"四大件"
迅速进入农村家庭。1978 年农村居民家庭平均每百户拥有自行车 30.73 辆、
手表 27.42 只、缝纫机 19.80 架、收音机 17.44 部，到 1984 年分别增长至

①　"中档新三件"以黑白电视机、电风扇、录音机为代表。

74.48 辆、109.44 只、42.57 架、61.13 部，分别提升了 1.42 倍、2.99 倍、1.15 倍、2.51 倍，普及程度大大提高。黑白电视机此时还是稀有物品，1984 年每百户农村居民家庭中拥有量仅为 7.24 台。作为生活必需品的"四大件"在农村得以普及，是农村居民耐用品从无到有的突破，农村居民耐用品消费走上快速扩张、加快发展的轨道，农村居民生活水平发生了巨大变化。

城镇居民家庭形成"中档新三件"消费热点。80 年代以来，城镇居民耐用品拥有量迅猛增长，以"四大件"为代表的百元级耐用品走向饱和，成为城镇居民生活中平常的东西，但拥有量仍继续增长，渐趋稳定。1984 年与 1981 年相比，平均每百户城镇居民家庭中自行车、手表、缝纫机、收音机拥有量分别由 1981 年的 135.90 辆、240.76 只、70.41 架、100.52 部增加至 1984 年的 162.67 辆、282.95 只、77.52 架、103.11 部，分别增长了 19.70%、17.52%、10.10%、2.58%。除缝纫机外，户均拥有率均超过 100%。其中，手表几乎每个成年人一只。这一阶段，"中档新三件"开始在城镇居民家庭中普及开来，并掀起新的消费高潮。1981 年平均每百户城镇居民家庭中黑白电视机拥有量 57.65 部、电风扇 42.62 台、录音机 12.97 台，到 1984 年分别增长至 82.04 部、66.41 台、34.17 台，分别增长了 42.31%、55.82%、163.45%。以大衣柜、沙发、写字台为主的大型家具竞相走进城镇居民家庭，替代以前的小家具，一时间成为众多家庭的标配。彩色电视机、电冰箱此时属于新生事物，1984 年平均每百户城镇居民家庭中拥有量仅分别为 5.38 台、3.22 台，消费刚刚起步，预示着下一个消费热点的到来。

（二）1985～1991 年居民用品消费水平进一步提高

1. 居民用品消费门类、层次全方位扩张，消费支出持续扩大

1985～1991 年，居民用品消费支出持续迅速增长。1985 年农村居民人均用品总消费支出额为 36.06 元，1991 年增加至 72.18 元，增长了 1 倍多。从用品消费各组成部分比较来看，书报杂志支出增长最快，从 1.11 元急剧上涨至 3.33 元，增长了 2 倍；文化娱乐用品支出次之，由 6.89 元增长至 13.52 元，增长 96.23%；日用品消费支出由 20.75 元上升至 36.93 元，增长 77.98%。虽然日用品消费支出增长速度相比前两项较慢，但由于日用品在用品消费中所占比重较大，其消费支出增加额还是相当可观的。随着收入的不断增长，农村居民在满足吃穿基本需求的基础上，必然增加用品的消

费，用品消费范围逐渐扩大。

1985 年城镇居民人均用品消费支出额为 129.96 元，到 1991 年增加至 221.62 元，增长了 70.53%。其中，日用品消费支出从 71.88 元增加至 139.83 元，增长 94.65%；文娱用品支出从 51.96 元增加至 68.68 元，增长 32.25%；书报杂志支出从 6.12 元增长至 13.11 元，增长 114.22%。以上数据表明，城镇居民书报杂志支出增长最快，日用品消费次之，再次是文娱用品消费。其原因是城镇居民生活水平较高，精神生活需求旺盛，读书看报已经成为许多人日常生活中的重要部分。

出于人们对美的追求，金银首饰、化妆品适逢其会，渐成时尚；室内装修方兴未艾，住房装饰品支出急剧上升。随着社会经济发展和生产能力提高，新产品层出不穷，花色品种丰富多彩，产品替代性和互补性增强，进而促使城乡居民生活用品的品种和类别增加，用品消费由原来的简单、低档、数量少向宽领域、高科技、多功能、更新快的方向发展。无论是人的精神面貌，还是休闲居住、工作和生活方式都有了很大改变，居民生活向更加方便舒适、优质高效化方向发展。

2. 居民用品消费支出所占比重稳中有降

1985～1991 年，农村居民人均用品消费支出占生活消费总支出的比重略有上升。1985 年为 11.36%，1991 年上升为 11.65%。从用品消费各组成部分看，日用品为用品消费的主体。这一阶段，日用品支出平均占用品消费支出的 53.67%，但所占比重呈下降趋势，由 1985 年的 57.54% 减少至 1991 年的 51.16%。日用品在用品消费中所占比重减少，意味着书报杂志和文娱用品消费所占比重增加，表明农村居民用品消费结构发生明显变化，由单一化向多元化转变。

1985 年城镇居民人均用品消费支出占生活消费总支出的比重为 19.30%，1991 年下降 15.24%，1991 年相比 1985 年减少了 4.06 个百分点，总体呈明显下降趋势。城镇居民用品消费比重下降表明，随着城镇居民消费水平的提高，住房、医疗消费品逐渐兴起，城镇居民消费领域进一步拓宽，人们的购买力得到分流，城镇居民用品消费由此前的过热逐步转为平稳。从用品消费内部构成变化情况看，城镇居民日用品支出在用品消费支出中所占比重呈上升趋势，1985 年所占比重为 55.31%，1991 年为 63.09%，提高了 7.78 个百分点；文娱用品支出在用品消费支出中所占比重严重下降，1985 年为 39.98%，1991 年为 30.99%，降低了 8.99 个百分点；书报杂志消费支出在用品消费支出中所占比重较小，基本保持稳定，1985 年为 4.71%，

1991 年为 5.92%，变化幅度不大。这一阶段，城镇居民购买首饰、装饰房屋、更换日用小家具日渐成为社会风尚。除了涌起的耐用家电产品消费热潮外，日用品市场也迎来多个消费热点，城镇居民日用品消费持续升温，使日用品在用品消费中所占比重明显提高。

3. 农村"中档新三件" + 城镇"新三大件"消费热潮

随着收入水平的不断提高，农村居民耐用消费品数量不断增加，范围覆盖了生活的吃、穿、住、文化生活的各个方面。1985 ~ 1991 年，农村居民自行车、缝纫机、手表消费量仍然大幅增加，但增速放缓；收音机被收录机替代，拥有量锐减。作为生活必需品的"四大件"在农村居民家庭已基本普及，消费达到饱和状态。到 1991 年，每百户农村居民家庭自行车拥有量达 121.64 辆、缝纫机 55.84 架、手表 160.98 只、收音机 32.41 部。与温饱生活水平相适应，"中档新三件"开始进入农村居民家庭。电视机使人们足不出户便可观览世界，它替代以前的收音机，成为主打的农村家庭文化娱乐消费品，对于满足农村居民基本精神文化需求发挥了不可替代的作用，是农村市场上真正持久的畅销货。电风扇可以快速使室内变得凉爽，能够缓解酷暑之苦，很快成为农村居民追逐的目标，形成又一阵工业品消费热潮。1985 年平均每百户农村居民家庭黑白电视机、电风扇、收录机拥有量分别为 10.94 台、9.66 台、4.33 台，到 1991 年分别增加至 47.53 台、53.3 台、19.64 台，增长率分别高达 334.46%、451.76%、353.58%。大型家具因经济实用，受到农村居民家庭的欢迎，普及率大大提高。1985 年每百户农村居民家庭沙发、大衣柜、写字台拥有量分别为 13.07 个、53.37 个、38.21 张，到 1991 年分别上升至 42.77 个、78.49 个、62.86 张。这一阶段，新老一代耐用消费品相继涌入农村市场，农村居民家庭耐用消费品门类多样、数量增加，既美化了生活环境，提高了方便程度，又获得了娱乐和享受，农村居民生活质量有了实质性提升。

1985 ~ 1991 年，彩色电视机的上市，顿时使得黑白电视机在城镇居民家庭中受到冷落，消费量缩减；录音机因为有更新换代产品立体声录音机的加持，销售量持续增加；电风扇基本普及，"中档新三件"消费在城镇居民家庭中只剩余温。城镇居民的生活进入温饱阶段的较高层次，吃穿基本需求达到更高水平，食品要营养卫生，穿着要整洁方便，追求生活品质和舒适享受。以彩色电视机、洗衣机、电冰箱为代表的"新三大件"恰逢其时，因为高档次、科技感备受城镇居民追捧，掀起了新一轮更加迅猛的家电热潮。对当时的新婚青年来说，购置"新三大件"成为一种新的社会时尚。1985

年平均每百户城镇居民家庭彩色电视机拥有量为 17.21 台、洗衣机为 48.29 台、电冰箱为 6.58 台，到 1991 年分别增加至 68.41 台、80.58 台、48.70 台，分别增长了 297.50%、66.87%、640.12%。从"中档新三件"到"新三大件"为代表的家用电器消费升级表明，城镇居民耐用消费品实现了从百元级耐用消费品阶段到千元级耐用消费品阶段的跨越。城镇居民日用品档次不断上升，用品消费由生存型快速向享受型转变。

（三）1992~1998 年居民用品消费水平持续攀升

家庭设备用品一般是工业产品，主要为人们吃、穿、住、行、文化生活等服务，其消费内容、结构与居民生活水平和消费水平相适应。随着人们收入水平和消费水平的显著提高，城镇居民生活从温饱阶段跨入小康，农村居民进入温饱水平的较高层次，从而城乡居民用品结构乃至消费结构发生了根本性变化。从用品的使用价值角度来看，用品消费逐渐分化为家庭设备用品及服务、文教娱乐用品、医疗用品和交通通讯等内容，由于医疗用品消费和交通通信消费有着较强的专业性，并且二者在居民生活中的重要性随着居民生活水平的提高日益增强，从而逐渐从用品消费中分化出来，成为独立的消费类别。用品消费的细化和拓展，表明用品消费需求快速扩张，用品消费支出在消费结构中的比重不断上升，用品消费在城乡居民生活中占有越来越重要的地位，而食品消费支出比重不断下降，虽然仍位列第一大消费支出项目，但已经失去了以往的绝对核心地位。根据需求发展规律，至 90 年代末，当城乡居民的温饱问题基本解决以后，居民消费结构由以吃、穿为核心的低级阶段向以用、住为中心的中级阶段跨越。从用品消费发展特点来看，用品消费经过上一阶段的数量增长之后，向讲求质量、档次过渡，其中耐用消费品消费表现尤为突出。随着人们消费水平的提高，人们越来越追求拥有更多、更高级、更美观、更节能，既具有实用功能又具有装饰效果，既是享受资料又是发展资料的多功能消费品。更新换代产品目不暇接，用品范围持续扩大，用品层次快速递升，这标志着城乡居民消费结构从数量扩张型开始向质量提高型转变。

1. 居民用品消费支出迅猛增长

如表 2-2 所示，1992~1998 年农村居民家庭人均用品消费支出由 80.44 元增长至 241.33 元，增长了 200.01%，年均增长 20.09%。同期，农村居民家庭人均食品、衣着消费分别从 1992 年的 374.36 元、52.43 元增加至 1998 年的 849.64 元、98.06 元，分别增长 126.96%、87.08%。比较可知，这一阶段农村居民用品消费支出增长幅度远高于食品、衣着消费，其主要原因是，随着农村居民从温饱向小康生活的迈进，食物、衣着的基本需求已得到满足，追求生活的舒适、方便和精神文化生活的需求日益旺盛，这也从侧面反映出农村居民的生活质量有了很大提升。

表 2－2　　1992～1998 年中国农村居民家庭人均用品消费支出及构成

类别		1992 年	1993 年	1994 年	1995 年	1996 年	1997 年	1998 年
生活费总支出（元）		658.44	769.1	1016	1310	1572	1617.2	1590.3
用品消费	日用品支出（元）	36.67	44.67	55.46	68.48	84.22	85.41	81.92
	文娱用品支出（元）	43.77	58.38	75.11	102.39	132.46	148.18	159.41
主要支出构成								
用品所占比重（%）		12.22	13.39	12.84	13.04	13.79	14.48	15.15
日用品比重（%）		5.56	5.8	5.45	5.23	5.36	5.28	5.15
文娱用品比重（%）		6.64	7.59	7.39	7.81	8.43	9.2	10.0

资料来源：中国统计年鉴（1995）［M］. 北京：中国统计出版社，1995：282.
中国统计年鉴（1999）［M］. 北京：中国统计出版社，1999：341.

从 1993 年起，《中国统计年鉴》对居民消费支出统计分类，从以前的五大分类（食品、衣着、燃料、住房和用品及其他）扩展到现在通用的八大分类（食品、衣着、居住、家庭设备用品及服务、医疗保健、交通通信、文教娱乐用品和其他商品及服务），农村居民用品消费包括家庭设备用品及服务和文教娱乐用品及服务两大组成部分。为了便于和前面两个阶段相比较，表 2－2 采用以前的用品分类名称即日用品和文娱用品。从居民用品消费两大分类变化情况来看，农村居民人均日用品支出由 1992 年的 36.67 元增长至 1998 年的 81.92 元，增长了 123.40%；人均文娱用品支出由 43.77 元增加至 159.41 元，增长了 264.40%。可以看出，相比日用品消费的增长情况，农村居民文娱用品消费支出增长更为显著，其主要原因是，随着"四大件"耐用消费品的普及，农村居民家庭兴起了以黑白电视机为代表的"中档新三件"的消费热潮，彩色电视机也相继进入农村市场。电视机在农村居民家庭普及程度的提高，推动了农村居民以文娱用品大幅度增长为主导的用品消费支出大幅增长。

城镇居民用品消费增长进入新一轮高潮。1992～1998 年，城镇居民家庭人均用品消费支出从 236.02 元增长至 856.22 元，增长了 2.63 倍。同期，城镇居民家庭人均食品消费支出从 883.65 元增加至 1926.89 元，增长 1.18 倍；人均衣着消费支出从 235.41 元增加至 480.85 元，增长 1.04 倍。城镇居民用品消费支出上升幅度之大，是食品、衣着消费远远不及的，这表明城镇居民消费已逐步由原来的以吃、穿为中心转变到以用、住为中心，消费水平有了实质性提升。城镇居民用品消费包括日用品和文娱用品两大分类。如表 2-3 所示，家庭设备用品支出由 1992 年的 161.98 元增加至 1998 年的 356.83 元，增长了 120.29%；文娱用品支出急剧上升，由 1992 年的 90.18 元增加至 1998 年的 499.39 元，增长高达 453.77%。文娱用品消费支出飙升，其主要原因是，自 1994 年以来城镇居民生活跨入小康阶段，居民收入水平和消费水平进一步提高，精神文化需求日益旺盛，消费市场兴起并由此带动了全国性的"文娱用品"消费热。

表 2-3　　1992~1998 年中国城镇居民家庭人均用品消费支出及构成

类别		1992 年	1993 年	1994 年	1995 年	1996 年	1997 年	1998 年
生活费总支出（元）		1671.73	2110.81	2851.34	3537.57	3919.47	4185.64	4331.61
用品消费	日用品支出（元）	161.98	246.54	335.49	296.94	298.15	316.89	356.83
	文娱用品支出（元）	90.18	89.10	109.21	312.71	374.95	448.38	499.39
主要支出构成								
用品所占比重（%）		14.12	15.01	14.13	17.23	17.17	18.27	19.76
日用品比重（%）		9.69	11.68	11.17	8.39	7.61	7.57	8.23
文娱用品比重（%）		4.43	3.33	2.96	8.84	9.56	10.7	11.53

资料来源：中国统计年鉴（1995）［M］. 北京：中国统计出版社，1995：262.
中国统计年鉴（1997）［M］. 北京：中国统计出版社，1997：294.
中国统计年鉴（1999）［M］. 北京：中国统计出版社，1999：320.

2. 居民用品消费支出所占比重呈快速攀升趋势

1992~1998 年，农村居民用品消费支出在生活消费总支出中所占比重由 12.22% 增长至 15.15%，提高了 2.93 个百分点。1990 年，用品消费占生活消费总支出的比重为 10.65%，在农村居民消费序列中排在食品、居住之后，居第三位；1998 年，用品消费所占比重为 15.15%，超过居住比重，上升为第二位。这样，农村居民在改革开放初期形成的"吃、住、用、穿"消费序列进一步变化为"吃、用、住、穿"。消费序列的变化，意味着消费层次的升级，标志着农村居民消费结构的优化。随着农村居民生活从温饱向小康迈进，消费模式开始从单一的数量扩张型向质量提高型转变。

城镇居民用品消费支出所占比重由 1992 年的 14.12% 上升至 1998 年的 19.76%，增长了 5.64 个百分点。其中，日用品消费支出所占比重稍有下降，而文娱用品支出所占比重由 4.43% 上升至 11.53%，增长了 7.1 个百分点，上升势头迅猛。随着经济的高速增长和居民收入水平的提高，城镇居民精神文化需求日趋强烈，家庭文化生活丰富多彩，如家庭健身兴起，在家听音乐、唱歌十分流行，致使文娱用品范围扩展、品种增多、质量档次提高，文娱用品消费支出持续增加，用品消费开启爆发式增长模式。城镇居民用品消费比重快速上升，其中有用品消费数量增加的拉动，更有用品消费质量提高的作用，表明城镇居民生活方式由数量型向质量型转变，生活品质提升。

3. 农村"新三大件" +城镇"现代新三件"消费热点

1992 ~ 1998 年，农村居民家庭黑白电视机、电风扇、录音机拥有量缓慢上升或者出现负增长，这表明"中档新三件"在农村居民家庭中的消费基本达到饱和。"新三大件"开始大举进入农村居民家庭，并成为热销商品。这一阶段，每百户农村居民家庭彩色电视机拥有量从 8.08 台增加至 32.59 台，洗衣机从 12.23 台增加至 22.81 台，家用电冰箱从 2.17 台增加至 9.25 台，普及率快速增长。以沙发、大衣柜、写字台为主的中高档家具也迅速增加，还有越来越多的农村居民家庭购买了录像机、照相机等高档耐用物品。① 同时也要看到，农村居民家庭耐用消费品的普及不及城镇居民家庭那么迅速，家用电器"消费热"的节拍滞后于城镇居民家庭，质量和档次也落后一个层级。

进入 20 世纪 90 年代，城镇居民家用耐用消费品进入更新换代阶段。"中档新三件"逐渐被淘汰，"新三大件"等耐用消费品需求也渐趋饱和，并已几乎成为现代家庭的必需品。1998 年，每百户城镇居民家庭彩色电视机拥有量为 105.43 台、洗衣机 90.57 台、电冰箱 76.08 台。同时，城镇居民的目光和资金转向了以电话、空调、家用电脑为代表的"现代新三件"，耐用消费品热潮进一步向享受型、发展型转变。随着信息产业的高速发展，电话不再是权力的象征，已成为很多城镇家庭为之追求的时髦品。1994 年底，全国住宅电话为 1498 万户，要求安装电话的用户逐日攀升；空调曾是高级宾馆、饭店的奢侈品，国家能源电力行业的发展使得空调逐步进入寻常百姓家。每百户城镇居民家庭空调拥有量：1992 年为 1.19 台，1994 年为

---

① 王萍萍. 农民消费特征及"九五"展望 [J]. 消费经济，1996 (5)：16 – 20.

5.00 台，1996 年为 11.61 台，1998 年为 20.01 台。1996 年上海市每百户城镇居民家庭空调拥有量为 49.8 台，1998 年达 68.20 台；广东省拥有量更高，1996 年为 54.9 台，1998 年为 71.05 台。① 这说明，空调在大城市普及速度较快，是一大消费热点。伴随着网络科技的兴起，学电脑、懂电脑成为现代青年人立足社会的一种必备技能，家庭拥有电脑已发展成为一种时尚。家庭电脑作为现代信息社会的新宠，拥有量明显上升。1997 年每百户城镇居民家庭拥有电脑 2.60 台，1998 年增加至 3.78 台。1998 年，广东省每百户城镇居民家庭拥有 12.34 台，上海市为 13.20 台。

综上可见，1978～1998 年双轨制时期，中国城乡居民用品消费支出快速增长，用品消费所占比重稳步上升，居民用品消费经历了从无到有，从少到多，从数量型扩张为主到开始追求质量，从生存型为主到享受型、发展型比重不断提高的跨越式发展。一般来说，耐用消费品的普及和发展是人民生活水平走向小康进而达到富裕的主要标志。这一时期，中国耐用消费品的发展可谓高潮迭起，精彩纷呈，从百元级到千元级，再逐步向万元级发展，质量、档次逐步提升。特别是进入 90 年代，随着科学技术的发展和居民收入水平的提高，耐用消费品消费热点不断向多元化、现代化方向发展，与世界发达国家的差距逐渐缩小。到 90 年代下半期，住宅和小汽车消费已成为人民生活更加富裕的象征，也预示着新的消费热点正在来临。

五、中国居民居住消费水平的变化

住房是人类繁衍生息和身心休养的空间场所，是人类生存必需的基本生活资料，同时也是价值昂贵的物质生活消费资料。随着生活水平的提高，人们对住房的要求就不仅仅是遮风避雨的场所了，住房越来越多地增加了作为享受资料和发展资料的内涵，在市场经济条件下甚至还会作为人们所拥有财富和身份的体现，因此，在居民各项消费中，住房的地位和作用十分重要。根据消费发展的一般规律，居民家庭消费是随着生产力水平的提高而按一定顺序发展的，在解决了温饱问题之后，住的需求将会大大增加。由于住房需求潜力大，住房问题在一个较长时期内始终是影响居民消费结构和消费水平的一个极重要的因素。

---

① 尹世杰. 中国"九五"时期消费结构发展趋势研究 [M]. 长沙：湖南人民出版社，1998：200.

1978～1998 年双轨制时期，随着社会生产力的巨大发展和居民收入的持续提高，城乡居民住房条件发生了前所未有的变化，居住消费水平大幅度提升。城乡居民平均每人居住面积从 1978 年的 4.2 平方米和 8.1 平方米，分别提高至 1998 年的 9.3 平方米和 23.7 平方米，增长了 121.43% 和 192.59%。在农村，家庭联产承包制的普遍实行，带来了农村经济的繁荣和居民收入水平的提高，出现了持续的建房热，农村居民家庭住得宽敞、舒适了，昔日几代同住甚至人畜混居的草屋土房被砖木结构的房屋代替，后来又纷纷住进高大坚实的钢筋混凝土结构的新宅。在城市，国家采取了调整生产性建设和非生产性建设的投资比例等一系列措施，支持加快住宅建设。1998 年城镇新建住宅面积 47700 万平方米，是 1978 年新建住宅面积的 12.55 倍。随着城镇住房制度改革的试点到全面推进，过去由国家分配住房、个人仅交少量房租的福利型住房制度退出历史舞台，住房商品化、社会化程度不断增强，人们的住房消费观念和消费行为发生根本改变。许多居民搬进新居，以前城镇居民尤其是大城市居民住房面积狭小、房屋设施简陋、居所内部环境欠佳等状况得到了很大程度的改善，居民住宅使用面积大幅度攀升，居住环境不断优化，人们"居者有其屋"的理想和居住美好的愿望正逐步成为现实。按照 90 年代中期国家统计局会同国家计划委员会、农业部制定的《全国人民小康生活的基本标准》城镇人均居住使用面积 12 平方米的小康值，[①] 到 1998 年城镇居民住房消费水平正逐渐向小康迈进。

（一） 1978～1984 年居民居住消费水平明显提升

1. 农村居民兴起建房热，住房消费支出增长快

改革开放之初，农村普遍实行家庭联产承包制，强有力地推动了农村经济的发展和居民收入水平的提升。中国人与生俱来有着安居乐业的传统观念，农村居民在解决了吃的问题之后，便将大部分资金投入到改善住房条件上。1978～1984 年，农村居民居住消费支出急剧上升。1978 年农村居民家庭人均每年住房消费支出仅为 3.67 元，1979 年为 7.66 元，1980 年为 12.80 元，1982 年增加至 22.58 元，1984 年为 32.12 元。1984 年与 1978 年相比，农村居民人均年住房消费支出增加 28.45 元，增长了 7.75 倍，速度惊人。

农村居民居住消费支出在消费总支出中所占比重大幅提升。1978 年农村居民住房消费支出在生活消费支出中所占比重为 3.16%，1979 年为

---

① 程晗．小康的评价标准及实现程度 ［J］．科技术语研究，2002 （4）：34－36.

5.69%，1982 年超过 10 个百分点，增长至 10.25%，1984 年持续增长为 11.70%，1984 年相比 1978 年提高了 8.54 个百分点。农村居民住房消费支出在生活消费序列中，1978 年排在食品、衣着、燃料、用品之后，位列第五；1984 年一跃而上，超过了衣着、用品、燃料，迅速上升到第二位。因此，农村居民消费支出序列由改革开放初期的"吃、穿、烧、用、住"变为"吃、住、用、穿、烧"，农村居民消费结构发生了重大变化。这一阶段，农村居民新建住房多为砖木结构，住房质量不高，主要关注扩大居住面积和住得宽敞一些。1978 年农村居民人均住房面积为 8.1 平方米，到 1984 年扩大到 13.6 平方米，增长 67.90%，住房条件得到显著改善。

2. 城镇居民房租低、占比小，但不真实反映实际居住消费水平

改革开放以前，中国城镇居民住房实行的是一种以国家和企事业单位统包、低租金为特点的实物型福利分配模式。住房为公有住房，住房分配主要以职工的职级、工龄和家庭人口等非经济性因素为依据，职工家庭对分配所得的住房享有租赁使用权，租金较低，甚至抵不过房屋维修和管理成本。[①] 1978 年，每平方米居住面积平均月租金仅为 0.13 元。[②] 改革开放初期，虽然国家政策已开始准许私人建房、私人买房，并进行了"以成本价"和"补贴"两种形式向城镇居民出售公有住房的改革试验，但城镇居民住房消费的主流仍然延续着传统的福利型住房模式，居民象征性地交少量房租，消费的非商品化程度相当高。

1978~1984 年，城镇居民居住消费支出较低，在消费结构中处于一种极不合理状态。1981 年城市职工家庭平均每人每年支付房租 6.36 元，1982 年为 7.08 元，1984 年为 7.80 元，这一阶段年房租平均值为个位数，仅仅为 7.23 元；居住消费支出在消费结构中所占比重微乎其微，1981 年城镇居民房租占生活消费支出的 1.39%，1982 年为 1.50%，1984 年为 1.39%，平均比重为 1.45%。同期，城镇居民吃、穿、用消费支出持续大幅增长，人均年食品消费支出高达 300 元，衣着支出 76.04 元，用品支出 73.95 元。相比之下，房租支出及所占比重远远低于吃、穿、用、烧等其他项目，差距悬殊，处于严重滞后状态。从经济发展角度看，低租金的住房供给制加重了国家财政负担，不利于住宅业的壮大和国民经济的协调发展；从居民消费方面

---

① 武力，肖翔. 中国当代城市房地产的变革与发展 [J]. 河北学刊，2010（5）：11-19.
② 宋士云. 新中国城镇住房保障制度改革的历史考察 [J]. 中共党史研究，2009（10）：102-110.

看，住房被当作一种福利看待，住房消费基本上被排除在城镇居民消费领域之外，使得城镇居民消费支出范围变窄，进而过多地增加了食品和耐用消费品等方面的需求，城镇居民的恩格尔系数一直高于实际水平，消费结构被严重扭曲。

值得注意的是，由于传统城镇住房制度的影响，城镇居民公用住宅的房租不体现商品价格，因此作为城镇居民的"住"的支出，房租不能反映城镇居民"住"的消费的事实情况，当然也不代表城镇居民住房消费的真实水平。改革开放以来，随着国营企业改革和建筑业被作为一个重要的产业部门，城镇居民的住房消费水平明显提高，1978 年城镇居民人均居住面积为4.2 平方米，1984 年上升到6.3 平方米，提高了50.0%。

（二）1985～1991 年居民居住消费水平进一步提高

1. 农村居民住房支出大幅增长，住房消费水平持续提高

随着农民收入水平的提高，农村居民住房消费支出继续大幅增长，住房条件不断改善。1985 年农村居民人均住房支出为39.46 元，1988 年为71.10 元，1989 年为77.05 元，1991 年为68.90 元，1991 年比1985 年人均住房支出增长了74.61%。农村居民人均住房支出占生活消费支出的比重变化是：1985 年为12.44%，1988 年为14.92%，1989 年为14.39%，1991 年为11.12%，其变化趋势是由低变高，再由高变低，最高达到14.92%。这说明，改革开放初期兴起的农村建房热，到80 年代后期达到高潮后逐渐降温，农村居民住房消费支出所占比重有所下降。其原因是房屋建好后，农村居民消费支出重点开始从住房转向家用耐用消费品，以提高生活质量。于是，从1988 年起，农村居民用品消费支出急剧上升，1991 年超过了住房消费支出，成为第二大消费支出项目，消费支出序列由"吃、住、用、穿、烧"变为"吃、用、住、穿、烧"。一般来说，当农村居民解决了耐用消费品消费问题以后，还会重新把消费支出重点放在居住上，不过，不再是以扩大居住面积为目的，而是以提高建筑质量和室内装修为主，追求美的享受和舒适度为目的。因此，从长远发展趋势来看，农村居民实物消费支出增长的重点将是住宅和用品两项并驾齐驱。1985 年农村居民家庭人均住房面积为14.7 平方米，1991 年上升至18.5 平方米，提高了25.85%，住房条件持续改善。

2. 城镇居民住房租金仍然偏低，居住消费支出有所上升

1986 年1 月，为加强对住房改革工作的领导，国务院成立了住房制度

改革领导小组，提出了"提租补贴"的改革思路，即"提高工资，增加工资，变暗贴为明补，变住房实物分配为货币分配，通过提高租金促进售房"。"提租补贴"方案，旨在调整公房租金，按折旧费、维修费、管理费、投资利息、房产税五项因素的成本来计算租金，并在逐步增加工资和住房由成本租金提高到商品租金的基础上，促进职工个人买房，实行住房商品化改革。具体政策包括：公房租金标准按成本租金计算，全国测算平均每平方米使用面积月租金约 1.56 元，目前要定在 1 元以上。然而，由于 1988 年发生了严重的通货膨胀，致使该方案的实施遇到很大困难，未能全面推开。因此，这一阶段城镇居民住房租金仍然偏低，买房动力不足。① 如表 2-4 所示，1985 年城镇居民家庭人均年支付房租 6.48 元，1987 年为 7.74 元，1991 年勉强上升为两位数，仅为 10.66 元。虽然实行改革开放已经十多年，城镇居民生活水平和消费水平均有大幅度提升，但这一阶段城镇居民人均年房租平均值仅为 8.31 元，与改革开放初期相比，相差无几；房租所占比重不升反降，1985 年房租支出占生活消费支出的比重为 0.96%，而后持续下降，1987 年为 0.88%，1991 年为 0.73%。房租所占比重平均值为 0.81%，低于 1%。

表 2-4　　　1985~1991 年中国城镇居民人均房租、居住消费支出情况

类别	1985 年	1986 年	1987 年	1988 年	1989 年	1990 年	1991 年
房租（元）	6.48	7.20	7.74	7.83	8.82	9.43	10.66
房屋及建筑材料（元）	12.12	18.96	22.56	23.93	23.21	19.89	23.00
居住支出（元）	18.6	26.16	30.3	31.76	32.03	29.32	33.66
生活消费支出（元）	673.2	798.96	884.4	1103.9	1210.9	1278.9	1453.8
房租所占比重（%）	0.96	0.9	0.88	0.71	0.73	0.74	0.73
房屋及建筑材料所占比重（%）	1.8	2.37	2.55	2.17	1.92	1.59	1.58
居住消费支出所占比重（%）	2.76	3.27	3.43	2.88	2.65	2.33	2.31

资料来源：中国统计年鉴（1992）[M]. 北京：中国统计出版社，1992：284.

① 宋士云. 新中国城镇住房保障制度改革的历史考察 [J]. 中共党史研究，2009（10）：102-110.

20 世纪 80 年代中期以来，中国积极探索住房制度改革取得了一定成绩，私有住房比重从 1983 年的 9.36% 增长至 1991 年的 16.52%。随着城镇居民消费水平的提高，人们对住房作为享受资料的需求日益增强，追求房屋装饰美观、宽敞、舒适。特别是小部分实现了住房梦想的居民，在拥有了自己的住房以后，花大量的钱购买建筑装饰材料去装修房屋。这一阶段，城镇居民居住支出包括房租和房屋建筑材料两项费用，居住消费支出大大增加，1985 年城镇居民人均居住消费支出为 18.6 元，1991 年为 33.66 元，1991 年比 1985 年增加 15.06 元，增长 80.97%；1985 年城镇居民人均居住消费支出占生活费支出的比重为 2.76%，1991 年为 2.31%，略有下降，这是由于用品和其他消费水平快速提高所致。城镇居民人均居住面积略有提升，1990 年为 6.7 平方米，1991 年为 6.9 平方米。

总之，相对于同期大幅增长的食品、衣着消费支出，尤其是急速增长的用品消费支出的扩张，城镇居民居住消费支出明显滞后，阻碍了城镇居民消费结构的升级。因此，加快城镇居民住房商品化改革，提高租金，改善居民消费结构，变得尤为迫切和重要。

（三）1992～1998 年居民居住消费水平迅速提高

1. 农村居民追求住房装饰与美化，居住消费支出持续攀升

1992～1998 年，农村居民居住消费支出持续攀升，所占比重起伏不大，如表 2－5 所示。1992 年农村居民人均居住消费支出为 104.90 元，1998 年为 239.62 元，1998 年比 1992 年增加了 134.72 元，增长 128.43%，居住消费支出直线上升；1992 年农村居民居住消费支出占生活消费总支出的比重为 15.92%，1998 年为 15.1%，呈平稳趋势。农村居民新建房屋的质量大大提高。从房屋的价值看，1992 年每间新建房屋价值为 2268.39 元，1994 年为 2976.03 元，1995 年为 3420.19 元，1997 年高达 4864.24 元。这除了建筑材料价格大幅上升外，主要是对新房的建筑质量和要求提高了。从房屋结构组成看，1992 年农村居民人均砖木结构房屋面积为 10.74 平方米，人均钢筋混凝土结构房屋面积 1.81 平方米；1994 年人均砖木结构和钢筋混凝土结构的房屋面积分别为 11.53 平方米和 2.67 平方米；1998 年分别为 12.16 平方米和 5.72 平方米。质量较好的这两种结构的房屋面积逐步增加，砖木结构房屋已经相当普遍，刚刚时兴的质量更好的钢筋混凝土结构房屋更受欢迎。

表 2 - 5   1992 ~ 1998 年中国农村居民人均居住消费支出及其比重

类别	1992 年	1993 年	1994 年	1995 年	1996 年	1997 年	1998 年
生活消费支出（元）	659.01	769.65	1016.81	1310.36	1572.08	1617.15	1590.33
居住消费支出（元）	104.90	106.79	142.34	182.21	219.06	233.23	239.62
居住消费支出所占比重（%）	15.92	13.88	14.00	13.91	13.93	14.4	15.1

资料来源：中国统计年鉴（1995）［M］. 北京：中国统计出版社，1995：282.
中国统计年鉴（1999）［M］. 北京：中国统计出版社，1999：341.

农村居民在新建砖房和钢筋混凝土楼房满足住房基本需求的同时，开始向讲究基础设施、室内装修和美化环境方向发展。这说明，农村居民建房和修房已从扩大居住面积、改善居住条件为主导转向以提高住房质量、提升生活品质为主导。1992 年农村居民人均居住面积为 18.9 平方米，1998 年增加至 23.7 平方米。1998 年与 1992 年相比，人均面积增加 4.8 平方米，增长25.40%，农村居民住房条件和生活质量继续提高。

2. 住房制度改革取得显著成效，城镇居民居住消费支出迅速提高

1991 年 11 月，国务院办公厅转发住房制度改革领导小组《关于全面推进城镇住房制度改革的意见》，明确了城镇住房改革的指导思想、根本目的和目标步骤，要求"从改革公房低租金制度着手，将现行公房的实物福利分配制度逐步转变为货币工资分配制度，由住户通过商品交换（买房或租房），取得住房的所有权或使用权，使住房这种特殊商品进入消费品市场，实现住房资金投入产出的良性循环"。[①] 这是城镇住房制度改革的一个纲领性文件，标志着房改已进入全面推进的新阶段。至此，城镇居民依赖国家实物分房、低租金租房的观念得到改变，购房意识逐渐增强。特别是 1998 年7 月停止实物福利分房后，居民购买住房的积极性调动起来，越来越多的人把"买套自己的房子"当作消费目标，购买住房的居民家庭迅速增加。这一阶段，许多居民搬进新房后，大加装饰，一时成为一种时尚。住房装饰提高了消费层次和质量，营造了舒适的环境，获得了美的享受。1992 年城镇居民人均居住面积为 6.9 平方米，1998 年上升至 9.3 平方米，1998 年比1992 年提高了 34.78%。城镇居民居住水平和质量跃上一个新台阶，正逐步向小康生活迈进。

---

①   住房制度改革法规文件选编［M］. 北京：中国建筑工业出版社，1998：40.

1992～1998 年，城镇居民房租和居住支出历史性大幅增长。如表 2－6 所示，1992 年城镇居民人均房租 35.72 元，1994 年为 79.00 元，1995 年跨过百元大关，为 103.62 元，1998 年上升为 172.96 元。1998 年与 1992 年相比，房租增加了 137.24 元，增长 384.21%；1992 年房租在城镇居民生活消费支出中所占比重为 2.14%，1994 年为 2.77%，1995 年为 2.93%，1998 年为 3.99%，终于摆脱了在 1% 处徘徊不前的状况。城镇居民居住支出及所占比重在整个 80 年代变化不大，均处于较低水平。90 年代以来，房租及其所占比重大幅度提升，充分显示了全面推进住房制度改革所取得的成果。同时，私有住房日渐普及，推动城镇居民居住支出迅速增长。1992 年城镇居民人均居住支出为 99.68 元，1993 年为 140.01 元，1996 年为 300.85 元，1998 年陡然上升至 408.39 元。1998 年相比 1992 年，城镇居民居住支出增长了 309.70%；1993 年居住支出所占比重为 6.63%，1998 年增长至 9.43%，已接近 10%。

表 2－6　　　　　1992～1998 年中国城镇居民人均居住、住房消费情况

类别	1992 年	1993 年	1994 年	1995 年	1996 年	1997 年	1998 年
住房支出（房租）（元）	35.72	52.93	79.00	103.62	124.14	148.66	172.96
居住支出（元）	99.68	140.01	193.16	250.18	300.85	358.64	408.39
生活消费支出（元）	1672.00	2110.81	2851.34	3537.57	3919.47	4185.64	4331.61
住房比重（%）	2.14	2.51	2.77	2.93	3.17	3.55	3.99
居住比重（%）	5.96	6.63	6.77	7.70	7.68	8.57	9.43

资料来源：中国统计年鉴（1993）[M]．北京：中国统计出版社，1993：288.
中国统计年鉴（1997）[M]．北京：中国统计出版社，1997：296.
中国统计年鉴（1998）[M]．北京：中国统计出版社，1998：328.
中国统计年鉴（1999）[M]．北京：中国统计出版社，1999：319－320.

住房消费的逐步商品化促进了城镇居民消费结构发生重大改变。1992 年城镇居民居住支出在消费支出序列中位列第五，排在食品、衣着、娱乐教育文化服务、家庭设备用品之后。随着城镇住房制度由传统福利分配制向商品货币化的转变，购买住房支出已成为家庭生活消费的重要部分，城镇居民居住消费支出大幅上升。1998 年，城镇居民居住支出超过家庭设备用品，上升至第四位，这一趋势还将继续。城镇居民居住支出的增长，有利于理顺人们的消费层次，符合居民消费发展的一般规律，反映了居民的消费需求和

实际消费状况，使长期被扭曲的城镇居民消费结构趋于合理。

综上所述，1978～1998 年双轨制时期，城乡居民居住消费进入了一个快速发展阶段。分析城乡居民居住消费水平变化历程，可以发现体制因素对于居民消费水平发展的深刻影响。90 年代以前，城镇住房制度改革进展缓慢，城镇居民住房消费发展步伐不快。90 年代以后，随着住房商品化改革取得突破性发展，房地产业进入市场经济发展轨道，城镇居民住房条件显著提升。1978～1990 年，城镇居民人均居住面积平均每年增加0.26 平方米，1991～1998 年则提高至 0.33 平方米。反观农村居住水平的发展，农村居民不享受传统住房制度的高福利待遇，农村住房一直是作为商品存在的，农村居民须自己买房、建房。由于农村居民改善住房条件所受的体制限制少，农村居民居住消费的发展反而比城镇居民更顺利、速度更快，农村居民人均居住面积始终要比城镇居民大很多。虽然农村居民比城镇居民住得宽敞，但农村房屋质量、内部设施以及居所环境比城市却相差很多。同时，也应该看到，与西方发达国家居民住房消费支出占生活费总支出的比重一般为 15%～20%，有的高达 25% 相比，中国居民居住消费支出还存在很大的差距，城镇居民尤其突出。因此，中国城乡居民的居住消费水平还有很大的提升空间。

六、中国居民劳务消费水平的变化

劳务消费又称服务消费，是与实物消费相对应的概念。劳务通常是指为人们的生产、生活提供的某种具有特殊使用价值的活动，分为生产劳务和消费劳务。消费经济学研究的消费劳务，是指提供给人们生活消费相关的特殊使用价值的活动，即居民家庭花钱购买的各种服务，如修理、理发、交通出行、教育、医疗健康、旅游等，这部分消费是居民家庭消费必不可少的，主要目的是方便、美化家庭生活，提高居民生活水平。马克思在《剩余价值学说史》中对服务消费作了界定，认为劳务消费是"在服务形式上存在的消费品"。[①] 在统计数据中，劳务消费是指居民全部消费支出中用于支付社会提供的各种非实物性的服务费用总和。[②] 劳务消费有着和实物消费不同的特点，如劳务消费不一定都具有实物形态；很多劳务的生产主要依靠劳动力

---

① 毛中根.服务消费发展：现状、比较及建议 [J].人民论坛，2023 (18)：40 - 45.
② 夏杰长，毛中根.中国居民服务消费的实证分析与应对策略 [J].黑龙江社会科学，2012 (1)：71 - 76，2.

本身的作用，而不是生存资料的作用；很多劳务的生产过程和消费过程是同一的，劳务的生产同时也是劳务的消费过程；劳务消费一般具有较高的价值，有的劳务的生产甚至是很复杂的、高层次的脑力劳动。

劳务消费是物质产品消费的伴侣和补充，是居民生活消费中的重要组成部分。相对实物消费而言，劳务消费更多的是发展和享受型消费，人们消费层次和消费质量的提高，更多地表现在劳务消费需求的满足上面，因此，劳务消费所占居民消费的比重会随着经济发展而上升。劳务消费在消费结构中所占比重的高低已成为反映现代经济社会发展水平的一个重要指标。从消费长期发展趋势看，居民消费结构从低级阶段向高级阶段发展，物质生活消费退居次要地位，文化生活将上升为主要内容。① 在传统的计划经济体制下，中国往往把劳务消费作为一种"福利"，采用非市场化的分配方式，由政府"包"和"统"，个人消费缺乏自主性和选择性，限制了劳务消费的发展。改革开放后，随着中国经济发展和居民收入水平提高，城乡居民劳务消费进入了快速发展的轨道，劳务消费水平显著提高。

（一） 1978～1984 年居民劳务消费水平提升较快

1. 城乡居民劳务消费支出增长较快

改革开放以来，随着搞活经济、重视人民生活的政策深入实施，人民生活水平显著提高，城乡居民劳务消费支出不断增长。在城镇居民消费结构中，"非商品支出"包括房租、水电费、学杂费、保育费、交通费、邮电费、文化娱乐费等，大多为劳务消费，因此选用"非商品支出"代表城镇居民的劳务消费支出。1981 年城镇居民人均"非商品支出"为 36.48 元，1984 年为 45.12 元。1984 年与 1981 年相比，城镇居民人均"非商品支出"增加了 8.64 元，增长 23.68%。1981 年城镇居民人均生活费支出为 466.84元，1984 年增加至 559.44 元，1984 年比 1981 年增加了 102.60 元，增长22.46%。数据表明，这一阶段城镇居民劳务消费支出增长速度快于生活费支出的增长。

农村居民劳务消费支出较快增长。在农村居民消费结构中，劳务消费支出表现为与生活消费品支出相对应的"文化、生活服务支出"。1978 年农村居民人均年文化、生活服务支出为 3.16 元，1979 年为 3.70 元，1982 年为4.93 元，1984 年增加至 6.53 元。1984 年与 1978 年相比，农村居民文化、

---

① 吴绍中，林玳玳，易然. 中国消费研究 [M]. 上海：上海社会科学院出版社，1990：19.

生活服务支出增加了 3.37 元，增长 106.65%，增幅较大。1978 年农村居民人均生活消费支出 116.06 元，1984 年为 273.80 元，比 1978 年增长了 135.91%，略高于文化、生活服务支出的增长。

2. 城乡居民劳务消费所占比重不断增加

城镇居民家庭劳务消费支出在生活费支出中所占比重呈现不断上升的趋势，1981 年城镇居民劳务消费所占比重为 7.99%，1983 年为 8.28%，1984 年为 8.07%。这表明，在城镇居民家庭生活消费支出构成中，与物质性消费相比，劳务消费所占比重远远低于购买商品支出，在消费中处于从属地位。农民居民家庭劳务消费支出所占比重基本保持稳定，1978 年所占比重为 2.72%，1979 年为 2.75%，1982 年为 2.24%，1984 年为 2.38%。可以看出，这一阶段城乡居民劳务消费虽然有了较快发展，但整体水平还比较低。其中，主要的原因是改革开放以来，商品经济有了一定程度的发展，但传统的计划经济体制对居民劳务消费依然发挥着较大作用，它否认劳务的商品属性，采取"非市场化"的分配方式，影响了劳务消费的发展。

值得注意的是，根据统计数据得出的城乡居民劳务消费水平大大低于实际享受到的消费水平。由于传统的计划经济体制影响，劳务消费的市场化水平较低，大都由政府或单位生产，免费或低价提供，如农村居民的文化生活服务由政府以公共文化事业的方式统一建设。对于城镇居民来说，劳务消费内容大都属于社会保障和福利制度的重点覆盖区域，城镇居民享受着住房、教育、医疗、交通等方面的各种补贴，然而这部分劳务服务支出不在居民家庭消费收支账上直接反映出来。因此，人们在衡量和评价居民劳务消费时，常常忽略漏掉这一方面，也就是说，城镇居民的"非商品支出"和农村居民的"文化、生活服务支出"并不符合城乡居民劳务消费的实际情况，不能反映城乡居民真实的劳务消费数量和质量。

3. 城乡居民精神消费发展显著

随着生产力的发展，人们收入的增加，城镇居民精神消费内容不断丰富，消费方式推陈出新。在吃、穿、用的需求逐步得到满足以后，对文化生活的需求迅速增长，看电影、听音乐、阅读书报、旅游等成为许多家庭生活消费中不可短缺的部分。音乐茶座、通俗歌曲以及游乐场、舞会、录像放映、电子游艺机、时装表演等一些新的文化活动和精神消费方式不断涌现。时代的发展，促使青年人的阅读倾向表现出强烈的实用性、知识性，城镇居民对高层次艺术兴趣日浓，对精神消费产品的质量和层次提出了更高要求。

城镇居民文化生活的一个突出现象是，电视文化扩张十分显著迅速。这一阶段，电视机的普及，使中国城市笼罩在电视文化的影响力之下，电影和戏剧等其他精神消费项目受到了较大冲击，书籍报刊也以惊人的速度失去了以往在文化生活中的显赫地位。

农村居民的精神生活消费日益活跃。农村家庭联产承包制实施以来，农村居民闲暇时间增多，一部分青年农民为了提高经济收入，渴望学习文化知识以提高自身文化水平，农村居民精神消费的压力日益增加。改革开放以来，在农村经济全面增长、物质生活迅速改善的基础上，农村文化事业有了较快发展。各地农村利用文化站、文化中心组织文艺演出，开展多种多样的文化宣传活动。农村有线广播在农村居民精神消费中占有特殊的地位，中国农村形成了以县广播站为中心、以乡广播站为基础的广播网络。

（二）1985～1991 年居民劳务消费水平大幅提升

1. 城乡居民劳务消费支出急剧增长

从 1986 年开始，国家对传统的以高福利、高补贴为特征的社会保障制度进行改革试点，逐步减少了财政在住房、教育、医疗、交通等领域的补贴，使原有单位福利保障开始转变成社会化商品，进入消费市场，由居民自主消费。这些改革措施，拓宽了居民劳务消费支出的范围，改变了原有扭曲的消费结构，推动了居民个人消费行为合理化、市场化、社会化。1985～1991 年，城镇居民劳务消费内容不断增加，劳务消费支出快速增长。本部分仍选用"非商品支出"作为劳务消费支出。1985 年城镇居民家庭人均非商品支出 51.72 元，1987 年为 75.13 元，1989 年突破了百元，为111.06 元，1991 年快速增长至 158.96 元（见表 2－7）。1991 年与 1985 年相比，城镇居民非商品支出增加了 107.24 元，增长 207.35%，增幅相当可观。这一阶段，城镇居民劳务消费支出年均增长 20.57%，是 1978～1984年年均增长速度 7.34% 的 2.80 倍。

表 2－7　　　　1985～1991 年中国城镇居民劳务消费结构变化情况

类别	1985 年	1986 年	1987 年	1988 年	1989 年	1990 年	1991 年
劳务消费支出（元）	51.72	64.32	75.13	90.04	111.06	128.09	158.96
基本生活性劳务支出（元）	29.16	37.68	44.66	49.31	60.67	68.67	85.14

续表

类别		1985 年	1986 年	1987 年	1988 年	1989 年	1990 年	1991 年
康乐性劳务	医疗保健支出（元）	1.92	2.16	2.56	4.07	4.92	6.02	7.14
	交通通信（元）	7.32	9.12	9.92	10.09	11.42	15.31	19.71
	教育文娱费（元）	13.32	15.36	17.99	26.57	34.05	38.09	46.97
主要消费类别支出构成								
基本生活性劳务所占比重（%）		56.38	58.58	59.44	54.76	54.63	53.61	53.56
康乐性劳务所占比重（%）		43.62	41.42	44.56	45.24	45.37	46.39	46.44

资料来源：中国统计年鉴（1992）［M］．北京：中国统计出版社，1992：284．

1985~1991 年，农村居民人均劳务消费支出直线上升。根据《中国统计年鉴》，选用"非商品支出"作为农村居民劳务消费支出，1985 年农村居民人均非商品支出 9.07 元，1987 年为 20.15 元，1989 年上升至 35.29 元，1991 年快速增长至 48.62 元（见表 2－8）。1991 年与 1985 年相比，农村居民人均非商品支出增加了 39.55 元，增长 436.05%，增幅巨大。这一阶段，农村居民人均劳务消费支出年均增长 32.29%，远远高于 1978~1984 年年均 12.86% 的增长速度。

表 2－8　　　　1985~1991 年中国农村居民劳务消费结构变化情况

类别	1985 年	1986 年	1987 年	1988 年	1989 年	1990 年	1991 年
劳务消费支出（元）	9.07	11.24	20.15	27.05	35.29	40.40	48.62
生活服务支出（元）	4.71	6.11	13.43	16.67	21.22	24.33	29.03
文化服务支出（元）	4.36	5.13	6.72	10.38	14.07	16.07	19.59
劳务消费构成							
生活服务比重（%）	51.93	54.36	66.65	61.63	60.13	60.22	59.71
文化服务比重（%）	48.07	45.64	33.35	38.37	39.87	39.78	40.29

资料来源：中国统计年鉴（1992）［M］．北京：中国统计出版社，1992：310．

2. 城乡居民劳务消费比重大幅提升

1985~1991 年，城镇居民人均劳务消费支出所占生活费支出比重呈现逐年连续上升的趋势，具体变化情况为：1985 年城镇居民人均劳务消费所占比重为 7.68%，1986 年为 8.05%，1987 年为 8.50%，1988 年为 8.16%，1989 年为 9.17%，1990 年为 10.02%，1991 年为 10.93%，超过了 10%。1991 年与 1985 年相比，城镇居民劳务消费支出比重提高了 3.25 个百分点，改变了改革开放初期所占比重徘徊不前的状况。

农村居民人均劳务消费支出比重跳跃式快速上升，其变化情况为：1985 年农村居民劳务消费支出占生活费支出比重为 2.86%，1986 年为 3.15%，1987 年为 5.06%，1988 年为 5.67%，1989 年为 6.59%，1990 年为 6.91%，1991 年达到 7.84%。1991 年与 1985 年相比，提高了 4.98 个百分点，增速惊人。

3. 劳务消费以基本生活类为主体

按照马克思关于劳务消费的论述，劳务消费可分为生存消费、享受消费和发展消费三种类型。同实物消费的发展变化一样，随着消费水平的提高，劳务消费中生存性劳务在消费结构中所占比重将逐步下降，享受性劳务和发展性劳务所占比重将不断上升。中国还处在社会主义初级阶段，生产力水平不高，居民劳务消费结构还处在较低水平。

1985～1991 年，随着人们收入水平的增加，在城镇居民劳务消费结构中，一方面，房租、水电费、煤气费以及修理服务费等满足基本生活需求的劳务消费占劳务消费总支出的比重呈逐渐下降趋势，由 1985 年的 56.38%减少至 1991 年的 53.56%。另一方面，医疗保健、交通通信、教育文化娱乐等康乐性消费支出比重不断增长，由 1985 年的 43.62%上升至 1991 年的46.44%，如表 2-7 所示。这一阶段，城镇居民基本生活性劳务消费支出在劳务消费支出中的平均比重为 55.85%，表明基本生活性劳务是城镇居民劳务消费的主要内容，满足居民休闲娱乐健康的高层次劳务消费居于次要地位，城镇居民劳务消费尚处于较低层次。

农村商品经济不发达，生活中自给性服务占据一定比例，诸如理发、日常的修修补补等服务项目大都自己解决或请邻居帮忙，文化生活单调，农村居民劳务消费内容相对简单，服务领域狭窄。如表 2-8 所示，1985～1991 年，在农村居民劳务消费结构中，生活服务支出在劳务消费支出中的比重呈现上升趋势，平均比重为 59.23%，占据劳务消费的绝大部分；文化服务比重虽然在有些年份有所增长，但基本上是逐渐减少的。这一阶段，农村居民劳务消费结构变化状况表明，农村居民劳务消费水平较低，尚处于满足基本生活需求方面，还没有能力顾及农村居民的精神文化需求。生活服务比重增加是因为随着生活水平的提高，农村居民越来越倾向于花钱买服务，自给性程度逐渐减少，商品性服务增加。

（三）1992～1998 年居民劳务消费水平持续攀升

随着经济发展和人民生活水平的提高，在物质消费需求的满足程度得到提高以后，人们普遍希望自己能够健康长寿、信息灵通、行动便捷，有较多的闲暇时间，更加注重提高生活品质。1992～1998 年，城乡居民在对食品、衣着、用品等消费支出扩大的同时，拓展了对医疗保健、交通和通信、精神文化等方面劳务消费的领域，劳务消费从低层次向高层次过渡，促进了生活水平从温饱向小康迈进。一个突出现象是，自 1995 年 5 月 1 日实行双休日制度以来，人们充分利用周末、节假日外出，从事游览观光等精神文化活动，调整精神状态或增长自己的知识与才干。

1. 居民劳务消费支出持续快速增长

1992～1998 年，城镇居民人均劳务消费支出迅猛增长。根据《中国统计年鉴》，城乡居民家庭消费支出主要分为八大类别，"食品"支出项中的"食品加工"、"衣着"支出项中的"衣着加工"、"居住"支出项中的"物业管理服务"、"家庭设备用品及服务"支出项中的"家务服务"在统计中没有相关数据，而且这一部分支出相对于总消费支出比重较小，因此，暂且选用医疗保健支出、交通通信支出以及娱乐教育文化服务支出去除文娱用耐用消费品后的部分，三项之和作为城镇居民"劳务消费支出"。1992 年城镇居民劳务消费支出为 182.52 元，1993 年为 274.88 元，1994 年为 399.03 元，1995 年为 515.96 元，1997 年增长至 748.46 元，1998 年高达 835.71 元。1998 年与 1992 年相比，城镇居民劳务消费支出增加 653.19 元，名义增长了 357.87%。同期，城镇居民人均生活消费支出从 1992 年的 1671.73 元，增加至 1998 年的 4331.61 元，名义增长 159.11%。可以看出，这一阶段，城镇居民劳务消费支出增长幅度远远超过人均生活费的增长。

农村居民劳务消费支出也大幅增长。根据《中国统计年鉴》，在农村居民消费支出八大类别中，选用医疗保健支出、交通通信支出和文教娱乐用品及服务支出三项之和作为农村居民"劳务消费支出"。1992 年农村居民人均劳务消费支出 80.15 元，1993 年为 102.96 元，1994 年为 131.20 元，1995 年增长至 178.63 元，1997 年为 264.55 元，1998 年为 288.22 元，1998 年与1992 年相比，农村居民劳务消费支出增长 259.60%。1998 年农村居民人均生活消费支出 1590.33 元，比 1992 年的 659.01 元，增长了 141.32%。数据表明，农村居民人均劳务消费支出的增长速度快于生活消费支出的增长。

2. 居民劳务消费支出占比急剧提高

1992 年 10 月，党的十四大确立了建立社会主义市场经济体制的改革目标，改革力度开始加大。到 1998 年，养老、教育、就业、住房、医疗方面的改革举措纷纷落地，影响居民消费的制度性堡垒基本消除，城镇居民教育、医疗、住房消费由原来的半供给型转向自理型，劳务消费领域大大拓展，劳务消费内容增加，导致城镇居民消费支出占比急速提升。1992 年城镇居民劳务消费支出占生活消费支出比重为 10.92%，1993 年为 13.02%，1994 年为 13.99%，1995 年为 14.59%，1997 年为 17.88%，1998 年为 19.29%，已接近 20%。

农村居民劳务消费支出比重持续快速提升。1992 年农村居民劳务消费支出占生活消费支出比重为 12.16%，1993 年为 13.38%，1994 年为 12.90%，1995 年为 13.63%，1997 年增长至 16.36%，1998 年为 17.75%。这一阶段，平均占比为 14.36%。

总体来看，城乡居民劳务消费从改革开放之初的分别占比 8.15% 和 2.54%，到 1998 年占据相当比例，提升迅速。因此，劳务消费日益成为拉动消费、促进经济增长的新动力。

3. 劳务消费从满足基本生活向追求康乐演进

随着国家经济实力的增强和居民收入水平的提高，居民的消费结构发生了显著变化，生存性劳务即满足居民基本生活需求的劳务在劳务消费中的比重逐渐下降，享受性劳务和发展性劳务在劳务消费中的比重不断上升，尤其是发展性劳务所占比重增长更快。1992～1998 年城镇居民医疗保健、交通通信、教育文化娱乐等康乐消费支出快速增长。城镇居民人均医疗保健支出从 1992 年的 41.51 元增加到 1998 年的 205.16 元，增长 394.24%，在劳务消费支出中的比重从 22.74% 提升至 24.55%，提高 1.81 个百分点；人均交通通信支出从 1992 年的 44.17 元增加到 1998 年的 257.15 元，增长 482.18%，在人均劳务消费支出中的比重从 1992 年的 24.20% 上升至 1998 年的 30.77%，提高 6.57 个百分点；教育文化娱乐服务支出从 1992 年的 96.84 元增加至 1998 年的 373.40 元，增长 285.58%。总体来看，城镇居民医疗保健、交通通信、教育文化娱乐消费等康乐性劳务消费支出的增长，大大快于食品加工、衣着加工、家务服务、水电费等基本生活性服务支出的增长。

4. 以教育文化娱乐为主导的劳务消费格局形成

精神文化是人类文化的本质和核心，是人类劳务消费的最高层次。精神文化消费不仅能促进人的全面发展，而且能促进经济发展和社会文明进步。从劳务消费结构看，1992～1998年，居民教育文化娱乐消费突飞猛进，正在成为新的经济增长点。1992年城镇居民教育文化娱乐消费占劳务消费总支出的比重为53.06%，1993年为49.97%，1994年为45.97%，1997年比重为44.88%，1998年为44.68%，基本占据城镇居民劳务消费总支出的半壁江山。1992年农村居民文教娱乐服务占劳务消费总支出的比重为54.61%，1993年为56.70%，1994年为57.25%，1995年为57.32%，1997年为56.01%，1998年为56.48%，这一阶段平均比重为56.40%。城乡居民劳务消费结构从以服务基本生活需求为主发展到以教育文化娱乐高层次劳务为主，教育文化消费比重逐步提高，体现了居民消费水平和消费质量的不断提升，是改革开放以来中国经济持续高速增长的重要体现。

　　总之，改革开放以来，随着中国经济的高速发展和教育、科学技术的进步，城乡居民劳务消费支出快速增长，劳务消费占生活消费的比重大幅提升，居民消费结构和劳务消费结构得以优化，消费层次逐步攀升。特别是教育与科技越来越多地渗透到消费领域，科学文化、教育以及信息、咨询服务等智力型、发展型劳务消费快速发展，在劳务消费结构中的比重不断提升，彰显了人们物质文明与精神文明的相互促进与共同发展。按照美国著名经济学家丹尼尔·贝尔的后工业化社会理论，从商品经济发展到服务型经济，是工业社会发展到后工业社会的第一个标志，服务消费占据绝对主导地位。在发达国家，早在1979年，美国劳务消费在个人消费支出的比重为40%，日本为36.2%，法国为30.6%，英国为33.2%，① 劳务消费成为国民经济的一个重要组成部分，甚至成为主导产业。中国社会经济的发展也将会是如此。

---

① 尹世杰. 中国"九五"时期消费结构发展趋势研究 [M]. 长沙：湖南人民出版社，1998：226.

第三章

中国居民消费特征研究

居民消费是人们为了满足自身需求，根据其收入状况，取得消费资料并进行使用与消耗的经济活动。从微观角度上看，它是居民作为理性经济人，在一定预算约束下的效用最大化行为。从宏观角度上看，它是社会经济活动中的重要环节，与生产、分配、交换等相互联系、相互作用，其发展既受到居民收入水平、社会保障、消费习惯、消费政策等因素的制约，又受到发展战略、经济体制、产业结构、人口政策等因素的影响，并且与市场化、工业化、城市化、国际化等经济社会动态发展变化息息相关。改革开放以来，中国经济体制进入了计划与市场并存运行的双轨制时期，随着生产力水平的提高和经济的高速增长，居民收入大幅增长，居民消费进入了有史以来的大发展时期，人民群众的生活实现了从战胜贫困、解决温饱到即将步入小康的历史性转变。从国际比较来看，1978～1998年双轨制时期中国居民消费，既有与世界其他国家相似的共性，又有立足中国国情的特色；从新中国居民消费史来看，不同于计划经济时期居民消费的"量的不足"，已进入到需求旺盛、量的扩张阶段，在消费途径、消费内容、消费层次、消费行为等方面都发生了根本性变化，并深深地打上了双轨制的烙印，呈现出显著的阶段性特征。

一、中国居民消费特征的影响因素

居民消费具有自然和社会的双重性质。从消费过程看，它首先表现为消费者与消费对象之间的物质交换，同时它又是在一定社会经济条件下，人与人之间经济关系中的动态过程和行为。人们的消费过程是消费的自然过程和消费的社会过程的统一体。因此，居民消费的发展和变化，受自然的、社会的各种因素的影响和制约。其中，社会生产力发展水平、国家经济体制变革和对外开放等，都是影响居民消费特征的重要因素。

（一）生产力水平对居民消费特征的影响

消费是社会再生产的一个重要环节。对于生产和消费的相互作用，马克思认为，"没有生产，就没有消费"，"消费的性质是由生产的性质决定的"。① 生产力决定生产方式，从而决定生活方式。归根结底，居民消费水平是由社会生产力水平决定的，生产力发展水平是影响居民消费特征的最根本力量。

1. 生产力水平决定获取消费资料的方式

居民对消费资料的取得有三种途径：自然途径（自己提供即自给自足）、商品途径（通过商品—货币关系在市场上购买）、产品途径（通过产品分配获得）。不同的途径，分别对应不同的生产力水平和社会分工水平。最终的途径选择取决于每一途径各自的成本收益的比较。在不同的历史发展阶段，人们通过不同的方式来获取消费资料，于是形成了不同历史阶段的生产关系和消费关系。

2. 生产力水平的提高引致消费内容的变化

随着生产力水平的不断提高，人们逐渐摆脱了物质匮乏的阶段，整个社会的恩格尔系数下降，居民的消费内容从以物质消费品为主转向物质消费品和精神消费品并重，但不否认物质生产在很长的时间内仍然是整个社会生活的基础。居民在物质消费需求得到满足后，更倾向于精神享受，更加注重诸如娱乐、休闲等精神消费品带来的效用，进而对精神消费品的品质要求会不断升级，引导精神消费品的生产供给持续向前发展。

3. 由生产力水平决定的社会消费观念对消费产生影响

生产力水平及其决定的生产关系构成经济基础，经济基础决定了包括法律制度、社会消费意识等在内的上层建筑。各个不同国家或地区经济体系中消费观念、消费方式的形成都是生产力和生产关系构成的经济基础的反映。比如，西方发达国家市场经济体系中的高消费倾向、东南亚国家的高储蓄传统都是各自经济基础的生动反映。社会意识一旦形成，就会对社会存在形成反作用，因而消费又可能受到经济体内消费观念、习惯、价值观等社会意识的影响。改革开放以来，中国生产力水平整体提高，人们的基本物质消费

---

① 马克思恩格斯全集（第46卷上册）［M］. 北京：人民出版社，1972：28，37.

需求已能得到满足，与现阶段生产力水平相适应的、传承于历史的消费观念就会影响居民的消费行为，其影响程度会随着生产力水平的提高而发生变化。[①]

（二）经济体制变革对居民消费特征的影响

经济增长最理想的状态就是资源得到充分利用，社会实现充分就业，生产达到潜在增长率水平。生产要达到潜在增长率，前提是消费要达到潜在增长率，并使生产出来的产品最大限度内得以消费，再生产才能顺利进行。而消费要达到潜在增长率，就必须实现消费均衡，即各类资源能够自由配置，商品能够自由流动，消费者能够自由选择，消费潜力得到充分释放，整个社会处于充分消费的境地，进而实现经济潜在增长水平。[②] 在传统的计划经济体制下，由于实行重生产、轻消费的发展模式，消费成为被忽视的环节，与生产的良性互动关系被割裂，不能有效发挥作用。政府对消费品基本上实行票证式定量配给，消费者主权为计划者所取代，生产供应什么就消费什么，居民消费权被压制，消费居于被动地位。1978～1998年中国经济最显著的特点就是双轨制。对于居民消费来说，表现为消费品的供给由市场机制与配给制共同完成，而且由市场供给的份额逐渐扩大。经济体制变革深刻影响了居民消费，并成为影响居民消费特征的最基本因素。

1. 经济体制变革的资源配置效应改变了居民的消费集约束

经济体制变革，从本质上看，主要表现为一种资源配置方式的改变。市场化改革的过程，就是用资源配置的市场体制来代替计划体制的变迁过程。资源配置方式的改变，改变了居民获取收入的方式和可能的消费品选择集合，从而改变了其消费集约束。例如，在传统的计划经济体制下，城镇居民住房由国家（单位）分配，购买住房没有进入城镇居民的消费选择领域，但随着城镇居民住房体制的改革，这种消费集约束被打破，住房与其他商品一样也逐渐成为居民选择集合的一部分。[③]

2. 市场经济体制的资源配置方式确立了消费者的主权地位

随着市场机制配置资源作用的增强，计划配置的消费资料种类大量减

---

① 胡延平，刘志发. 扩大内需视野的我国居民消费特征 [J]. 改革，2009 (3)：69－76.

② 朱高林. 中华人民共和国居民消费史研究：现状、主线与分期 [J]. 扬州大学学报（人文社会科学版），2021 (3)：12－24.

③ 李振明. 中国经济转型期的制度变迁与居民消费行为研究 [J]. 商业研究，2002 (4)：9－12.

少，商品性市场份额迅速扩大。消费品品种和数量的增加为居民提供了选择空间；多种经营方式并存的市场格局形成，使得城乡居民通过消费品市场实现效用最大化成为可能。① 20 世纪 90 年代中期以后，中国市场结构由卖方市场转向买方市场，市场体系和制度愈加完善，消费者行为的市场化程度显著增强，居民可以依据自己的主观偏好在不同消费品和劳务之间做出选择。消费者选择空间扩大引致消费选择权增强，消费者在市场中逐渐占据主导地位。不仅如此，市场地位的提升，也唤醒了消费者的维权意识，他们在追求商品质量的同时开始注重消费的感受。② 1993 年 10 月，新中国第一个消费者保护法——《中华人民共和国消费者权益保护法》出台，进一步强化了消费者的自我保护意识。

3. 经济体制变革的经济增长效应和收入分配效应弱化了居民的预算约束

市场经济体制对计划经济体制的替代，对经济增长具有正向影响，而经济增长必然使居民收入增加，从而扩大居民可选择的范围，即弱化了城乡居民的预算约束。市场经济体制下以效率为核心的收入分配制度，还使得居民收入趋于差别化，居民收入分配的差异对不同居民的消费预算约束有着不同的影响，从而产生多样化的消费行为。

4. 经济体制变革的市场扩张效应缓解了居民消费的流动性约束

市场化改革过程中，必然伴随着市场的扩张和深化。特别是金融市场化的进程大大缓解了城乡居民的流动性约束。世界各国的经验表明，以消费信贷为核心的消费金融制度的发展缓解了居民流动性约束的制约，对促进居民消费结构升级起到了十分重要的作用。③ 此外，还可以通过制度环境的改变和城乡居民对制度环境变化的理性反应，来重新塑造消费选择行为本身，从而形成双轨制时期独具特色的居民消费特征。

(三) 对外开放对居民消费特征的影响

改革开放以前，由于多种原因，中国实行内向型经济发展模式，国内消费品生产和服务业发展相对滞后，消费品长期短缺、品种单调、质量不高。加之受儒家文化"黜奢崇俭"和"克谨物欲"的道德理念的影响，中国居

---

① 郭其友. 居民消费行为变迁与宏观政策选择 [J]. 厦门大学学报 (哲学社会科学版)，2003 (1)：41-49.

② 唐兵. 新中国成立以来中国消费者行为变迁研究 [M]. 成都：四川大学出版社，2012：72.

③ 李振明. 中国经济转型期的制度变迁与居民消费行为研究 [J]. 商业研究，2002 (4)：9-12.

民一直有着高储蓄的传统，总体消费水平不高。

改革开放后，中国实行对外开放政策，中国国内市场开始融入国际市场，与世界经济的联系逐渐增强，国际市场的供求趋势开始越来越大程度地影响着国内市场的供求趋势。随着对外经济关系的发展，外国消费品涌入国内市场，国际化的消费方式也逐渐渗透到国内，中国消费品市场和居民生活从原来的半封闭状态转向全面开放，生活方式和消费行为日趋追赶国际潮流，居民消费逐渐呈现出国际化的特点。居民消费的国际化，主要源于消费品市场的对外开放：一是关税的降低或取消，刺激了消费品进口规模的不断扩大；二是外商在中国境内直接投资的大幅增加，推动了消费市场商品结构的国际化；三是电视和因特网等信息渠道的开放和人员往来的增多，对国际化消费起到了重要的示范作用。随着对外交往的扩大，每年都有大量的人员出入境，还有数十万赴国外留学人员。他们不仅看到和享受到不同国家、不同民族的消费方式，有的甚至还养成了异国的生活习惯，进而影响了周围的消费者。①

对外开放是一把"双刃剑"，有刺激消费需求、促进经济发展的一面，也有冲击国内市场、国内工业的一面。比如，部分消费者对外国产品和服务（包括进口产品和外资企业在当地生产的产品）产生了特别偏好，将进口消费品视为高品质生活的标准，倾向于购买外国货。② 特别是消费主义的蔓延，对中国消费经济带来了很大的负面影响。消费主义是19世纪中叶以来，伴随近代工业经济的迅猛发展应运而生的畸形的消费形式，它将消费本身作为人生价值与目的，将消费行为符号化、标签化，竭力倡导消费对外在物欲与感官的满足，忽视内在的精神追求。③ 消费主义是工业文明的产物，主要表现为以下几种形式：一是炫耀性消费，此种消费不以消费对象的满足为目的，而视消费为身份象征，注重消费的交换价值，而非使用价值；二是攀比性消费，此种消费主体往往无炫耀性消费主体的经济基础，而仅以追赶时尚潮流或与同质性群体之间相互攀比为特征；三是过度性消费，即消费对象明显超过消费主体需求，存在巨大的"消费剩余"。

二、中国居民消费商品化程度迅速增强

商品化是指原本不属于买卖流通和通过货币实行交换的事物，已经转化

---

① 文启湘，等. 消费经济学 [M]. 西安：西安交通大学出版社，2005：172.

② 杨丹辉. 消费全球化与中国消费品市场对外开放 [J]. 中国软科学，2001（4）：36－40.

③ 曾婕，邱秋. 引领消费文明 促进绿色发展 [J]. 湖北社会科学，2016（6）：37－42.

为可以进行买卖和货币等价交换的过程。消费商品化是指消费对象的商品化，这是市场经济条件下的消费原则，也是商品经济发展的客观要求。强调消费的商品化，并不意味着所有的消费对象都要商品化，在消费资源的配置中要把市场和计划两种方式结合起来考察。随着市场经济体制的逐步建立和买方市场的形成，中国消费体制发生了根本性变化。双轨制时期，中国市场经济的发展使得消费品和劳务供给日益丰富，居民消费需求与市场供给之间的联系愈加密切，传统的计划经济体制下产品经济型和自然经济型的居民消费模式逐步被打破，消费者的自主权和选择权增强，居民消费领域不断扩大，居民消费行为市场化倾向显著增强。

（一）农村居民商品性消费成为主体

改革开放前，由于城乡二元经济结构，居民消费形成了相对独立、差别较大的农村居民与城镇居民两大群体。农业生产力较为落后，农村居民实物性收入偏高，几乎达到总收入的70%，导致农村居民具有相当程度的自给自足性消费，商品化程度较低。农村居民较少享受到来自国家在医疗、教育、住房等方面的社会保障福利，自救能力相对脆弱。

1978 年，改革开放启动，农村实行家庭联产承包制。农村居民收入快速增长，消费品购买量迅速提高，农村居民不再满足于自产自用、自给自足的生活状态，生活消费向商品性消费转变。1978 年农村居民家庭平均每人生活消费支出中，商品性消费支出为 44.84 元，占生活消费支出的39.71%；自给性消费支出为 68.06 元，占生活消费支出的60.29%。[①] 这表明改革开放之初，农村经济仍处于半自给的自然经济状态。农村居民的生活消费基本上以自给性消费为主，市场化消费程度较低，在消费上对市场的参与力、依赖性和选择力都很小。随着农村生产力的发展、市场化改革的推进和农村居民收入的提高，农村居民生活消费中商品性消费支出数量迅速提高，所占比重不断上升，自给性消费迅速下降，其市场参与力、依赖性和选择力不断增强。1985 年，在农村居民家庭中平均每人商品性消费支出为185.62 元，占生活消费支出的比重为 60.20%；自给性消费支出为122.73元，占生活消费支出的比重为 39.80%。1998 年，在农村居民家庭中平均每人商品性消费支出为 1128.16 元，所占比重为 70.94%；自给性消费支出为

① 徐明焕. 居民消费对宏观经济的效应浅析 [J]. 江西社会科学，2003 (5)：6－8.

462.17 元，比重仅为 29.06%。[①] 上述数据表明，随着改革的不断深化，商品性消费在农村居民消费中的比重不断增大，从 20 世纪 80 年代中期开始占据主体地位，即农村居民消费从自给性消费为主转向商品性消费为主。虽然自给性消费仍占据一定比例，但其比重迅速下降，农村居民生活消费与市场的联系日益紧密，对市场的依赖逐渐增强。

从消费商品化具体进程看，改革开放前农村居民消费商品化、市场化程度较低。改革开放初期，农村居民消费商品化发展速度较快，商品化比重从 1978 年的 39.71% 增加到 1985 年的 60.20%，提高了 20.49 个百分点，平均每年消费商品化比重提高 2.90 个百分点。此后，随着经济体制改革的全面展开，由于触及旧体制的深层本质（这是产生消费非商品化的关键），虽然农村居民消费商品化、市场化绝对量仍保持较大增长，但发展速度明显下降。[②] 1985～1998 年农村居民消费商品化比重仅提高 10.74 个百分点，远低于改革开放初期的发展速度，农村居民消费商品化发展呈减速趋势。

在农村居民消费商品化结构中，食品消费是温饱阶段消费的核心，食品消费自然成为货币性消费的主体，但与衣着、居住消费相比，食品消费商品化程度最低。1978 年食品商品性消费在食品消费支出的比重仅为 24.06%，1998 年上升到 50.48%，提高 26.42 个百分点；衣着消费商品化程度较高，持续稳定于 89.00%～98.96%；居住消费商品化程度处于衣着和食品消费之间，商品化消费比重从 1978 年的 51.30% 提高至 1998 年的 83.19%，比重上升了 31.89 个百分点，商品化、市场化速度最快。食品、衣着、住房商品化消费比重和发展速度差异是由三者消费资料来源特点和改革开放后农业、轻工业、建筑业等发展状况决定的。

（二）城镇居民福利性消费逐步减少

新中国成立后，为了实现对发达国家的经济赶超，中国选择了重工业优先发展的战略。在资源禀赋不利于重工业发展的情况下，为了保证国有工业部门的利润率和积累率，国家采取了低工资制度等压低生产要素投入成本的方法。作为补偿，国家为城镇居民提供了几乎是从摇篮到坟墓的福利补偿，如就业保障、公费医疗、免费住房、义务教育和退休养老制度等。这样，城

---

① 本书对来源于《中国统计年鉴》或根据《中国统计年鉴》计算出来的数据，不作注释。

② 徐明焕. 居民消费对宏观经济的效应浅析 [J]. 江西社会科学，2003（5）：6－8.

镇居民形成了货币工资＋实物福利＋基本消费品低价配给"三位一体"的个人收入分配模式。从消费角度看，城镇居民消费中具有很强的产品经济成分，形成了福利型消费体制，突出特点是消费资料非商品化，消费行为非市场化。城镇职工消费不是直接通过市场交换实现的，而是由行政计划配置的，消费的商品化、社会化程度很低。

经济体制改革的过程也是传统消费体制逐步解体、新的消费体制建立的过程。1978～1984年，城镇居民的体制性约束基本未变，消费方式和消费行为基本上保持着传统计划体制下的特征。1984年10月，党的十二届三中全会以后，经济体制改革全面展开。国家改革价格体制，放开了大部分农产品和消费品的价格，转由市场定价，消费品市场逐步形成，但重要消费品如关系国计民生的基本必需品粮、油、棉等和公用产品的配给制以及传统福利制度在城镇依然如故。到20世纪80年代末，经济体制中的深层次矛盾显露出来，出于治理整顿的需要，国家对一些重要生活消费品和公用产品的价格重新冻结，消费品的市场化、商品化出现波折。1992年10月，党的十四大明确提出建立社会主义市场经济体制的改革目标，要充分发挥市场在资源配置中的基础作用，这从根本上奠定了居民消费方式和消费行为的制度基础。至此，传统的福利型消费模式开始解体，产品消费在城镇居民消费中的比重逐步减少，消费资料的市场化、商品化程度进一步增强。到1997年前后，更多的消费品进入了市场，买方市场开始出现，城镇居民消费从"供给制"为特征转向"自理型"为特征。

从城镇居民消费支出的类别来看，改革开放以来，在吃、穿、用三个领域，引进市场机制的成效比较明显，消费品实现了商品化，促进了生产的发展、市场的繁荣和人民生活的提高。然而，在住、行、医以及文化教育等方面，市场机制的作用则明显不足，消费品未完全纳入个人商品消费领域，居民消费福利型、供给性特征依然突出。1998年，城镇居民人均消费性支出为4331.61元，人均食品、衣着、家庭设备用品及服务三项消费支出为2764.58元，吃、穿、用三项消费支出占生活消费总支出的63.8%，成为居民消费支出的主体。城镇居民实际消费价值大的住、行、文化消费支出分别为408.39元、257.15元和499.39元，所占比重仅为9.43%、5.94%和11.53%。随着城镇居民消费水平从温饱迈向小康，按照消费结构升级的一般规律，消费热点应从满足吃、穿、用需求向满足住、行需求转变，住和行的消费需求不断扩大是一个必然的趋势。在发达国家的居民消费结构中，吃穿用、住房、汽车和旅游的消费支出大体各占1/4，而且随着消费水平和不动产价格的提高，用于住房和旅游的支出比重呈上升趋势。[①] 国外城市居民住房消费支出比重一般为 10%～15%，发达国家占到 20%～25%。相比之下，中国城镇居民住、行消费比重严重偏低。在居民消费支出结构中，农村居民消费比重高于城镇居民的唯一类别是居住方面。1998 年，城镇居民住房消费支出比重为 9.43%，农村居民为 15.07%。而城乡居民的收入差距为 2.5∶1，按照一般规律，城镇居民的消费结构中，用于居住的消费应当高于农村居民。其问题的症结在于农村居民的住房是个人消费品，没有享受国家补贴。通过比较可以看出，虽然城镇居民消费品市场化程度有了很大提高，但是由于住、行方面的消费体制改革滞后，与居民生活相关的福利补贴仍然占相当比例，因此城镇居民消费的商品化程度不高，福利型消费方式仍未打破，致使城镇居民这些方面的消费需求仍处于被压抑的状态，从而围绕住、行的相关产业也不能得到正常的发展。

随着市场化改革的全面推进，城镇居民"自理型"消费领域逐步拓展，商品化程度不断增强，福利性成分逐渐减少。住房是城镇居民福利消费的重要内容。随着改革的深化，城镇居民居住消费经历了由房租较低、所占比重微小，到缓慢增长甚至停滞不前、比重反而下降，再到居住消费快速增长、比重不断提升的变化过程。1982 年城镇居民家庭平均每人年支付房租 7.08 元，占生活费支出比重的 1.50%；1985 年平均每人支付房租不升反降，为 6.48 元，所占比重仅为 0.96%；1991 年人均年支付房租 10.66 元，比重为 0.73%；到 1998 年城镇居民人均居住消费支出增加至 408.39 元，比重提高为 9.43%。1998 年下半年，政府停止住房实物分配，住房补贴由暗补改为明补，逐步实行住房商品化、货币化。

城镇居民医疗、交通、文化教育等服务性消费情况也是如此。在传统的计划经济体制下，劳务不被看作商品，把劳务消费作为一种"福利"，采取非市场化的分配方式，由政府"包"和"统"，居民免费或低价消费。双轨制时期，城市居民劳务消费由福利半福利型逐步向"自理型"转变，劳务消费市场化程度不断增强。1982 年城镇居民人均年劳务消费支出为 38.88 元，占生活费的比重为 8.25%；1985 年人均年劳务消费支出为 51.72 元，所占比重稍有下降，为 7.68%；1991 年人均年劳务消费支出为 158.96 元，所占比重为 10.93%；1998 年城镇居民人均劳务消费支出增加至 835.71 元，所占比重提高至 19.29%。可以看出，城镇居民劳务消费支出在经历了比较

---

① 郑新立. 制约消费增长的原因及对策 [J]. 宏观经济管理，1999 (6)：4－7.

长期的缓慢增长甚至几乎没有变化的过程后，到 20 世纪 90 年代中后期市场化程度开始迅速提高。

综上分析，由于中国实行的是渐进式改革，双轨制时期自然经济和产品经济仍然占有一定地位。随着改革开放的推进，商品经济地位不断上升，自然经济在农村居民生活中的地位不断下降，但实物配给制对城镇居民生活的影响依然存在。因此，城乡居民在"自然经济 + 商品经济 + 产品经济"三重状态下生活，城镇居民依然享受着计划经济体制下最后的福利，在消费途径上实行商品经济下的市场交换和产品经济下的实物配给并行的两种渠道；农村居民商品性消费不断提高，自给性消费迅速下降，在消费途径上实行商品经济下的市场交换和自然经济下的自给自足并行的两种渠道。这构成了双轨制时期中国居民特有的消费现象。

毋庸置疑，双轨制时期居民消费商品化程度迅速增强，与中国商品市场（特别是消费资料市场）的快速发展与繁荣是分不开的。然而，由于中国市场经济发展不成熟、商家法治意识淡薄、消费者辨识度低、执法部门监督不到位等原因，致使消费品市场假冒伪劣商品泛滥。主要表现在：一是商品品种从一般的物质消费品扩大到物质消费品和精神消费品的各领域，从实体产品市场发展到各种服务市场。20 世纪 80 年代，假冒伪劣商品出现在日常生活用品和一些简单的耐用消费品之中，如香烟、白酒、副食品、小型电器等。到 90 年代，假冒伪劣商品几乎蔓延到商品生产的各个领域。二是假冒伪劣商品的生产经营主体不断扩大，甚至出现了造假村、造假乡镇等。三是生产手段从小作坊式生产发展为借助新兴科学技术进行大规模生产。如盗版光盘在一些地方占据了较大市场份额，而光盘的生产没有现代化的技术是不可能实现的。[①] 假冒伪劣商品的泛滥，一是扰乱了市场经济秩序，出现"劣币驱逐良币"的现象，影响消费品市场的正常发育。消费者丧失了购买国内产品的信心，从而转向购买国外进口产品，造成国内庞大的消费需求不能转化为对国内产业结构升级换代的现实动力。[②] 二是造成了国家税收的损失。据测算，90 年代后期中国假冒伪劣商品的年均产值在 1300 亿元左右，国家因此年均损失的税收多达 250 亿元。[③] 三是容易滋生干部队伍的腐败。假冒伪劣商品可以赚取高额利润，其生产者和经营者就会根据寻租原理，通

---

①② 曾坤生，易红玲. 论我国消费市场假冒伪劣商品的问题与治理 [J]. 消费经济，1999（4）：56 – 58.

③ 夏兴园，萧文海. 论我国经济转型期假冒伪劣的生成机制及其治理 [J]. 中南财经政法大学学报，2003（4）：23 – 27，143.

过寻租方法找到保护伞，一些干部在蝇头小利面前忘却初心、丧失意志，打着保护和发展地方经济的旗号，堕落成假冒伪劣商品制售者的保护人。

三、中国居民消费以物质性消费为主导

根据人们消费的对象及其特征，消费可以分为物质性消费和精神性消费两大类。物质性消费是指人们对衣、食、用、住、行等方面的消费品及服务的消费，是人们生活消费的主要形式和内容，是消费支出的主要方面。精神性消费是指人们对文化、教育、医疗等无形商品的消费，是在物质性消费的基础上产生和发展的。物质性消费用来满足消费者的物质需求，而精神性消费用来满足消费者的精神需求。按照人类需求的发展规律，一般是在满足了低级需求的基础上，才能满足高一级的需求。这样，物质性消费和精神性消费发展顺序为，首先是物质性消费，其次是精神性消费，物质性消费基本属于生存型需求，精神性消费更多地表现为发展型需求和享受型需求。物质性消费部分和精神性消费部分的比例，会随着社会生产力发展水平和消费水平的变化而变化。

物质消费需求是人的其他一切需求的基础，人们为了生活，首先就需要衣、食、住、用、行等基本生活资料。人们在满足基本的物质消费需求后，会不断增加对精神消费品需求的比重。有研究表明，按照世界各国消费发展的规律，以消费内容的转移为标志，居民消费一般经历三个阶段，即以吃、穿消费为主的低级阶段；以用品和住房消费为主的中级阶段；以精神消费为主的高级阶段。前两个阶段以吃、穿、住、用为中心，以物质性消费为主导，高级阶段则以精神性消费为主导。这是消费结构升级的一般规律，是由社会生产力发展的水平决定的，不以社会制度为转移。生产力发展水平先进的国家，消费结构相适应地处于先进的发展阶段上；同一国家的消费结构会随着社会经济的发展和消费水平的提高，由低向高逐步递进升级。1998年，中国居民恩格尔系数为48.0%，其中城镇居民恩格尔系数为44.2%，已基本达到小康，但占据人口绝大多数的农村居民恩格尔系数为53.2%，生活仍然处于温饱水平。1978～1998年双轨制时期，中国城乡居民总体上仍处于温饱巩固阶段，生活处于较低水平，物质性消费占据了居民生活消费支出的主要部分。

在农村居民家庭人均生活消费支出中，生活消费品支出代表农村居民物质性消费支出。1978～1984年，农村居民家庭生活消费品支出迅速增加，

1978 年为 112.90 元，1984 年增长至 267.27 元，占生活消费支出的比重分别为97.28%、97.62%，所占比重极大。这一阶段，农村居民人均生活消费品支出增长了 136.73%，人均生活消费支出增长了 135.91%，表明农村居民物质性消费支出的增长大于生活消费支出的增长。1985～1991 年，农村居民生活消费品支出大幅度提高，1985 年为 308.35 元，1991 年增长至571.17 元，所占比重分别为97.14%、92.16%。物质性消费支出所占比重有所降低，但仍保持高位。这一阶段，人均生活消费品支出增长了85.23%，生活消费支出增长了 95.25%，物质性消费支出增长落后于生活消费支出的增长。1992～1998 年，农村居民生活消费品支出持续提高。选用食品、衣着、居住、家庭设备用品及服务和交通通信五部分支出之和作为物质性消费支出，1992 年农村居民人均物质性消费支出为 585.58 元，1998年增长至 1329.92 元。物质性消费所占比重持续降低，所占比重分别为88.86%、83.63%，占比仍然较高。这一阶段，从农村居民消费结构变化情况看，总消费中物质性消费所占比重逐步减少，精神性消费所占的比重相应提高。然而，从整个双轨制时期来看，物质性消费占据农村居民生活消费支出的绝大多数比例，特别是改革开放初期所占比重极大。

从农村居民物质性消费内部组成看，恩格尔系数居高不下。1985 年农村居民吃、穿两项支出所占比重高达 67.51%，1998 年两项支出仍然占到59.59%，突出表现了温饱阶段农村居民消费以吃、穿为重心的典型特征。在解决了吃饭、穿衣基本问题之后，食品、衣着消费支出持续增加，虽然其比重有所下降，但仍占据消费内容的主要地位，消费目标由吃饱转向吃好、穿暖转向讲究档次，消费需求尚未得到很好满足。住房成为农村居民的第二大消费项目，但用品消费档次明显较低，1985 年住、行两项支出所占比重为 19.97%，1998 年有些回落，仅占 18.88%，大大低于吃、穿两项支出比重。虽然随着农村经济的快速发展，农村居民消费水平有了很大改善，但农村居民消费仍具有较高程度的物质性，精神性消费发展缓慢，总体处于消费的低级阶段。

从城镇居民家庭消费结构变化情况看，随着城镇居民生活从温饱跨入小康阶段，越来越多的居民追求精神消费和服务消费，关注生活质量，但是消费观念的改变和消费水平的提升是一个缓慢发展的过程，城镇居民家庭支出的主要投向仍然集中在物质消费方面。在城镇居民家庭人均生活支出中，购买商品支出即为物质性消费支出，非商品支出代表服务消费。1981～1984年，城镇居民购买商品支出大幅提升。1981 年城镇居民人均年购买商品支出为 420.36 元，1984 年增长至 514.32 元，占生活费支出的比重分别为 92.01%、91.93%。这一阶段，城镇居民人均年购买商品支出增长 22.35%，人均生活费支出增长 22.46%，表明城镇居民物质性消费增长与生活费支出的增长几乎同步。1985～1991 年，城镇居民物质性消费继续快速扩张，1985 年城镇居民人均购买商品支出为 621.48 元，1991 年增长到 1294.85 元，城镇居民物质性消费占生活费支出的比重分别为 92.32%、89.07%，相比上一阶段略有下降。这一阶段，城镇居民人均物质性消费增长 108.35%，人均生活费支出增长 115.96%。1992～1998 年，城镇居民物质性消费持续攀升。选取城镇居民食品、衣着、家庭设备用品及服务、居住和交通通信五项支出之和作为物质性消费支出，1992 年城镇居民人均物质性消费支出为 1403.59 元，1998 年增长至 3430.12 元，城镇居民物质性消费在生活消费性支出中所占比重分别为 83.95%、79.19%。这一阶段，城镇居民物质性消费支出增长了 144.38%，人均生活消费性支出增长了 159.07%，物质性消费支出的增长略低于生活消费支出的增长。从整个双轨制时期来看，随着城镇居民生活消费水平的提高，虽然物质性消费所占比重逐年减少，精神性消费所占比重逐步提高，但物质性消费仍然是城镇居民消费的主要内容。

从城镇居民吃、穿、住、用、行等物质性消费内部结构来看，1985 年城镇居民恩格尔系数为 53.3%，1994 年降至 49.9%，1998 年下降至 44.2%，大大低于农村居民恩格尔系数。1985 年吃、穿两项支出占生活费支出比重为 66.81%，1992 年两项支出比重为 66.93%，1998 年下降为 55.59%，仍然占城镇居民消费的一半还多，这表明居民消费基本上仍然以解决温饱问题为重点，收入大部分消耗在吃、穿两个方面，吃、穿档次逐年提高，在饮食方面讲究营养和风味，衣着方面讲究名牌和个性，消费水平显著提高。由于城镇居民一直在福利型保障制度下生活，随着改革的逐步深化，人们在住房、医疗、教育等方面由无偿型开始向自理型转化，支出有所增长，但由于这几方面改革进展缓慢，并未完全实行市场化，城镇居民仍然享受着相当程度的补贴。住、行两项支出及其比重逐步提高，但所占比重不大。其中住房支出比重较小，1985 年城镇居民住房支出为 6.48 元，占生活费支出比重仅为 0.96%；1992 年居住支出为 99.68 元，占生活消费性支出比重为 5.96%；1998 年城镇居民居住支出为 408.39 元，占生活消费性支出比重为 9.43%，仍低于 10%。城镇居民住房支出较低，所占比重小是城镇居民福利型消费特点的突出表现。1985 年城镇居民交通通信支出为 7.32

元，占生活费支出比重的 1.09%；1992 年交通通信支出为 44.17 元，所占比重为 2.64%；1998 年城镇居民交通通信支出为 257.15 元，所占比重为 5.94%。城镇居民的交通通信消费也存在国家给予补贴、个人自理程度低的状况，因此，城镇居民交通通信支出上升缓慢，所占比重较低。总体来看，双轨制时期，中国经济尚处于工业化建设推进阶段，第三产业刚刚兴起，城镇居民生活以满足基本生活需要为中心，物质性消费是主要消费内容且占据较大比例，而精神性消费还未提上日程，且所占比例较小。

四、中国居民消费逐步向高层次迈进

1978 ~ 1998 年双轨制时期，中国居民恩格尔系数从 63.9% 迅速下降到 48.0%。在消费结构上，居民消费从计划经济时期的雷同化、固态化的低水平起步，经历了贫困型到温饱型再到向小康型的历史性变化，逐步向高层次迈进。

（一）农村居民消费结构明显改善

改革开放之初，中国农村居民消费结构单一，层次较低，吃和穿的消费占据生活消费的很大比重。1978 年，农村居民恩格尔系数为 67.7%，处于绝对贫困水平。随着农村居民收入水平和消费水平不断提高，生活水平发生了根本性变化：一是人均纯收入由 1978 年的 133.57 元增加到 1998 年的 2161.98 元，增长了 15.19 倍；二是人均生活费支出同期由 116.06 元增加到 1590.33 元，增长了 12.70 倍；三是农村居民恩格尔系数下降至 1998 年的 53.2%，下降了 14.5 个百分点；四是农村居民的各类生活消费品数量迅速增加，质量普遍提高，消费层次明显提升。

1. 食品支出比重下降，膳食结构日益改善

随着农村居民人均纯收入迅速提高，农村居民各类食物消费数量全面增长，温饱问题逐步得到解决。1985 年之前，农村居民消费以吃饱为主要目标，食品消费支出占生活消费总支出的比重较大。从 1985 年起，农村居民食品消费在吃饱的基础上向吃好方向转化。食品消费支出由 1985 年的 183.43 元提高到 1998 年的 849.64 元，增长 3.63 倍，但食品消费支出占生活消费支出的比重由 1985 年的 57.78% 下降至 1998 年的 53.43%，下降了 4.35 个百分点。农村居民食品消费由数量扩张转向结构优化，呈现多样化、营养化、高档化趋势。在食品消费内部构成中，主食消费比重由 1978 年的

65.31%下降到1998年的35.72%，副食和其他消费所占比重由34.69%上升到64.28%，主、副食比重发生了逆转性变化。从实物消费来看，粮食消费量相对稳定，肉、禽、蛋、水产等副食消费量显著增加。农村居民每日必需的热量和蛋白质摄入量不断增加，其主要来源构成由植物性食品向动物性食品转化。膳食结构的改善，促进了农村居民身体素质的提高。[1]

2. 衣着消费日趋成衣化和高档化

农村居民衣着消费支出大幅增加，1998年农村居民人均衣着消费支出达98.06元，较1978年增长5.65倍。衣着消费逐步向成衣化、高档化方向发展，人均面料消费量由1985年的5.25米下降到1995年的1.93米，而成衣购买量由1990年的人均0.69件上升到1995年的1.01件。人们对衣着的追求，从单纯的保暖、实用转为讲究款式、花色和各种衣着的搭配，衣着质量向中高档迈进。

3. 家庭设备用品及服务需求扩张，档次提高

农村居民人均家庭设备用品及服务支出由1978年的7.62元增加到1998年的81.92元，增长了9.75倍。农村居民家庭耐用消费品经历了从"四大件"到"中档新三件"再到"新三大件"三次大的消费热潮的更迭，在数量急剧扩张的同时追求用品质量的提升，农村居民家庭设备用品消费从生存型向享受型转变，家庭设备用品从起初的简单少量发展到种类丰富、范围广泛、具有现代化特点，用品面貌发生了翻天覆地的变化。1998年每百户农村居民家庭彩色电视机拥有量为32.59台，较1980年的0.39台增长了82.56倍；洗衣机为22.81台，较1985年的1.9台增长了11.0倍；沙发为82.53个，较1985年的13.07个增长了5.31倍。随着农村居民收入水平的提高和供电供水网络等基础设施的改善，家庭设备用品的需求量将会进一步增加。

4. 居住支出增加，住房质量提高

居住支出较大是双轨制时期农村居民消费结构的一个显著特征。在温饱需求基本得到满足以后，农村居民首先要改善居住条件。因此，在住房建设上，居住支出增加，住房面积扩大，建房质量提高。人均居住支出由1978年的11.95元增加到1998年的239.62元，增长19.05倍；同期人均住房面积由8.1平方米增加到23.7平方米，增长了1.93倍。在住房结构中，砖瓦

---

① 马成文，司金銮. 中国农村居民消费结构研究［J］. 中国农村经济，1997（11）：61－64.

和钢筋混凝土结构住房面积占住房面积的比重由 1985 年的 52.93% 上升至 1998 年的 75.41%，提高 22.48 个百分点。20 世纪 80 年代中期兴起了建房热，90 年代住房建设重点由扩大面积向改善住房质量转变，追求内部装饰成为时尚，部分富裕农户住房向庭院式、楼房式发展。①

5. 精神文化生活日益丰富

农村居民文教娱乐用品及服务支出急剧增加。1998 年农村居民用于文教娱乐用品及服务方面的人均支出为 159.41 元，较 1985 年增长了 11.80 倍，增幅位于各类消费品之首。各种文娱耐用消费品迅速普及，1998 年每百户农村居民家庭电视机拥有量为 96.16 台，比 1985 年增加 84.42 台，增长 7.19 倍；收录机拥有量为 32.36 台，比 1985 年增加 28.03 台，增长 6.47 倍。

总之，1978～1998 年双轨制时期，农村居民的消费结构发生了深刻变化，消费层次明显提升。一是农村居民消费结构整体从贫困型向温饱型过渡，进而向更高级阶段迈进。1978 年农村居民恩格尔系数高达 67.7%，1983 年下降到 59.4%，成功突破温饱水平的临界值 60.0%，进入温饱阶段。到 1998 年进一步下降至 53.2%，逐渐向小康水平的临界值 50.0% 靠近，农村居民生活由温饱进入温饱有余水平。二是物质性消费趋于稳定，服务性消费快速上升。经过 80 年代消费的全面增长之后，进入 90 年代农村居民的住房支出增长速度放慢，衣着和用品支出比重逐步稳定，传统的耐用消费品基本普及。这表明农村居民对吃、穿、住等基本生存资料的消费需求已达到阶段性饱和，以精神文化生活为特征的服务性消费比例稳步增长。农村居民消费基本脱离了生存型消费结构，正在向"舒适型"消费结构转化。三是农村居民消费从单纯追求数量扩张转向数量与质量并重。进入 90 年代，农村居民的食品结构发生了质的变化，粮食、蔬菜等一般食品的消费量大幅度下降，但营养丰富的肉禽蛋类、水产类食品的消费量大幅度提高；人均住房面积的增长速度变慢，但新建房屋中砖木结构、钢筋混凝土结构住房比重大幅上升；用品消费中彩色电视机、电冰箱、洗衣机等新兴耐用品的普及率逐步上升，医疗保健、交通通信、文教娱乐用品支出成倍增长。这表明农村居民对生活资料的消费需求由追求数量扩张逐渐转到注重质量提高上来，标志着农村居民的整体生活水平进入了温饱有余阶段。②

① 马成文，司金銮. 中国农村居民消费结构研究 [J]. 中国农村经济，1997 (11)：61-64.

② 赵卫亚. 中国农村居民消费结构的变迁 [J]. 中国农村经济，1999 (9)：13-17.

（二）城镇居民消费层次快速递升

改革开放以来，中国城镇居民的消费水平显著提高，消费结构发生了巨大变化。

1. 食物支出比重平稳下降，膳食结构更加科学合理

城镇居民食物支出在生活消费支出中所占比重由 1978 年的 57.51% 一路下降至 1998 年的 44.48%，下降了 13.03 个百分点。在食品消费中，粮食消费支出在生活消费支出中所占比重下降很快，由 1981 年的 12.57% 下降至 1998 年的 5.24%；副食支出在生活消费支出中的比重经历了上升又下降的变化过程；干鲜果品、奶制品、糕点等其他食品消费迅猛增长，食品消费结构由副食型向其他食品型转化。从主、副食消费的内部结构看，粗粮及粗粮制品重获青睐，消费需求扩大。副食品内部结构变化较为明显，高蛋白低脂肪的水产品消费上升幅度最为突出，1998 年所占比重为 3.29%。随着健康饮食观念的普及，人们"喜瘦厌肥"，消费热点转向水产品。肉类消费中，猪肉在肉食品中的主导地位发生了动摇，人们偏向更加健康的禽类以及牛羊肉，肉食结构由单一转向多样性。酒、饮料、奶制品的消费量明显增加，水果成为日常生活中必不可少的食品。同时，城镇居民食品消费观念发生了根本性变化，绿色消费、保健食品、便捷食品、原生态消费成为时尚，饮食结构调整趋向营养型、科学型。

2. 衣着消费比重下降较快，成衣消费比重上升

城镇居民在衣着方面的支出逐步增加，但衣着消费所占比重在稳定了一段时间后，有所下降。衣着消费在消费序列中，由 1981 年的第二位下降至 1998 年的第三位，说明城镇居民以满足"吃、穿"为主的消费需求阶段基本结束。从衣着消费结构看，成衣消费比重上升，形成了以成衣消费为主的消费格局。

3. 耐用消费品更新换代快，家用电器消费档次迅速提高

双轨制时期，城镇居民在解决了吃、穿方面的基本需求后，便把家庭开支重点投向了耐用品市场，掀起了从"中档新三件"到"新三大件"，再到"现代新三件"的消费热潮。1998 年，城镇居民耐用品消费支出所占用品消费支出的比重达 56.41%。城镇居民耐用消费品更新换代速度快，一是源于人们消费需求层次的提高、居住条件的改善，需要购置与之相匹配的更好的家用电器；二是新式家电价格低、功能全，于是一些新型电

器不断涌入城镇居民家庭。

4. 居住消费比重上升，住房条件不断改善

这与城镇住房制度改革紧密相关。1998 年城镇居民人均住房支出为172. 96 元，较 1981 年增长了 26. 19 倍，居住消费在居民消费支出排序中从1981 年的第六位提升至 1998 年的第四位，居住状况有了较大改观。城镇居民居住的面积扩大了，用于室内装饰的支出也大幅增加。

5. 交通通信支出增长较快，医疗保健消费明显增加

交通通信工具的现代化促使交通通信的消费支出迅速增加。1981 年城镇居民人均年交通通信支出仅为 0. 55 元，占生活消费支出比重为 1. 45% ；1998 年交通通信支出增加到 257. 15 元，比重上升至 5. 94%。随着人们医疗保健意识的逐渐增强和城镇医疗保险制度的改革探索，城镇居民个人医疗消费支出增加，支出所占比重提高。城镇居民医疗保健消费支出由 1981 年的人均支出 5. 52 元增加到 1998 年的 205. 16 元，增长了 36. 16 倍。

总之，1978 ~ 1998 年双轨制时期，城镇居民的消费结构发生了重大变化，消费层次显著提升。一是城镇居民消费从温饱型成功迈入小康型。1978年城镇居民恩格尔系数为 57. 5%，居民生活刚刚脱离贫困，居于典型的温饱水平。1994 年城镇居民恩格尔系数达到 50% 的小康水平线，降至49. 9%，城镇居民消费结构发生了历史性变化。相比国家战略部署，城镇居民生活提前跨入小康阶段。二是城镇居民消费从数量扩张型向集约型转化。80 年代，城镇居民消费结构中食品和衣着支出占据绝大比重（接近 3/4），消费注重数量上的增加，居民对肉禽蛋、鲜菜等副食品的消费量大幅增长，衣着消费支出增长更快。城镇居民消费表现出以生存资料数量扩张为主的"粗放型"特点。进入 90 年代，城镇居民消费开始具有"集约型"特征。居民吃穿类支出比重下降，基本稳定在一个固定水平；家庭新兴耐用消费品普及率迅速提高，电冰箱、彩色电视机等高档家用电器消费支出增长较快，人们更加关注耐用消费品的质量、功能、品牌。三是城镇居民消费从物质性消费为主导向服务性消费为主导转化。90 年代以来，居民消费结构中生活必需品支出比重稳步下降，服务性消费支出比重呈全面上升趋势。1998 年相比 1991 年，吃、穿、用所占比重分别下降了 9. 34 个百分点、2. 63 个百分点、6. 98 个百分点；医疗保健、交通通信、娱乐文教等服务性消费支出的比例，由 1991 年的 5. 07% 上升到 1998 年的 19. 29%，提高 14. 22 个百分点。城镇居民的消费序列顺序历来是吃、穿、用在前，但从 1992 年开始，

娱乐文教类支出超过用品类支出，仅次于食品、穿着类支出而位列第三。这些变化表明，城镇居民消费正在逐步向发展型和享受型升级、过渡。

　　毋庸置疑，双轨制时期在城乡居民消费结构提档升级的同时，城镇居民内部和农村居民内部还存在着消费结构雷同化的现象。突出表现在耐用消费品的消费方面：一是低档耐用消费品在高、低收入户之间没有多大差别。以1988年不同收入等级城镇居民主要消费品拥有情况为例，在最低收入户中，黑白电视机的普及率达66.07%、自行车达154.54%、电风扇达85.25%、缝纫机达67.76%，这与最高收入户的同类比重差别甚微。二是高档耐用消费品在高收入户与低收入户之间的差别也比较小。仍以1988年城镇居民主要消费品拥有情况为例，如高收入户彩色电视机普及率达57.30%，低收入户为30.18%；高收入户电冰箱普及率为38.30%，低收入户为18.33%；高收入户洗衣机普及率为79.93%，低收入户为65.10%；高收入户立体声收录机普及率39.86%，低收入户为27.82%。人们同步购买、同步消费所形成的耐用品消费的雷同化，给市场带来了很大压力，也是造成80年代抢购风潮愈演愈烈的因素之一。[①] 从消费需求的经济效应来看，这种消费结构的雷同化，虽然体现了居民消费的热点和巨大的经济增长点，为经济高速增长提供动力，但是在激发出巨大的消费需求的同时，也给需求空间的进一步扩大形成结构性障碍。

五、中国居民消费自主选择权逐渐增强

　　消费者行为是一个具有多角度规定性的范畴，从现代主流经济学的角度看，消费者行为是微观经济学意义上的效用最大化行为和宏观经济学意义上的消费储蓄决策行为的统一。消费者行为分为两个层次：在第一个层次，消费者所做的是将可支配收入以多大比例用于消费的决策；第二个层次则是消费者在决定用于消费的收入约束下，对购买和消费何种消费品（包括服务）以及各种消费之间保持怎样的比例关系的决策问题。

　　改革开放前，在短缺经济条件下，城乡居民收入较低，面对一个维持基本生活、凭票供应的消费品市场，不仅没有多少东西可以选择，也没有多少收入可用于购物，但可以保持日常的基本，储蓄较少，以备万一急需。居民的消费行为表现为超稳定的、少变化的购物方式，生活单调，消费整齐划

---

　　① 朱高林．中国城镇居民耐用品消费的变化趋势［J］．云南社会科学，2010（5）：111－115.

一。改革开放后，在双轨制经济条件下城乡居民的消费行为发生了重大改变，主要表现在：一是消费者主权地位逐渐确立，消费自主选择权增强。随着消费品数量与品种的不断增多，消费品供给约束基本消除，"三多一少"商品流通格局逐渐形成，消费品价格基本实现了市场化，消费者可以依据自己的主观偏好在不同消费品和劳务之间做出选择，不仅商品选择空间扩大，而且选择自由度也大大增强。这样，消费者对消费品的选择，由计划经济体制下的被动选择逐步转化为市场经济体制下的自主选择，消费者在市场中逐步占据了主导地位，市场经济行为特征成为主流。二是消费者消费时间偏好由即期型消费逐渐向跨期型消费转变。随着居民收入的增加和金融市场的发展，越来越多的居民将消费后剩余的钱用于储蓄，或投资于债券、股票。据统计，1978 年全国城乡居民储蓄存款 210.6 亿元，到 1998 年增长到53407.5 亿元，增长了 252.60 倍。居民储蓄迅猛增长和流动性约束弱化，为其跨期消费奠定了基础。但居民储蓄心态不稳定，受商品价格变化和利率变化的影响较大。

此外，双轨制时期部分居民存在一些非理性消费行为，主要表现在以下方面。

1. 盲目攀比行为盛行

盲目攀比消费是指消费者超越自身购买力，盲目仿效高收入人群消费水平和消费方式的行为。双轨制时期，相较于农村居民，城镇居民的盲目攀比消费尤为突出。由于国家在医疗、教育、就业、住房等社会保障方面的改革缓慢，城镇居民家庭对未来消费没有风险预期，也不必担心个人会有巨大的消费支出。因此，城镇居民一旦收入有了较大、较快的提高，面对突然出现的丰富的商品和劳务供给，往往不考虑是否真的需要，也不顾及动用储蓄的必要性，怀着别人买得起、自己也要买的心理，表现出高涨的消费需求，导致出现盲目购物、攀比购物的现象。特别具有说服力的是，80 年代城镇居民兴起了家庭高档耐用品消费热，"新三大件"普及速度相当之快，从1984年到 1986 年的三年时间，每百户城镇居民家庭拥有"新三大件"的数量上升了 5 倍，大多数城镇居民家庭把"新三大件"视为家庭必需品。

部分居民消费存在的盲目跟风攀比现象，与不发达社会经济发展水平和不成熟消费心理相适应，是一种不理性的消费行为。其危害主要表现在：第一，产生错误的市场信息，使生产经营者陷于被动。对某种消费品的盲目消费，作为市场信号，会诱导企业一哄而上，造成各地重复生产，产能盲目扩张。当该种消费品由热变冷时，生产能力过剩，便产生价格大战，价格战后，大多数企业因产品无市场而亏损，形成产业的无序发展和低水平循环，难以有效发挥产业梯度承接效应，从而影响产业结构的优化升级。第二，扰乱市场流通秩序。盲目消费行为否定了价值规律的作用，使市场呈逆向变化，企业该销售的商品销不出去，不该销售的商品不能保证货源，商品供给跟不上需求，加重企业的经营难度。盲目攀比消费容易引发商品抢购风潮，造成居民消费恐慌，影响正常的市场流通秩序。第三，导致金融秩序混乱。当消费者的盲目消费占上风，并成为一种普遍倾向性时，就会导致商品抢购风潮，进而形成银行挤兑风潮，造成银行存款大幅度下降。另外，消费者强大的消费需求欲望和对产品需求的单一性，如集中涌向家用电器等狭小范围，客观上诱使银行信贷资金向加工工业流动，农业、能源、交通等基础产业贷款却得不到相应的保证。①

2. 崇洋消费心理严重

崇洋消费包含潜在的崇洋消费和现实的崇洋消费两个层次。前者是指某些人已形成洋货优于国货的崇洋心理，这些人一旦收入增加，支付能力增强，就会产生购买外国商品的消费行为；后者是指购买外国产品的行为，无论是否存在崇洋心理的驱动因素。② 改革开放以来，部分消费者对外国商品的消费投入了极大的热情和财力，尤其20世纪90年代以来，崇洋消费急剧扩张，很多国货的市场被洋货占领。有些消费者对洋货的信任度高，过于偏爱洋货，形成唯洋是选、非洋不用的消费行为，大到彩色电视机、空调、摩托车，小到口红、香水、水果、饮料、奶粉等，凡是进口外国牌号商品，千方百计地去求购，以致社会上出现了一阵又一阵的洋货热。

崇洋消费产生的原因是多方面的：一是改革开放创造了前提条件。在新中国成立后的相当长的时期，外国商品在国内属于稀罕物，普通民众只能在友谊商店之类的场所见到。如果想获得其中一二，就需费尽气力找门路、找批条、找外汇。改革开放后，外国产品逐渐进入中国市场，因其稀有，拥有外国产品成为一件值得炫耀的事情。二是国内产品不能很好地满足消费需求是直接诱因。国产商品品种单一、数量短缺，且在质量、款式、方便度、科技含量等方面竞争力不强，不能吸引越来越挑剔的消费者，同时消费者具有了一定的购买能力。外国产品乘势而上，填补了消费者需要的空白点，占据越来越多的中国市场。三是消费者自身的一些非理性观念和心理素质是内在

---

① 谢成森. 不良的消费行为对社会的危害及治理 [J]. 商业研究，1992（9）：29-31.

② 唐敏，茹华杰. "崇洋" 消费的原因分析 [J]. 商业研究，1998（6）：25-26.

因素。很多的消费者有从众和追赶时髦的心理，看到别人买了，自己不问缘由地跟着买。

崇洋消费的不良影响主要表现在：一是加重社会总供给与总需求的失衡，给市场造成巨大压力。改革开放初期，中国经济基础比较薄弱，可提供消费的产品还不够丰富。消费者的崇洋消费行为，容易对国内企业和消费品市场造成冲击，对社会供求的平衡以及市场的正常供应秩序造成破坏。二是影响国家外汇收支平衡和国内工业发展。消费者对进口商品需求旺盛的压力，会促使国家把有限的外汇储备花费在消费品的进口上，造成国际收支逆差扩大和外债增加，进而影响外汇收支平衡。同时，国内工业需要的生产设备和技术因外汇短缺无法进口，会导致国内工业难以顺利发展。三是助长盲目攀比、追求奢侈的不良社会风气，加重普通民众的额外经济负担，使人与人之间的关系庸俗化。①

综上所述，双轨制时期，随着改革开放的逐步深入，社会经济快速发展，居民收入水平显著提高，中国居民消费开启了充满活力、日新月异的新局面。中国居民消费，在消费途径上商品化程度迅速增强，在消费内容上以物质性消费为主导，在消费结构上逐步向高层次迈进，消费观念和消费方式进入了重塑期。同时，由于市场经济体制和新的消费秩序尚处于建立过程之中，假冒伪劣商品泛滥、盲目攀比消费盛行、崇洋消费心理严重等不良问题，对中国消费经济发展也造成了很大的负面影响。

当前，中国经济已进入高质量发展阶段。党的二十大报告指出：着力扩大内需，增强消费对经济发展的基础性作用。借鉴双轨制时期中国居民消费发展的成功经验，要重点从以下方面着手：一是大力发展实体经济，提高消费品和服务质量。发展是硬道理，是解决中国一切问题的基础和关键。为了更好地满足人民日益增长的美好生活需要，我们要持续增加科技研发投入，提升科学技术水平，加快推进新型工业化，推动以引导产业创新为核心的供给侧结构性改革，提高生产供给体系的质量和效益，增加国内生产总值中可供分配和消费的份额，为消费者提供更多更好的商品和服务。二是优化居民收入分配格局，完善扩大居民消费长效机制。完善城乡融合发展体制机制，统筹推进新型城镇化和乡村全面振兴，促进城乡要素平等交换、双向流动，缩小城乡差别，促进城乡共同繁荣发展。提高居民收入在国民收入分配中的比重，提高劳动报酬在初次分配中的比重，规范收入分配秩序。多渠道增加

---

① 谢成森. 不良的消费行为对社会的危害及治理 [J]. 商业研究，1992 (9)：29-31.

城乡居民财产性收入，形成有效增加低收入群体收入、稳步扩大中等收入群体规模、合理调节过高收入的制度体系。加大税收、社会保障、转移支付等调节力度，增加教育、医疗、社会保障等方面的财政支出，推进基本公共服务均等化，改善居民对未来消费支出的预期。三是加快建设高效规范、公平竞争、充分开放的全国统一大市场。建立全国统一的市场制度规则，打破地方保护和市场分割，打通制约经济循环的关键堵点。加快建设现代物流网络体系，破除妨碍商品服务流通的体制机制障碍，打造市场化、法治化、国际化的一流营商环境，降低市场交易成本，促进商品和服务的流动畅通，营造便利消费、放心消费的环境。① 四是把握新型消费特征，积极培育新型消费业态。第四次产业技术革命极大地推动了消费模式的变革，消费新产品、新业态不断涌现。为此，要为城乡居民新型消费发展提供全方位的制度和政策保障，加强消费信息基础设施建设，加快线上线下消费有机融合，拓展消费新空间，打造消费新场景。要把握新型消费特征与变动趋势，培育壮大智慧产品和智慧零售、智慧旅游、智慧养老、智慧家政、数字文化、智能体育、"互联网＋医疗健康"、"互联网＋托育"、"互联网＋家装"等消费新业态，加强商业、文化、旅游、体育、健康、交通等消费跨界融合，积极拓展沉浸式、体验式、互动式消费新场景。

---

① 林兆木. 增强消费对经济发展的基础性作用［N］. 人民日报，2023－10－18.

第四章

中国居民消费差距比较分析

居民消费水平是指一个国家或地区在一定时期居民按人口平均消费生活资料和劳务的数量和质量情况。消费水平的高低，不仅表现为消费总量或人均消费量的大小，而且还通过消费结构的差异反映出来。[①] 造成居民消费（不同地区之间、不同国家之间等）差异的原因是多方面的，有经济因素，也有制度因素，还有地理和消费观念因素，但最为关键的因素是一定时期人均国民收入的大小和个人消费在国民收入中所占份额的多少。本章将通过大量的统计资料，对中国城乡居民消费水平和消费结构的差距及其变化进行实证研究，同时也将其置于国际视野下进行比较研究，旨在全面认识 1978 ~ 1998 年双轨制时期中国居民生活状况，进一步揭示中国居民消费变化的规律性。

一、中国城乡居民消费水平的差距及其变化

改革开放以来，随着国民经济的快速增长和收入分配政策的调整，全国居民的收入和消费水平提高较快，物质生活状况显著改善，实现了从解决温饱都成问题到基本达到小康社会水平的历史性转变。但就 1978 ~ 1998 年中国城乡居民的消费水平差距来看，总体上它有一个缩小→扩大→缩小的阶段性变化趋势。

（一）1978 ~ 1985 年城乡居民消费差距逐渐缩小

1978 ~ 1985 年，随着党的正确的农村政策和消费品工业政策的贯彻落实以及积累和消费比例关系的调整，中国农业和消费品工业得到了迅速发

---

① 葛霖生. 关于消费水平和消费结构的国际比较——兼论我国小康生活水平的标准 [J]. 复旦学报（社会科学版），1992（1）：41 - 49.

展，全国人民的收入逐年增长，人民群众的消费出现了史无前例的变化，解决了温饱问题。虽然城乡居民的基本生活在数量和质量上还比较低，但在短短的几年中有了迅速的改善，而且城乡居民消费水平的差距也在逐渐缩小。1985 年全国居民消费水平为 403 元，比 1978 年的 175 元增长了 228 元。其中，城镇居民增长 344 元，农村居民增长 192 元。按可比价格计算，若以 1952 年为 100，1985 年全国城乡居民的消费水平比 1978 年提高了 76.2%，其中城镇居民提高了 41.4%，农村居民提高了 90.1%。若以农村居民消费水平为 1，1978 年城乡居民消费水平对比为 2.9：1，到 1985 年则下降为 2.2：1（见表 4-1）。另据城乡居民家庭收支抽样调查资料统计，1978 年城镇居民家庭人均生活费收入为 316 元，1985 年增加到 685 元，增长了 1.17 倍；1978 年农村居民家庭人均纯收入为 133.6 元，1985 年增加到 397.6 元，增长 1.98 倍。[①] 城镇居民家庭人均年生活费支出，1981 年为 456.84 元，到 1985 年增加至 732.24 元；农村居民家庭人均年生活费支出，1978 年为 116.06 元，1981 年为 190.81 元，到 1985 年增加至 317.42 元。由此可见，这一阶段，城乡居民或工农之间的消费水平差距在逐步缩小，其中 1985 年是新中国成立以来差距最小的年份。

表 4-1 　　　　　　　　1978~1985 年中国城乡居民消费水平对比

年份	全国居民（元，按当年价格计算）			城乡消费水平对比（以农村居民为1）	全国居民指数（以 1952 年为 100）		
		农村居民	城镇居民			农村居民	城镇居民
1978	175	132	383	2.9	177.0	157.6	212.6
1979	197	152	403	2.7	188.8	168.6	221.6
1980	227	173	468	2.7	206.7	184.9	237.3
1981	249	192	520	2.7	221.1	199.4	257.7
1982	266	210	526	2.5	232.3	214.6	255.2
1983	289	232	547	2.4	248.2	234.2	260.0
1984	327	265	598	2.3	275.5	263.1	276.6
1985	403	324	727	2.2	311.8	299.6	300.7

注：城乡消费水平对比，没有剔除城乡价格不可比的因素。
资料来源：中国统计年鉴（1992）[M]. 北京：中国统计出版社，1992：276-277.

---

①　本书对来源于《中国统计年鉴》或根据《中国统计年鉴》计算出来的数据，不作注释。

第一，在食品消费方面。从食品消费格局看，城镇居民进入"鲜菜＋粮食＋动物性食品"阶段，而农村居民仍停留在"粮食＋鲜菜"的主食型消费阶段。城镇居民家庭人均粮食和鲜菜的消费量趋向下降，分别从1981年的144.56公斤和152.34公斤下降到1985年的131.16公斤和147.72公斤，鲜菜已取代了粮食的主体地位，并成为城镇居民食品消费的第一大对象，动物性食品的消费量也在不断增长。城镇居民食品消费已由主食型转变为副食型，城镇居民副食与粮食的消费支出之比，1981年为2.37，到1985年上升为3.64。农村居民家庭对粮食的消费量平稳增长，从1978年的人均消费248公斤增长到1985年的257公斤；对蔬菜的消费量同期略有下降，从142公斤下降到131公斤；对动物性食品的消费量增长较快，但总体消费数量较少。总之，城乡居民在三大食品之间的消费水平相差悬殊。

从食品消费档次看，城乡居民对低层次食品消费增长较快，对高层次食品增长较少，明显带有补偿性和量的扩张特征。改革开放以来，随着收入水平的上升和农业生产的发展，城乡居民多年来被压抑的消费愿望开始释放出来，食品消费需求大增。城镇居民不再满足于填饱肚子，开始讲究营养、口味和方便，粮食消费量迅速下降，白菜、萝卜在居民蔬菜消费中的地位受到削弱，新鲜蔬菜受到消费者的欢迎。城镇居民对食用植物油、猪牛羊肉、家禽、鲜蛋、鱼虾的消费量普遍上升，分别从1981年的4.80公斤、10.6公斤、1.92公斤、5.22公斤、7.26公斤，增长到1985年的6.36公斤、20.16公斤、3.84公斤、8.76公斤、7.80公斤。改革开放前，农村居民粮食消费基本上以粗粮为主，细粮和副食品所占比重有限。改革开放后，农村居民在吃的方面要求越来越高，细粮消费所占比重不断上升，主要副食品的消费量也有大幅度的增长。农村居民人均细粮的消费量从1978年的123公斤上升到1985年的209公斤，其中细粮占粮食消费量的比例从49.6%上升到81.3%；食油、肉类、家禽、蛋类、鱼虾的消费量分别从1978年的1.96公斤、5.76公斤、0.25公斤、0.80公斤、0.84公斤上升到1985年的4.04公斤、10.97公斤、1.03公斤、2.05公斤、1.64公斤。可见，城乡居民消费增长较多的食品主要是食油、肉类、家禽、鲜蛋、鱼虾等，但就城乡居民消费量之比来看，城镇居民的增速更快。从上述五种食品消费量来看，1981年城镇居民消费量分别为农村居民消费量的1.53倍、2.14倍、2.70倍、4.18倍、5.67倍，到1985年城镇居民消费量分别为农村居民消费量的1.64倍、1.84倍、3.24倍、4.27倍、4.76倍。此外，城乡居民对酒类消费量上升迅速，城镇居民人均酒类消费量从1981年的4.38公斤上升到1984年的

8.04 公斤，农村居民从 1978 年的 1.22 公斤上升到 1985 年的 4.37 公斤。对细粮、食油、肉类和酒类以及低层次副食消费量的增加，是生活水平刚刚转好之后收入水平还十分有限的情况下人们食品消费的主要特征。

1978～1985 年，在城乡居民生活费支出中，食品支出都有较多增长，但所占比重却在下降。从平均每人全年生活费支出构成看，1981 年城镇居民家庭食品支出为 258.84 元，占全部生活费支出 456.84 元的 56.66%；1985 年食品支出为 390.36 元，占全部生活费支出 732.24 元的 53.31%。1978 年农村居民家庭食品支出为 78.59 元，占全部生活费支出 116.06 元的 67.7%；1985 年食品支出为 183.33 元，占全部生活费支出 317.42 元的 57.7%。

第二，在衣着消费方面。城镇居民衣着质量和档次有所提高，成衣消费有所增加。在成衣消费中，棉布制服装数量变化起伏不大，化纤布、呢绒布、绸缎制成的中高档服装比重激增。1985 年与 1981 年相比，城镇居民家庭人均购买的棉布制服装由 0.47 件上升到 0.51 件；化纤布服装由 0.73 件增加到 1.34 件，增长 83.6%；呢绒布和绸缎制成的服装由 0.11 件和 0.02 件分别上升到 0.23 件和 0.11 件，增长了 1.09 倍和 4.5 倍。城镇居民购买成衣有所增加，但购买布料做衣服仍然比较盛行。随着市场供应情况的日益好转，国家取消了布票，棉布、棉絮敞开供应，加之缝纫机的普及，城镇居民对布料的消费量大增，人均棉布购买量由 1981 年的 1.55 米上升到 1985 年的 2.71 米，化纤布由 1.67 米上升到 2.10 米，呢绒布由 0.22 米上升到 0.44 米，绸缎由 0.43 米上升到 0.51 米。人均针织衣裤和皮鞋购买量由 1981 年的 1.15 件和 0.46 双，增长到 1985 年的 1.66 件和 0.65 双，分别增长 44.3% 和 41.3%。从平均每人全年生活费支出构成看，1981 年城镇居民家庭衣着商品支出为 67.56 元，占全部生活费支出 456.84 元的 14.79%；1985 年衣着商品支出为 112.32 元，占全部生活费支出 732.24 元的 15.34%。

农村居民成衣消费较城镇居民为少，但农村青年衣着消费明显趋向成衣化和城市化，农村成衣销售势头旺盛。农村居民衣着消费以购买布料自己加工为主，但购买布料的档次有所提高，由廉价的棉布转向化纤、呢绒、绸缎、毛线、毛衣等。1985 年与 1978 年相比，平均每个农村居民的棉布消费量减少了一半多；化纤布、呢绒布和绸缎的消费量分别增长 5.1 倍、6 倍和 2.5 倍；毛线及毛线织品的消费量增长 1 倍；胶鞋、球鞋、皮鞋的消费量增长 71.9%。从平均每人全年生活费支出构成看，1981 年农村居民家庭衣着支出为 14.74 元，占全部生活费支出 116.06 元的 12.7%；1985 年衣着支出为 31.34 元，占全部生活费支出 317.42 元的 9.9%。

随着政治环境的宽松，人们开始注重衣着打扮，衣着消费转向舒适、时兴、款式多样化。过去由蓝灰黑布服装一统天下的局面开始被打破，对织物求新而不求牢，夏季喜欢薄、轻、凉，冬天则要求毛感强。羽绒服、羊毛衫裤、茄克衫、健美衫裤、呢大衣、风雨衣和西服兴起。与时装配套的各种皮鞋、旅游鞋和运动鞋，以及领带、头巾、袜子、眼镜等消费量也成倍增长，① 特别是在城市形成了一股股潮流。

第三，在用品消费方面。城乡居民家庭在吃、穿开始改善以后，将购买力更多地投向用的商品消费，各种用的商品有所增加并逐步趋向中高档，耐用消费品的拥有量显著增多。城镇居民家庭对耐用消费品的需求，不仅数量增长很快，而且已逐步趋向高档。据城镇居民家庭收支抽样调查资料统计显示，城镇居民对"四大件"和大衣柜、沙发、写字台、黑白电视机等的需求量趋于饱和，而增长不多；对"新三大件"和收录机、电风扇、照相机等的需求量急剧增长，城镇居民耐用品消费正在从百元级向千元级过渡。1981 年，每百户城镇居民家庭电冰箱、彩色电视机、洗衣机、收录机和照相机的拥有量仅为 0.22 台、0.59 台、6.31 台、12.97 台和 4.29 架，在城镇居民家庭中还比较稀有，到 1985 年则分别增长到 9.57 台、18.43 台、52.83 台、48.41 台和 12.09 架，增长了 42.5 倍、30.2 倍、7.4 倍、2.7 倍和 1.8 倍。"新三大件"正逐渐成为城镇居民家庭中的新宠，当时如能买到日本、德国等生产的原装家用电器，或搞到出国人员购买"新三大件"的指标，那是一件了不得的幸事。

在用品消费方面，农村居民家庭相比城镇居民家庭要滞后一个层级。这一阶段，农村居民家庭对自行车、缝纫机、手表和收音机的购买量增长很快，"四大件"开始在农村逐渐普及。据农村居民家庭收支抽样调查资料统计，1985 年平均每百户农村居民家庭分别拥有缝纫机 43.21 架、自行车 80.64 辆、手表 126.32 只、收音机 54.19 部，分别比 1978 年增长 1.18 倍、1.62 倍、3.61 倍、2.11 倍。一些较富裕的地区的农村居民开始购买"新三大件"，对"四大件"的需求则以优质名牌为主，有的农村居民还买了摩托车。高档耐用消费品进入农村居民家庭，是农村居民生活水平显著提高的生动写照。

第四，在居住消费方面。1978 年，中国城镇居民人均居住面积只有 4.2

---

① 吴绍中，林玳玳，易然. 中国消费研究 [M]. 上海：上海社会科学院出版社，1990：16 - 17.

平方米，房屋设施简陋，居所内部环境欠佳，尤其是大城市的居民住房困难问题相当突出，不少家庭几代人混居一室。为加快城镇住宅建设，国家调整了生产性建设和非生产性建设的投资比例，大幅增加了住宅建设的投资，1978～1985 年国家用于新建职工住宅的投资共达 955.14 亿元，占同期基本建设总投资 4993.45 亿元的 19.1%，新建住宅 6.06 亿平方米，平均每年新增 7569 万多平方米（1953～1977 年年均新增 1882 万多平方米）[1]；同时，国家还对企事业单位自筹住宅建设给予照顾，适当放宽住宅建设自筹投资指标，并拨出专项钢材补助，新建职工住宅面积 1.52 亿平方米。此外，城镇居民的房屋设施条件也在不断改善，如日供水能力和煤气使用率明显提高、住户屋内有卫生间等。越来越多的城镇居民搬进了新居，到 1985 年，城镇居民人均居住面积已达到 6.7 平方米；全国平均每户居住面积 25.48 平方米，居住间数 2.02 间。1985 年，按城市规模分的居民家庭居住情况，特大城市人均居住面积 6.00 平方米，大城市 6.91 平方米，中等城市 7.19 平方米，小城市 7.28 平方米。按人均居住面积分组的各家庭比重，城镇居民家庭无房户比例为 1.16%，拥挤户比例 17.96%，不方便户为 11.05%；人均居住面积在 4～6 平方米的家庭为 23.60%，人均居住面积 6～8 平方米的家庭为 21.31%，人均居住面积 8 平方米以上的家庭为 24.92%。虽然这与国际上人均居住面积 8 平方米的文明标准还有一定差距，但也远超过了国际上人均居住面积 2 平方米的最低标准。再者，这一阶段，城镇居民居住的是公房，房租很低。城镇居民家庭人均房租支出占人均全年生活费支出的比例，1981 年为 1.39%，到 1985 年下降为 1.08%。

随着农村经济的发展和农村居民收入的增加，农村居民把建造新房作为改善生活的头等大事，农村兴起了"建房热"，而且房子越盖越好。1978～1985 年，全国有一半以上的农村居民家庭新建了住房，新建住房 42 亿平方米。据统计，1978 年农村居民人均住房面积为 8.1 平方米，到 1984 年增长到 14.7 平方米。农村居民新建房屋的质量提高，从基本上是土木结构的草房或者瓦房和少数砖木结构的房子，逐步发展到砖木结构和钢筋混凝土结构，而且后者所占农村房屋的比例越来越大。此外，一部分富裕起来的农村居民还建起了楼房，结构坚固、宽敞明亮、外形美观、内饰漂亮，已超出了生存资料的范围，兼有享受资料和发展资料的成分。农村居民家庭人均

---

① 1953～1977 年国家用于新建职工住宅的投资共达 321.64 亿元，占同期基本建设总投资 5715.24 亿元的 5.6%。

住房支出占人均全年生活费支出的比例，1978 年为 3. 2% ，到 1985 年增长到 12. 4% 。

第五，在精神文化消费方面。改革开放以来，随着中国文艺、广播电视、图书出版事业的空前发展，广大人民群众在报刊、书籍、广播、电影、电视等中获得精神享受，精神文化消费水平显著提高。这一阶段，随着收入的逐年增加，城镇居民消费结构有所变化，精神文化消费比重不断提升，即在吃、穿、用的需要逐步得到满足以后，人们精神文化生活的需要迅速增长，看电影、听音乐、阅读书报、旅游等已成为许多家庭生活消费中不可或缺的部分，博物馆、美术馆、公园成为许多家庭假日的理想去处。① 据城镇居民家庭收支抽样调查资料，1981 年城镇居民人均购买文娱用品和书报杂志的支出为 30. 24 元，占当年人均生活费总支出的 6. 62% ；1985 年支出为 61. 80 元，占当年人均生活费总支出的 8. 44% 。同时，城镇居民对精神文化消费产品的质量和层次有更高的要求，文化素养的提高要求增加娱乐的知识性。各大城市接连举办的书市信息表明，人民群众对书的要求向高层次发展，最畅销的书都同智力开发、智力投资密切相关，如新学科专著、工具书等，阅读倾向强烈表现出实用型。随着电视机的普及，在城市精神消费诸项目中，电视文化的扩展和影响力十分显著。

农村实行家庭联产承包制后，农村居民的闲暇时间明显增多。这一阶段，农村居民精神文化消费的主要内容是看电视②、看电影、听广播，其中农村有线广播在农村居民精神文化消费中占有特殊地位。其次是娱乐，娱乐活动主要是打牌。当然，也有一部分青年农民，主要是具有初、高中文化的青年意识到文化程度的高低是影响家庭的经营规模、效益和人均收入的重要因素，他们渴望多学一些科学文化知识，经常买书、看报、看电视，或参加各种补习班、技术培训班等，提高自身生产经营能力，农民的精神生活消费也开始"富"起来。③ 据农村居民家庭收支抽样调查资料，1978 年农村居民家庭人均文化生活服务支出为 3. 16 元，占当年人均生活费总支出的 2. 7% ；1985 年支出为 9. 07 元，占当年人均生活费总支出的 2. 9% ，远远低于城镇居民家庭的精神文化消费支出水平。同时，农村精神消费发展不平衡，不同地区精神消费方面的差距很大。在一些较富裕的地区，群众的文化生活与城市基本一样。但在一些信息传递方式落后的地方，群众的精神消费

① 吴绍中，林玳玳，易然. 中国消费研究 ［M］. 上海：上海社会科学院出版社，1990：159.

② 主要是村部的电视和少数农村富裕家庭的电视。

③ 吴绍中，林玳玳，易然. 中国消费研究 ［M］. 上海：上海社会科学院出版社，1990：166.

还相当缺乏。据统计，农村还有部分村不通邮路，有35%的乡镇没有邮电局，有一半以上的县看不到当天的省报，这些地方缺乏开展精神生活必要的设施和指导。此外，一些地方存在着愚昧的精神消费，诸如奢侈浪费严重、迷信之风盛行、赌博活动抬头等。

长期以来，中国城乡居民收入水平很低，家庭收入基本上用于生活消费支出，结余很少，因而银行储蓄存款增长缓慢，1978年全国储蓄存款首次突破200亿元。1978年以后，城乡居民消费剩余开始增多，储蓄存款增长较快。1985年与1978年相比，全国储蓄存款增加了1412.0亿元，增长了6.7倍。其中，城镇储蓄存款和农村储蓄存款增加了902.9亿元和509.1亿元，分别增长了5.8倍和9.1倍。

（二）1985～1992年城乡居民消费差距渐趋扩大

1. 城乡居民消费水平在波动中较大幅度提高

1985～1992年，随着经济体制改革的全面推进和经济的快速增长，中国城乡居民的物质文化生活条件逐步改善，消费水平有较大程度的提高（见表4-2）。1992年与1985年相比，全国居民平均消费水平按当年价格计算增长了1.45倍。这一阶段，由于物价上涨幅度较大，居民消费价格年平均增长8.91%，若扣除物价上涨因素，以1978年为100，全国居民消费水平实际增长49.09%，年均增长5.87%，低于1978～1985年年均增长8.42%的速度。同时，居民消费水平出现了较大幅度的波动。1985年消费水平增长速度高达13.1%，1986年猛跌至4.3%，下降了8.8个百分点。此后，增长速度有所提高，1987年为5.6%，1988年为7.4%。1989年又跌至-0.5%，成为改革开放以来居民消费水平唯一一次的负增长。1990年回升至3.4%，1991年和1992年分别上升至8.3%和12.9%。

表4-2　　　　　　1985～1998年中国城乡居民消费水平对比

年份	全国居民绝对数（元）			城乡消费水平对比（农村居民=1）	全国居民指数（1978=100）		
		农村居民	城镇居民			农村居民	城镇居民
1985	437	347	802	2.3	181.3	194.4	147.5
1986	485	376	920	2.4	189.1	199.0	158.1

年份	全国居民绝对数（元）			城乡消费水平对比（农村居民=1）	全国居民指数（1978=100）		
		农村居民	城镇居民			农村居民	城镇居民
1987	550	417	1089	2.6	200.0	207.9	172.0
1988	693	508	1431	2.8	214.9	220.4	187.3
1989	762	553	1568	2.8	213.8	218.8	184.4
1990	803	571	1686	3.0	221.0	219.5	198.1
1991	896	621	1925	3.1	239.4	234.2	216.6
1992	1070	718	2356	3.3	270.3	257.2	249.9
1993	1331	855	3027	3.5	292.2	272.8	272.1
1994	1746	1118	3891	3.5	304.8	285.3	276.7
1995	2236	1434	4874	3.4	327.7	308.7	289.5
1996	2641	1768	5430	3.1	357.5	351.9	296.7
1997	2834	1876	5796	3.1	372.4	363.6	307.0
1998	2972	1895	6182	3.3	393.1	370.9	330.5

注：绝对数按当年价格计算，指数按可比价格计算；城乡消费水平对比，没有剔除城乡价格不可比的因素。

资料来源：中国统计年鉴（1999）[M]. 北京：中国统计出版社，1999：72.

1985～1992 年是全国居民生活从根本上解决温饱、温饱有余并巩固的重要时期，城乡居民消费水平提高主要体现在以下几个方面：

第一，食品消费逐渐讲究营养。在居民食品消费构成中，粮食的消费量不断下降，而蛋白质和脂肪类食品的消费逐渐增长。1985 年全国人均年生活消费粮食 251.69 公斤，到 1992 年下降为 235.91 公斤，减少了 15.78 公斤。1992 年全国人均年生活消费食用植物油 6.29 公斤，比 1985 年增加1.21 公斤；猪肉 18.22 公斤，增加 4.38 公斤；牛羊肉 2.05 公斤，增加0.74 公斤；家禽 2.31 公斤，增加 0.75 公斤；鲜蛋 7.75 公斤，增加 2.82 公斤；水产品 7.29 公斤，增加 3.45 公斤。中国居民从动物类食品中摄取的蛋白质和脂肪，与世界平均水平的差距正在逐步缩小。酒和茶叶的消费量，从1985 年的人均生活消费 7.61 公斤和 0.30 公斤，增长到 1992 年的 12.94 公斤和 0.39 公斤。

第二，衣着消费开始讲究美观，并向成衣化、时装化、个性化发展。舒适、时尚、款式多样化已成为居民衣着消费的主旋律，棉布、化纤布、呢绒布、绸缎的消费量都在减少，而一些高中档优质服装和面料消费量上升。特别是在大中城市，服装消费的档次已开始拉开。

第三，耐用消费品社会拥有量迅速增加，并趋向中、高档。"四大件"中的缝纫机、自行车、手表社会拥有量仍有较大幅度增长，但增速放缓。1992 年，平均每百人拥有缝纫机 12.8 架，比 1985 年增长 37.6%；每百人拥有自行车 38.5 辆，同比增长 82.5%。每百人拥有手表的数量从 1985 年的34.5 只，增长到 1990 年的 51.6 只，平均每两人就有 1 只。而每百人拥有收音机的数量甚至还有所下降，从 1985 年的 22.8 台下降到 1992 年的 18.4台。"新三大件"和电风扇、照相机等耐用消费品增长更为迅速，1992 年平均每百人拥有电冰箱、洗衣机、电视机、收录机、电风扇和照相机分别为3.4 台、10.0 台、19.5 台、12.2 台、22.0 台和 2.3 架，比 1995 年分别增长了 7.5 倍、2.4 倍、2.0 倍、2.5 倍、2.7 倍和 1.1 倍。在消费需求的强力拉动下，中国迅速成为家用电器生产和消费的大国，1990 年中国电视机产量已跃居世界第一位。

第四，居民的生活条件明显改善。随着社会经济的发展，特别是第三产业的发展，居民生活的方便程度逐步提高。1992 年，每万人口拥有零售商业、饮食业、服务业网点 116.45 个、人员 287.35 人，分别比 1985 年增长了 15.5%、20.4%；每万人口拥有医院病床数 23.42 张、医生数 15.43 人，同比分别增长了 11.2%、14.0%；城市每万人拥有公共车辆 5.9 辆，同比增长了 51.3%。城市公用事业中，自来水普及率由 1985 年的 81.0% 提高到1992 年的 92.5%；煤气、液化气普及率由 1985 年的 22.4% 提高到 1992 年的 52.4%；每万人拥有绿地由 1985 年的 13.7 公顷提高到 1992 年的 34.5公顷。

2. 城乡居民消费水平差距逐渐拉大

20 世纪 80 年代中期以后，中国经济体制改革的重点由农村转到了城市，城镇职工收入增长较快，城镇居民家庭人均年收入从 1985 年的 748.92元增长到 1992 年的 2031.53 元，其中人均年生活费收入从 685.32 元增长到1862.03 元，增长 171.7%；人均年消费性支出从 673.20 元增长到 1671.73元，增长 148.3%。而农业生产出现滑坡，农村居民收入增长速度减慢，农村居民家庭人均年纯收入从 1985 年的 397.60 元增长到 1992 年的 783.99元，增长 97.2%；人均年生活消费支出从 317.42 元增长到 659.01 元，增长107.6%。城乡居民消费水平差距拉大，1985 年城镇居民消费水平为 802

元，农村居民为 347 元，相差 455 元；1992 年城镇居民消费水平为 2356 元，农村居民为 718 元，相差 1638 元。城乡居民消费水平对比由 1985 年的 2.3∶1 扩大到 1992 年的 3.3∶1（见表 4-2）。下面从主要消费品的消费量和消费支出及构成情况来看城乡居民消费水平的差别。

第一，食品消费的城乡差别。从粮食消费量看，农村居民大大高于城镇居民。据统计，1985 年城镇居民家庭平均每人购买粮食 134.76 公斤，而农村居民家庭平均每人消费 257.00 公斤；1992 年分别为 111.50 公斤、250.50 公斤。粮食消费量差距扩大，不仅是因为农村居民需要更多的粮食消费来补偿他们的劳动消耗，而且是因为农村居民的生活水平比城镇居民的生活水平低，副食品消费量低。1985 年农村居民家庭人均生活消费食品支出中副食和主食分别为 73.01 元和 83.24 元，直到 1987 年副食支出才高于主食支出，1992 年分别为 155.72 元和 132.86 元。也就是说，农村居民家庭食品消费才开始由主食型为主向副食型为主转变，相比城镇居民家庭低了一个层次。从蔬菜和食用植物油消费量看，城乡差别不大。1985 年城镇居民家庭平均每人购买蔬菜为 144.36 公斤，农村居民家庭平均每人 131.00 公斤；1992 年分别为 124.91 公斤和 129.12 公斤。1985 年城乡居民家庭平均每人食用植物油消费量分别为 5.76 公斤和 4.04 公斤；1992 年为 6.65 公斤和 5.85 公斤。从肉禽蛋和水产品的消费量看，城镇居民家庭显著高于农村居民家庭，差距较大。1985 年城镇居民家庭人均消费的猪牛羊肉、家禽、蛋类、鱼虾为 18.72 公斤、3.24 公斤、6.84 公斤、7.08 公斤，分别为农村居民家庭人均消费的 1.7 倍、3.1 倍、3.3 倍、4.3 倍；1992 年增长到 21.41 公斤、5.08 公斤、9.45 公斤、8.19 公斤，分别为农村居民家庭的 1.8 倍、3.4 倍、3.3 倍、3.6 倍。可见，城镇居民对饮食消费的改善已开始由量的追求转向质的追求。从食品支出占生活消费支出的比重看，城镇居民家庭 1985 年为 53.31%，1992 年为 52.86%；农村居民家庭 1985 年为 57.76%，1992 年为 57.55%。

第二，衣着消费的城乡差别。从棉布和化纤布的消费量看，低档衣着消费城乡差别不大。1985 年城镇居民家庭人均消费棉布和化纤布为 2.61 米和 1.47 米，1992 年分别为 0.69 米和 1.32 米；1985 年农村居民家庭人均消费棉布和化纤布为 2.54 米和 2.50 米，1992 年分别为 0.80 米和 1.88 米。农村居民家庭纺花、织布，然后再制衣的越来越少。从呢绒布和绸缎的消费量看，城乡衣着消费的差别主要在高档商品上。呢绒布消费量，1985 年城镇居民人均消费 0.36 米，1992 年为 0.21 米；1985 年农村居民家庭人均消费

0.14 米，1992 年为 0.08 米。绸缎消费量，1985 年城镇居民人均消费 0.50 米，1992 年为 0.27 米；1985 年农村居民家庭人均消费 0.07 米，1992 年为 0.04 米。城镇居民家庭平均每百户年底呢大衣和毛料服装拥有量，1985 年为 116.20 件和 282.55 件，到 1991 年分别为 171.24 件和 342.79 件。从衣着支出占生活消费支出的比重看，城镇居民家庭 1985 年为 15.34%，1992 年为 14.08%；农村居民家庭 1985 年为 9.87%，1992 年为 7.96%。可见，城乡居民衣着消费支出和消费水平差距很大。

第三，耐用消费品拥有量的城乡差别。从"四大件"看，城乡差别不大且有缩小的趋势。城镇居民家庭和农村居民家庭平均每百户自行车拥有量 1985 年分别为 152.27 辆和 80.64 辆，1992 年分别为 190.48 辆和 125.66 辆；缝纫机拥有量 1985 年分别为 70.82 架和 43.21 架，1992 年为 65.92 架和 57.31 架；手表拥有量 1985 年分别为 274.76 只和 136.32 只，1991 年分别为 271.36 只和 160.98 只；收音机拥有量 1985 年分别为 74.52 台和 54.19 台，1991 年为 37.33 台和 32.41 台。城镇居民家庭拥有的缝纫机数量下降，说明城镇居民家庭自制衣着占比在下降。城乡居民家庭收音机的拥有量显著下降，则是由于电视机和收录机的替代。从"新三大件"和收录机来看，城乡差距甚大。1985 年城镇居民家庭平均每百户洗衣机、电冰箱、彩色电视机和收录机的拥有量为 48.29 台、6.58 台、17.21 台和 41.16 台，1992 年分别增长到 83.41 台、52.60 台、74.87 台和 73.59 台；1985 年农村居民家庭平均每百户洗衣机、电冰箱、彩色电视机和收录机的拥有量为 1.90 台、0.06 台、0.80 台和 4.33 台，1992 年分别增长到 12.23 台、2.17 台、8.08 台和 20.95 台。其中，收录机有立体声收录机和普通收录机之分，城镇家庭中立体声收录机明显增多。在电视机中，黑白电视机城乡平均拥有量却出现了城镇减少农村增加的情况。1985 年城镇居民家庭平均每百户黑白电视的拥有量为 66.86 台，到 1992 年减少到 37.71 台；1985 年农村居民家庭平均每百户黑白电视的拥有量为 10.94 台，到 1992 年增长到 52.44 台。前者是因为彩色电视机的替代，后者是因为黑白电视机价格低廉而开始在农村居民家庭中普及。城镇居民家庭和农村居民家庭平均每百户电风扇的拥有量 1985 年分别为 73.91 台和 9.66 台，1992 年为 146.03 台和 60.08 台。此外，家用冷暖风机、空调、电炊具、淋浴热水器、排油烟机、吸尘器等也陆续进入城镇居民家庭。可以说，这一阶段家用电器的消费，城镇居民家庭处于成长期，农村居民家庭则处于发生期，消费层次拉开。从其他耐用消费品看，城乡差距也较大。1985 年城镇居民家庭平均每百户大衣柜、沙发和写字台的拥有量分别为 102.08 个、131.49 个和 80.06 张，1992 年分别为 92.68 个、178.81 个和 88.71 张；1985 年农村居民家庭平均每百户大衣柜、沙发和写字台的拥有量分别为 53.37 个、13.07 个和 38.21 张，1992 年分别为 81.34 个、47.03 个和 64.42 张。城镇居民家庭大衣柜有所减少，是因为被组合家具替代。1985 年城镇居民家庭平均每百户组合家具的拥有量为 4.29 套，到 1992 年增长为 30.92 套。照相机的城乡拥有量差距也非常大，1992 年城乡每百户拥有量分别为 24.32 架和 1.00 架。

第四，住房消费的城乡差别。城乡居民的居住条件都有较大改善，1985～1992 年，城镇新建住宅面积 15.26 亿平方米，其中国有和城镇集体投资建设 9.17 亿平方米，城镇个人投资建设 6.09 亿平方米；农村新建房屋面积 62.4 亿平方米。1985 年城市平均每人居住面积为 5.2 平方米，到 1992 年增加为 6.9 平方米。1985 年农村平均每人住房面积为 14.7 平方米，其中砖木结构和钢筋混凝土结构分别为 7.47 平方米和 0.31 平方米；到 1992 年增加为 18.9 平方米，其中砖木结构和钢筋混凝土结构分别为 10.74 平方米和 1.81 平方米。从住房支出占生活消费支出的比重看，1992 年城镇居民家庭为 2.14%；农村居民家庭为 10.34%。

第五，精神文化消费与医疗保健的城乡差别。1985 年城镇居民家庭人均文娱用品、书报杂志和文娱费支出分别为 51.96 元、6.12 元和 2.28 元，药品及医疗用品、医疗保健费支出分别为 6.24 元、1.92 元，五项支出占生活费总支出的 10.18%；1991 年上述五项支出分别为 68.68 元、13.11 元、6.14 元、24.96 元、7.14 元，占生活费总支出的 8.26%。录放像机、组合音响、中高档乐器、钢琴等已开始进入城镇居民家庭。1985 年农村居民家庭人均文化娱乐用品、书报杂志和文化服务支出分别为 6.89 元、1.11 元和 4.36 元，医药卫生用品支出为 5.49 元，四项支出占生活消费总支出的 5.62%；1991 年上述四项支出分别为 13.52 元、3.33 元、19.59 元、14.93 元，占生活消费总支出的 8.29%。

此外，城乡居民储蓄存款的差距也逐渐拉大。1992 年城镇人均储蓄存款为 2744.5 元，比 1985 年增长了 8.96 倍；同期，农户人均储蓄存款增长了 2.99 倍。1985 年城镇人均储蓄存款比农户人均储蓄存款多 190.7 元，到 1992 年扩大到 2406.4 元。

3. 居民消费存在的一些问题

第一，各地区之间居民消费水平存在较大差距。居民消费水平在各地区之间有较大差距，总的格局是东部沿海地区消费水平较高，西部地区相对较低，中部地区介于二者之间，而且地区之间消费水平差距在拉大。从全体居民消费水平的地区差异看，1985 年，居民消费水平高的地区（包括农村居民和非农村居民在内）为上海、北京和天津，分别为 961 元、835 元和 730 元；接下来，是辽宁、吉林和黑龙江均在 500 元以上；消费水平低的地区为贵州、河南和甘肃，分别为 288 元、293 元、299 元；最高消费水平的上海是最低消费水平的贵州的 3.34 倍。1991 年，居民消费水平高的地区为上海、天津、北京、辽宁和广东，分别为 2303 元、1453 元、1348 元、1192 元和 1110 元；消费水平低的地区是贵州、河南、安徽、甘肃和山西，分别为 505 元、534 元、559 元、588 元和 636 元；最高消费水平的上海是最低消费水平的贵州的 4.56 倍。从城镇居民消费水平的地区差异看，1985 年，城镇居民消费水平高的是西藏、上海和北京，分别为 1182 元、1024 元和 981 元；城镇居民消费水平低的是江西、广西和内蒙古，分别为 532 元、581 元和 634 元；最高消费水平的西藏是最低消费水平的江西的 2.22 倍。1991 年，城镇居民消费水平高的是西藏、上海、广东、辽宁和天津，分别为 2721 元、2603 元、2161 元、1906 元和 1902 元；城镇居民消费水平低的是江西、内蒙古、安徽、贵州和河南，分别为 1068 元、1200 元、1208 元、1282 元和 1292 元；最高消费水平的西藏是最低消费水平的江西的 2.55 倍。从农村居民消费水平的地区差异看，1985 年，农村居民消费水平高的是上海、北京和天津，分别为 850 元、622 元和 510 元；农村居民消费水平低的是甘肃、贵州和河南，分别为 210 元、232 元和 240 元；最高消费水平的上海是最低消费水平的甘肃的 4.05 倍。1991 年，农村居民消费水平高的是上海、北京、天津、浙江和福建，分别为 1680 元、887 元、883 元、854 元和 785 元；农村居民消费水平低的是贵州、甘肃、河南、山西和安徽，分别为 396 元、405 元、421 元、425 元和 444 元；最高消费水平的上海是最低消费水平的贵州的 4.24 倍。

第二，居民非商品性、非市场化的消费仍占较大比重。对于一个社会而言，按消费性质划分，消费可分为商品性消费和自给性消费。在中国，自给性消费主要发生在农村。随着改革开放和商品经济的发展，中国经济货币化的程度不断加深，农村自给自足的小农经济模式受到很大冲击，农村居民商品性消费占生活消费品支出中的比重上升，自给性消费所占比重下降。1978 年农村居民家庭商品性消费与自给性消费之比为 39.7：60.3，1985 年为 60.2：39.8，到 1992 年为 62.2：37.8。特别是，农村居民家庭食品的非商品性消费所占比重较高，1985 年为 58.3%，1992 年为 54.4%。农村居民生活消费的货币化、社会化程度提高是农村居民生活水平提高的一个重要标志。虽然城镇居民在整个消费支出中自给性的比例较少，但仍有一定数量的非商品性、非市场化的消费，主要是通过福利性消费反映出来，如在住房、文化教育、医疗卫生等方面的免收费、低收费和各种补贴。这里既有长期的也有临时的，既有公开的也有隐蔽的。特别是在国有单位，这一数额还比较大，一时难以估算。[①]

第三，居民消费具有明显的模仿型排浪式特征。排浪式消费，就是消费热点比较集中，一段时间内以某一种消费为主导，这种消费像大浪一样迅速普及。排浪式消费具有从众模仿的特征，在特定的历史条件下形成不同的排浪式消费，与个性化消费和多样化消费相对应。这一阶段，城乡居民的排浪式消费集中表现为耐用消费品的普及率十分整齐。如前所述，农村居民家庭"四大件"和黑白电视机迅速普及，城镇居民家庭"新三大件"迅速普及。特别是城镇高收入阶层的"新三大件"拥有量与中收入阶层的拥有量差别很小，与低收入阶层相差也不大。例如，1992年全国城镇居民彩色电视机、洗衣机等拥有量，高、中、低收入户每百户家庭拥有彩色电视机分别为85.78台、77.47台、63.09台，拥有洗衣机分别为90.03台、85.49台、77.60台。这种排浪式消费，主要是由高消费国家或地区的示范效应和居民之间消费相互攀比造成的，给产业结构的调整和升级带来巨大的压力。

第四，一些不健康的消费方式依然存在。特别是在农村居民中，不健康消费方式依然存在，文化娱乐消费比重低。部分地区的农村居民受传统封建意识和社会不良风气影响，在思想意识和行为方式上存在一定程度的盲目和愚昧成分，如一些地区农村居民婚丧嫁娶大操大办、人情消费风愈演愈烈等，严重影响了农村精神文明建设和农村消费方式的完善。

（三）1992～1998 年城乡居民消费差距总体趋于缩小

随着社会主义市场经济体制的建立和市场在资源配置中发挥基础性作用，国民经济快速发展和城乡居民收入增多，居民消费水平普遍提高，人民生活不断改善。据统计，按当年价格计算，1992～1998 年，城镇居民家庭人均可支配收入和农村居民家庭人均纯收入分别从 2026.6 元和 784.0 元，增长到 5425.1 元和 2162.0 元；居民消费总规模从 12459.8 亿元，扩大到

---

① 赵凌云. 中国经济通史·第十卷（下册）[M]. 长沙：湖南人民出版社，2002：713.

36921.1 亿元。全国居民消费水平从 1992 年的 1070 元增长到 1998 年的 2972 元，其中城镇居民消费水平从 2356 元增长到 6182 元，农村居民消费水平从 718 元增长到 1895 元。若扣除物价上涨因素，以 1978 年为 100，城镇居民家庭人均可支配收入和农村居民家庭人均纯收入则分别增长了 41.65% 和 35.69%；全国居民消费水平、城镇居民消费水平和农村居民消费水平分别增长了 45.43%、32.25% 和 44.21%。在城市，虽然居民可支配收入增长高于消费水平增长，但由于国有企业市场化改革分流出去的大量富余职工变为下岗职工、失业人员，他们的收入减少，加之养老、医疗等社会保障体制改革要求职工个人承担一部分费用，致使城镇居民家庭消费行为更加谨慎，边际消费倾向降低；在农村，消费水平增长快于纯收入增长，则主要是由于农业剩余劳动力大批量地流向乡镇企业和城市，成为农民工，农村居民家庭收入增长相对较快，边际消费倾向趋高。

1. 居民消费水平普遍提高，但城乡消费水平不一

1992～1998 年，全国居民消费水平年均实际增长速度为 6.44%，略低于 1979～1992 年年均增长 6.8% 的速度；城乡居民消费水平对比，除 1992 年和 1998 年均为 3.3∶1 外，总体上呈下降趋势，从 1993 年的 3.5∶1 下降到 1997 年的 3.1∶1（见表 4－2）。

1992～1998 年，城乡居民消费水平提高主要体现在以下几个方面：

第一，食品消费支出增加，不仅讲究营养，也看重风味、保健和方便。城镇居民家庭平均每人食品消费性支出由 1992 年的 884.82 元增加到 1998 年的 1926.89 元，农村居民家庭则从 1992 年的 374.36 元增加到 1998 年的 849.64 元。城乡居民一日三餐越吃越好，而且越吃越讲究。一是粮食和蔬菜的消费稳中趋降，突出地表现在城镇居民家庭人均粮食和蔬菜的消费量由 1992 年的 111.50 公斤和 124.91 公斤，稳步下降到 1998 年的 86.72 公斤和 113.76 公斤；农村居民家庭人均粮食和蔬菜消费量则由 250.50 公斤和 129.12 公斤，下降到 1998 年的 249.28 公斤和 108.96 公斤，粗细粮搭配更趋合理。二是副食特别是动物性食品消费的比重明显提高，居民对食用植物油、肉类、家禽、鲜蛋、水产品、奶制品等的消费量普遍增加。1998 年与 1992 年相比，城镇居民家庭人均植物油消费量增长 13.53%，鲜蛋增长 13.86%，鱼虾增长 15.54%，奶制品增长 14.72%，牛奶和饮料已成为城镇居民家庭习以为常的饮用品。农村居民家庭人均对食油、猪牛羊肉、家禽、蛋类和鱼虾的消费量分别增加了 4.79%、11.58%、56.38%、44.21% 和 47.11%。三是食品消费逐渐向讲究营养、风味、保健和方便等方面转变。

食品的新鲜度、营养价值、方便卫生、脂肪含量低等成为人们购买时考虑的主要因素，绿色消费、健康消费日渐成为消费的时尚。净菜、加工好的小包装鱼、虾和方便食品、半成品食品，越来越多地出现在家庭的厨房里，拥有食谱、按照食谱做菜的家庭在增多，中等收入以上的居民进餐馆就餐的次数也明显增加。

第二，居民穿着消费不仅在数量上大幅度增加，而且更加注重了衣服的款式、质量和舒适感。城镇居民家庭人均衣着支出额从 1992 年的 235.41 元大幅度上升到 1998 年的 480.86 元，农村居民家庭人均衣着支出虽增幅不大，但也从 52.43 元增加到了 98.06 元。城镇居民求新、求美，越来越追求品牌消费，讲究舒适、大方，高档纯棉制品消费比重明显扩大。农村居民的衣着消费也由单调、低档向多样、中高档方向发展。成衣服装率明显提高，购买布料自制衣着的数量大大减少。1998 年城镇居民家庭人均成衣服装消费量比 1992 年提高了 8.36 个百分点，皮鞋的消费量增加了 34.55%，各种布料的消费减少了近一半。一些富裕的郊区农村居民的服装已跟城镇居民的服装没有什么区别，一些中西部城市的居民衣着时髦程度已不亚于上海、北京等国际化大城市。"一季多衣"取代了过去的"一衣多季"。青年消费群体还呈现追求衣着个性化的趋向。①

第三，耐用消费品数量迅速增加，质量不断提高，产品不断升级换代。从城镇居民家庭看，"四大件"的拥有量明显减少，已处于衰退期，手表和收音机已不在耐用消费品的统计之列；"新三大件"和收录机、电风扇、电炊具、照相机等经过 80 年代后期和 90 年代前期的迅速普及，已经在多数城镇居民家庭中接近饱和。城镇居民家庭对耐用消费品的需求已升级到千元级，乃至万元级、十万元级，电话、家用电脑、空调、摩托车、小汽车等逐渐成为新的消费"热点"。到 1998 年，平均每百户城镇居民家庭耐用消费品的拥有量：彩色电视机 105.43 台，电冰箱 76.08 台，洗衣机 90.57 台，收录机 57.63 台，照相机 36.26 架，空调 20.01 台，微波炉 8.49 台，电炊具 95.98 台，淋浴热水器 43.30 个，排油烟机 45.93 台，录放像机 21.66 台，家用电脑 3.78 台，移动电话 326 台。而且居民的购买意向明显趋向于中高档，在一般耐用消费品淡销、滞销的同时，市场份额进一步向少数"名、优、新、特"商品集中，产品更新换代的进程加快。② 从农村居民家

　① 中国报业协会. 中国经济辉煌的五十年 [M]. 北京：人民出版社，1999：33 - 34.
　② 本刊特约报告员. 改革开放 20 年来人民生活的显著变化 [J]. 时事报告，1998 (10)：13 - 19.

庭看，"四大件"的拥有量已经饱和，正处于加速普及"新三大件"的阶段。到1998年，农村居民家庭平均每百户耐用品的拥有量：电风扇111.59台，黑白电视机63.57台，彩色电视机32.59台，洗衣机22.81台，电冰箱9.25台，收录机32.36台，摩托车13.52辆。电话、录放像机、空调等也开始进入农家。

第四，居住消费支出增加，居住条件得到明显改善，住房质量有较大提高。随着1991年住房制度改革的全面启动，城镇居民家庭平均每人全年用于居住消费的支出迅速上升，从1992年的99.68元增加到1998年的408.39元；农村居住支出额上升虽有些缓慢，但也从1992年的68.15元增加到1998年的239.62元。城镇居民人均居住面积由1992年的6.9平方米提高到1998年的9.3平方米，居住质量和配套性能不断提高，拥有独用自来水、浴室厕所、暖气、厨房、煤气液化气的住户所占比重大幅度增加。城镇居民在家具、住房装饰、家庭设备等方面的消费支出成倍增长，生活舒适程度大大提高。城市中每万人拥有绿地由1992年的34.5公顷提高到1998年的37.75公顷。环境保护已提到各级政府的重要议事日程，对治理大气、水质、保护生态平衡等的投入力度明显加大。农村居民人均居住面积则是从1992年的18.9平方米提高到1998年的23.7平方米，住房质量也有明显改善，砖木结构、钢筋混凝土结构住房面积已占人均住房面积的80%以上。

第五，居民文教娱乐、交通通信和医疗保健消费支出增加。随着物质生活水平的逐渐提高，人们也增加了对娱乐教育文化服务、交通通信和医疗保健等方面的支出，1992年城镇居民的这三项消费支出各为147.45元、44.17元和41.51元，到1998年分别增长至499.30元、257.15元和205.16元；1992年农村居民的这三项消费支出各为43.77元、12.24元和24.14元，到1998年分别增长至159.41元、60.68元和68.13元。人们越来越注重追求文化生活的多样化和丰富化，影碟机、组合音响、钢琴、中高档乐器、健身器材进入寻常百姓家，社交也成为人们精神文化生活的一个组成部分。不仅国内旅游已成为社会风气，而且出境旅游也渐成规模。花钱买健康也成为新的时尚。

第六，居民生活的方便程度明显提高。市场上消费品供应充足，消费品市场渐趋形成"买方市场"的格局，居民在生活上已开始从抑制型消费转化成商品敞开供应的自主型消费，居民消费的选择权和自主权得到了较充分的实现。在农村，随着经济体制改革的不断深化，农产品商品率的不断提高，农村居民收入增长较快，农村居民家庭消费从自给、半自给方式进一步向商品化、市场化方式转化。居民出行购物的方便程度也大大提高，铁路、公路、民用航空线路里程和车（班）次都有较多增加。城市每万人拥有公共车辆由1992年的5.9辆提高到1998年的8.6辆，每百户拥有的摩托车则从2.80辆提高到13.2辆，出租汽车的数量翻了一番还要多，1998年每百户拥有的家用汽车为0.25辆。

2. 居民消费结构进一步优化，但城乡之间差异较大

1992~1998年城乡居民消费需求变动加快，消费结构进一步优化，城镇居民消费已步入小康阶段，农村居民消费由温饱型向小康型转化。但是，由于城乡居民收入水平、消费观念、消费环境等方面因素差异的存在，中国城乡消费结构的二元化特征仍较为明显。

第一，恩格尔系数迅速降低，但城乡恩格尔系数有明显差别且有扩大的趋势。1992年以后，城镇居民恩格尔系数迅速下降，1994年降至50%以下，完成温饱型向小康型的过渡；农村居民恩格尔系数一直居高不下，1997年以前一直在55%以上徘徊，甚至出现再度攀升，到1998年为53.2%，仍处于温饱型阶段。虽然城乡居民恩格尔系数各自下降了8.7个百分点和4.3个百分点，比1985~1992年下降迅速得多，但城乡居民恩格尔系数的差距却从4.6个百分点扩大到9.0个百分点。这就是说，城镇居民消费水平比农村居民提高得快、提高得更多。1998年，农村居民家庭人均消费食油、猪牛羊肉、家禽、蛋及制品、鱼虾和糖的数量，分别为城镇居民家庭的81.2%、68.7%、50.1%、38.2%、64.5%和79.5%。

第二，吃、穿、住、用的消费比重发生较为明显的变化，但城乡消费支出的结构顺序存在明显差异。表4-3和表4-4显示了城乡居民1992~1998年消费结构中各组成部分的变化情况：在恩格尔系数迅速下降的同时，居民衣着消费的比重也在下降，分别下降了2.28个和1.80个百分点；医疗保健、交通通信和娱乐教育文化服务所占比重上升，分别上升了2.26个、3.30个、2.71个和0.62个、1.96个、3.38个百分点。其他各项，除城镇居民因房改使得居住消费支出所占比重有所增加外，变化不大。这说明，居民的消费结构已经改变了过去以吃穿为主的单一格局，呈现出生存资料比重减少、发展和享受资料比重较大提高的新趋势。

表 4－3　　1992～1998 年中国城镇居民家庭平均每人消费性支出各项占比　　单位:%

类别	1992 年	1993 年	1994 年	1995 年	1996 年	1997 年	1998 年
消费性支出	100	100	100	100	100	100	100
食品	52.86	50.13	49.89	49.92	48.60	46.41	44.48
衣着	14.08	14.24	13.69	13.55	13.47	12.45	11.10
居住	5.96	6.63	6.77	7.07	7.68	8.57	9.43
家庭设备用品及服务	8.42	8.76	8.82	8.39	7.61	7.57	8.24
医疗保健	2.48	2.70	2.91	3.11	3.66	4.29	4.74
交通通信	2.64	3.82	4.65	4.83	5.08	5.56	5.94
娱乐教育文化服务	8.82	9.19	8.79	8.84	9.57	10.71	11.53
杂项商品	4.74	4.52	4.47	4.28	4.35	4.44	4.55

资料来源：根据《中国统计年鉴》（1993－1999）计算整理。

表 4－4　1992～1998 年中国农村居民家庭平均每人生活消费支出各项占比　单位:%

类别	1992 年	1993 年	1994 年	1995 年	1996 年	1997 年	1998 年
生活消费支出	100	100	100	100	100	100	100
食品	57.55	58.06	58.86	58.62	56.33	55.05	53.43
衣着	7.97	7.19	6.92	6.85	7.24	6.77	6.17
居住	15.92	13.88	14.00	13.91	13.93	14.42	15.07
家庭设备用品及服务	5.56	5.80	5.45	5.23	5.36	5.28	5.15
医疗保健	3.66	3.53	3.15	3.24	3.71	3.86	4.28
交通通信	1.86	2.26	2.36	2.58	2.99	3.33	3.82
娱乐教育文化服务	6.64	7.59	7.39	7.81	8.43	9.16	10.02
其他商品及服务	0.84	1.70	1.87	1.76	2.02	2.12	2.07

资料来源：根据《中国统计年鉴》（1995、1997、1999）计算整理。

　　1992 年，城镇居民消费支出的结构顺序是食品、衣着、文娱、用品、居住、交通、医疗；农村居民的消费序列是食品、居住、衣着、文娱、用品、医疗、交通。1998 年，城镇居民文娱、居住支出位次前移，消费结构

序列转变为食品、文娱、衣着、居住、用品、交通、医疗；农村居民的消费
序列则是食品、居住、文娱、衣着、用品、医疗、交通，其中文娱位次前
移。就衣着消费来说，城镇居民的衣着消费支出多年来一直居第二位，仅次
于食品支出，1998 年退居到第三位；而农村居民的衣着消费 1993 年后排第
四位。城镇居民衣着消费所占比重一直维持在 10% 以上，而农村居民同期
支出比重却从未高于 8% 。可见，城镇居民比农村居民更为重视衣着服饰。
就居住消费来说，农村居民居住消费的比重远高于城镇。90 年代住房制度
改革启动之后，城镇居住支出比重开始上升，从 1992 年的第五位变成第三
位。而在农村，居住消费一直是农村居民的一大消费热点，在满足了吃穿的
基本需求后，农村居民的钱首先用来修建自己的住房，因此，居住消费一直
排在第二位，支出比重从未低于 1993 年的 13.88% 。存在这一差异的原因
主要是受城乡消费观念不同的影响。就文教娱乐消费来说，该项消费支出所
占比重无论是在城镇还是在农村都有较大的增加，在城镇从第三位变成第二
位，在农村则从第四位变为第三位。这表明精神文化消费在城乡都得到了普
遍重视。

　　第三，城镇居民实物消费比重下降，劳务消费比重上升；农村居民自给
性消费比重下降，商品性消费比重上升。这是 1992 ~ 1998 年城乡居民消费
结构变化的又一重大特点。按消费对象存在的形态划分，消费可分为实物消
费和劳务消费。1992 年城镇居民的人均劳务消费（大致包括食品加工费、
衣着加工费、家务服务、医疗保健、交通通信、教育、文化娱乐、其他服务
等项）207.09 元，人均在外用餐 70.27 元，分别占该年消费性支出 1671.73
元的 13.39% 和 4.20% ；1998 年城镇居民的人均劳务消费和在外用餐分别
为 907.34 元和 227.01 元，分别占该年消费性支出的 20.95% 和 5.24% ，比
1992 年分别提高了 7.56 个百分点和 1.04 个百分点。1992 年农村居民的人
均商品性消费为 374.34 元，占该年生活消费支出的 56.80% ，1998 年农村
居民的人均商品性消费为 1128.16 元，占该年生活消费支出的 70.94% ，比
1992 年提高了 14.14 个百分点。

　　第四，居民生活消费支出占居民收入的比重下降，城乡人均储蓄存款差
距扩大。据城乡居民家庭收支抽样调查资料统计：1992 年，城镇居民家庭
人均全部年收入 2031.53 元，人均年消费性支出 1671.73 元，占比 82.28% ；
农村居民家庭人均年纯收入 783.99 元，人均年生活消费支出 659.01 元，占
比 84.06% 。1998 年，城镇居民家庭人均全部年收入为 5458.34 元，人均年
消费性支出为 4331.61 元，占比 79.36% ；农村居民家庭人均年纯收入为

2161.98 元，人均年生活消费支出 1590.33 元，占比 73.56%。消费支出占居民收入比重的下降，意味着居民的储蓄和投资比重上升，但农村居民家庭更多的是因为缴纳"三提五统"① 费用增加较多所致。1998 年，城镇人均储蓄存款为 11336.8 元，比 1992 年增长 3.13 倍；农户人均储蓄存款 1201.5 元，同比增长了 3.55 倍。尽管农户人均储蓄存款增长速度稍快于城镇，但城乡居民人均储蓄存款的差距却逐渐拉大。1992 年城镇人均储蓄存款为农户人均储蓄存款的 8.12 倍，到 1998 年则为 9.44 倍，人均储蓄存款差距扩大到 10135.3 元。②

3. 不同收入阶层居民的消费状况及其特征

随着市场化改革深入推进和经济利益在不同利益群体之间重新调整，居民收入在城市之间、农村之间、城乡之间、行业之间、地区之间的差距拉大，社会分层加剧。根据人均年可支配收入或纯收入的大小，可把城乡居民各阶层划分为低收入、中等收入和高收入三大消费群体。这三大消费群体的消费状况及其特征如下：

第一，低收入群体。城市中的低收入群体主要是下岗失业人员、小商小贩、残疾人、孤寡老人和进城的农民工，他们的人均年收入一般在 4000 元以下（1998 年）。据中国社科院社会所在上海、武汉、天津、兰州等城市的调查，贫困家庭很少买肉吃；80% 的贫困家庭经常在早市或晚间购买最便宜的蔬菜；超过 90% 的贫困家庭中成人没有买过新衣服，他们常穿别人送的衣服；很多家庭居住条件极差且没有力量去改变；超过 70% 的家庭负担不起孩子的学杂费，一半以上的家庭中孩子上学没有享受优惠政策；50% 以上的人生病时不会去医院看病，33% 以上的人患有各种慢性病；他们中的大多数人不愿意与邻居或同事交往，过年过节也不走亲访友；有一半以上的人觉得不能在近期找到工作，认为家庭不能很快脱贫；很多人认为现在的最低生活保障金不能满足最低生活需求。③ 农村中的低收入群体主要是指人均年收入在 1200 元以下（1998 年）的家庭，大概有 20%，主要集中在西部大部分地区、中部小部分地区以及东部少数地区。这部分家庭整体生活已进入温饱阶段，消费以生活必需品为主，边际消费倾

① 三提五统，即村提留和乡统筹费，是专门向农民征收的行政事业性收费和政府性基金、集资。村提留包含公积金、公益金和管理费三项，乡统筹费包含教育费附加、计划生育费、民兵训练费、乡村道路建设费和优抚费五项。

② 中国金融年鉴（1999）[M]. 北京：中国金融年鉴编辑部，1999：388.

③ 严先溥. 对中国居民消费群体的分析与研究 [J]. 消费经济，2002（4）：6－11.

向强烈，对各类消费品的需求呈数量扩张型，但由于购买力有限，有效需求明显不足。

第二，中等收入群体。城市中的中等收入群体的消费者家庭人均年收入一般在4000~6500元（1998年），这部分消费者的收入基本稳定，在满足日常消费之外略有结余，但受经济体制改革的影响，居民预期的不确定因素增多，消费倾向下降很快。这一层次消费群体的家庭占到城镇家庭总数的60%，他们的消费行为对全国整体消费状况的影响是最大的。这部分居民属温饱有余的消费群体，其基本的消费需求已经满足，正积聚资金向更高一层的消费提升。但由于住房、医疗、教育等各项改革的集中推进，使得这些居民预期支出大增，有钱也不敢花，即期消费变得缩手缩脚。农村中的中等收入群体是指人均年收入在1200~3000元（1998年）的家庭，大约占60%的比重，主要集中在中部大部分地区、东部和西部部分地区。这类家庭的消费特征是对消费品的需求已由数量扩张过渡到质量提高阶段，具有一定购买实力，消费观念处于由农村向城镇转化阶段，对日常消费品、生产资料以及家电产品的需求上，已开始对品种、质量、品牌、档次表现出明显的关注。但要实现消费能力的升级，还需要一定时期的积累，在预期收入不高的情况下，即期消费能力受到抑制。

第三，高收入群体。生活宽裕的高收入居民，十分关注生活质量的提高，消费倾向也出现明显变化，投资意识日益高涨。调查显示，越来越多的高收入居民，在消费时追求精神消费和服务消费，教育、文化、通信、保健等成为消费热点，追求时尚化与个性化日趋明显。农村中的高收入群体主要是指人均年收入在3000元以上（1998年）的家庭，大约占20%的比重，他们多分布在东部大部分地区、中部小部分地区、西部少数地区，这部分家庭整体生活已步入小康。由于其手持现金和存款已具有满足消费意愿的能力，因此传统的生活消费品基本饱和，特别是住房消费大多已经完成，消费热点已开始向家电产品转移，消费结构的升级愿望强烈，消费观念明显趋向城市化。而占农村家庭总数5%左右、人均年收入超过5000元的富裕家庭已开始消费大屏幕彩色电视机、移动电话、空调、微波炉等高档商品。

4. 居民消费率依然偏低，城乡居民消费份额"城长乡减"

1992年以来，居民消费水平提高和消费结构优化是拉动经济快速增长的主要动力之一。但是，如果对国民经济总体需求结构变化进行考察，就会发现消费领域已经出现了一些可能影响国民经济发展全局的隐忧，如上面已经谈过的城乡居民消费水平和消费结构的差异，以及下面将要谈到的居民消费率偏低问题。消费率偏低，而储蓄率偏高，导致经济增长受到了市场需求的严重约束。对于这样一些问题，必须通过消费政策的调整加以解决，以确保生产与消费的良性循环。[①]

　　1992 ~ 1998 年，无论是最终消费率还是居民消费率都依然严重偏低（见表 4 - 5）。1992 ~ 1998 年最终消费率一般在 60% 以下波动，并有下降趋势，下降了 3 个百分点，即由 1992 年的 61.7% 降至 2001 年的 58.7%，比 1978 ~ 1991 年转轨时期的最终消费率（一般 64% 左右）低 5 个百分点左右；居民消费率一般在 46% 上下波动，并有下降趋势，下降了 1.5 个百分点，由 1992 年的 48.2% 降至 1998 年的 46.7%，比 1978 ~ 1991 年的居民消费率（一般 50% 左右）也低 3 ~ 5 个百分点。居民消费率降低，说明居民储蓄率在提高和投资率上升，或者说居民的消费倾向降低和消费不足。然而，作为居民消费率的两个有机组成部分，农村居民消费率和城镇居民消费率则呈现不同的变动趋势，农村居民消费率从 1992 年 25.5%，一路基本下滑，到 1998 年下降为 22.4%，下降了 3.1 个百分点；而城镇居民消费率则基本表现出平稳的上升趋势，从 1992 年的 22.8% 经过每年不同幅度的上升，1998 年达到 24.3%，上升了 1.5 个百分点。虽然 1996 年农村居民消费率有所上升，城镇居民消费率有所下降，但并未改变其下降或上升的基本趋势。这说明随着市场化改革进程的深入和城市化进程的加快，城镇居民消费和农村居民消费在 GDP 中所占份额呈"城长乡减"趋势，并在 1994 年以后城镇居民消费超过农村居民消费而占优势（见表 4 - 6），而此时中国农村人口却占全国人口的 71.49%。由此也可看出农村居民与城镇居民消费水平的差距。到 1998 年，农村居民和城镇居民在居民消费构成中所占的份额分别是 47.9% 和 52.1%，该年中国农村人口所占比重为全国人口的 69.60%。这就是说，虽然这一阶段城乡居民收入水平提高了，而且城镇居民的收入增长快于农村居民收入的增长，但由于城镇居民的消费倾向低于农村居民的消费倾向，所以，城镇人均居民消费的增长却慢于农村人均居民消费的增长。因此，增加农民收入，给农民提供更多更好更实用的产品，刺激农村居民消费，也就成了拉动经济增长的重要政策措施之一。

---

① 宋士云. 我国居民消费状况的实证分析：1992 - 2001 年 [J]. 改革，2006 (2)：115 - 121.

表 4 - 5　　　　　　1978 ~ 1998 年中国居民消费率的变化　　　　　　单位:%

类别	1978 年	1979 年	1980 年	1981 年	1982 年	1983 年	1984 年	1985 年	1986 年	1987 年	1988 年
最终消费率	62.1	64.3	65.4	67.5	66.3	66.2	65.5	65.7	64.6	63.2	63.7
居民消费率	48.8	49.9	50.9	53.1	52.2	52.4	51.3	52.2	51.1	50.6	51.9
农村居民消费率	30.3	30.9	31.4	33.3	33.3	34.0	33.3	33.2	31.7	30.8	30.4
城镇居民消费率	18.5	18.3	19.6	19.9	19.0	18.5	18.0	19.0	19.4	19.8	21.5
类别	1989 年	1990 年	1991 年	1992 年	1993 年	1994 年	1995 年	1996 年	1997 年	1998 年	
最终消费率	64.1	62.0	61.8	61.7	58.5	57.4	57.5	58.5	58.2	58.7	
居民消费率	51.7	49.7	48.5	48.2	45.5	44.6	46.1	47.0	46.6	46.7	
农村居民消费率	29.8	28.0	26.5	25.5	22.8	22.1	22.7	24.0	23.3	22.4	
城镇居民消费率	21.9	21.7	22.0	22.8	22.6	22.5	23.4	23.0	23.3	24.3	

资料来源：根据《中国统计年鉴》（2002）计算整理。

表 4 - 6　　　1992 ~ 2001 年支出法中国国内生产总值、最终消费、居民消费基本情况

年份	支出法国内生产总值（亿元）	最终消费绝对数（亿元）				居民消费构成（居民消费 = 100）	
		政府消费	居民消费			农村居民	城镇居民
				农村居民	城镇居民		
1992	25863.7	3492.3	12459.8	6571.6	5888.2	52.7	47.3
1993	34500.7	4499.7	15682.4	7867.2	7815.2	50.2	49.8
1994	46690.7	5986.2	20809.8	10308.3	10501.5	49.5	50.5
1995	58510.5	6690.5	26944.5	13247.1	13697.4	49.2	50.8
1996	68330.4	7851.6	32152.3	16398.0	15754.3	51.0	49.0
1997	74894.2	8724.8	34854.6	17436.8	17417.7	50.0	50.0
1998	79003.3	9484.8	36921.1	17667.3	19253.9	47.9	52.1

资料来源：根据《中国统计年鉴》（2002）计算整理。

综上所述，居民消费是居民收入的函数，而居民收入的高低取决于一个国家或地区的经济发展水平和社会经济制度（包括收入分配制度）。在一定的经济发展水平和社会经济制度下，居民的消费又取决于经济发展战略和消费政策的选择。改革开放以来，随着经济快速发展和居民收入水平不断提高，不仅居民消费水平提高，而且消费结构也在优化，人民生活不断得到改

善。但是，由于居民收入在城市之间、农村之间、城乡之间、地区之间差距的进一步拉大，城乡居民消费的二元结构特征依然存在，而且不同收入阶层居民的消费水平、消费结构和消费倾向差异也很大。同时，由于社会经济转型和制度变迁降低了居民的消费倾向，从而使消费率偏低的状况难以改变，造成有效需求不足，抑制了经济的进一步发展。① 因此，我们既要把经济搞上去，实现经济快速发展，特别要重视国有企业改革、农村经济发展和西部大开发，促使居民收入水平普遍、显著提高，为居民消费水平提高和消费结构改善打下牢固的物质基础；又要进一步推进城市化进程和收入分配制度改革，以共同富裕为目标，扩大中等收入者比重，提高低收入者收入水平，解决社会成员收入差距过分扩大的问题，特别是要健全社会保障体制，减少居民预期的不确定因素，完善消费环境，提高居民消费率，进而拉动经济进一步发展。

二、中国居民消费水平的国际比较

为了客观评价 1978 ~ 1998 年中国居民消费发展史，有必要把中国社会经济发展和人民生活所取得的成就放在国际范围内进行比较，以便总结得失，提供镜鉴。

（一）中国从低收入国家上升到中等收入国家

虽然各国家或地区由于经济规模、经济增长速度和收入分配方式的变化，以及文化传统习惯的差异等原因，其消费水平和消费结构有所不同，但是，一个国家的居民消费水平的高低，主要取决于该国一定时期人均国民生产总值的大小和个人消费在国民生产总值中所占份额的多少。我们借用世界银行的分类标准，把各国家或地区按人均 GNP（国民生产总值）的高低分为低收入、中等收入和高收入三组，并把中等收入国家又分为下中等收入和上中等收入两组，以研究不同收入水平国家的消费水平和消费结构。

根据世界银行《1990 年世界发展报告》的界定，低收入国家是指那些 1988 年人均 GNP 在 545 美元及以下的国家；中等收入国家是指那些 1988 年人均 GNP 在 545 美元以上、6000 美元以下的国家，其中人均 GNP 2200 美元是上中等收入国家和下中等收入国家的分界点；高收入国家是指 1988 年人

① 孙吉平．调整消费和分配政策推动城乡一体化［J］．改革与战略，2011（1）：36 – 38.

均 GNP 在 6000 美元以上的国家。1988 年，在世界银行列出的 121 国家或地区中，中国以 GNP 3592 亿美元，居世界第 9 位；以人均 GNP 330 美元，居倒数第 21 位（人均 GNP 由高到低排列），被归入低收入国家之列。据《1991 年世界发展报告》公布的数据，1980～1988 年，中国 GDP（国内生产总值）年均增长率为 10.3%，仅次于阿曼（12.7%）和博茨瓦纳（11.4%）。中国 GDP 的年均增长率是所有报告国家平均水平的 3.22 倍，不仅大大高于低收入国家（6.4%）、中等收入国家（2.9%）、高收入国家（2.8%），而且还高于经济最活跃的东亚国家①（8.5%）。其中，农业年均增长率为 6.8%，低于科威特（23.6%）、沙特阿拉伯（15.2%）、阿曼（9.4%）和阿拉伯联合酋长国（9.3%），居于第 5 位；工业年均增长率为12.4%，居于阿曼（15.1%）、博茨瓦纳（15.1%）、韩国（12.6%）之后，名列第 4 位；服务业等年均增长率为 11.3%，居于阿曼（12.2%）之后，名列第 2 位。中国的农业、工业、服务业的年均增长率分别高于世界平均水平的 112.5%、496.0%、253.1%。②

根据世界银行《1998－1999 年世界发展报告》的界定，低收入国家是指 1997 年人均 GNP 在 785 美元及以下的国家；中等收入国家是指 1997 年人均 GNP 786～9655 美元的国家，其中人均 GNP 3125 美元是上中等收入国家和下中等收入国家的分界点；高收入国家是指 1997 年人均 GNP 9695 美元及其以上的国家。1997 年，在世界银行列出的 133 个国家或地区中，中国以 GNP 10554 亿美元，列世界第 7 位，居于美国、日本、德国、法国、英国和意大利之后；以人均 GNP 860 美元，居第 81 位，属于下中等收入国家；若按 PPP（购买力平价）来衡量，人均 GNP 为 3570 美元，居第 65 位，进入上中等收入国家之列。据《1998－1999 年世界发展报告》公布的数据，1980～1990 年中国 GDP 的年均增长率为 10.2%，1990～1997 年为 11.9%；1990～1997 年中国农业、工业、服务业增加值年均增长率分别为 4.4%、13.6%、9.5%；1990～1997 年全世界 GDP 的年均增长率为 2.3%，其中，低收入国家为 4.2%，下中等收入国家为 2.2%，上中等收入国家为 2.9%，高收入国家为 2.1%。③

---

① 东亚包括亚洲东部、东南部和太平洋东部沿岸的所有低收入和中等收入国家或地区，中国和泰国也包括在内。

② 1990 年世界发展报告［M］. 北京：中国财政经济出版社，1990：178－181.

③ 1998～1999 年世界发展报告［M］. 北京：中国财政经济出版社，1999：190－191，209－210.

　　随着经济的快速增长，中国的综合国力得到增强，国际经济地位得到提高。中国工农业主要产品产量居世界位次不断前移，占世界总产量的比重不断提高（见表4－7）。到1998年，中国的钢、煤、水泥、化肥、谷物、肉类、棉花、花生、油菜籽和水果分别占世界产量的15.9%、26.2%、35.6%、18.8%、21.9%、26.3%、21.0%、38.2%、23.8%和14.0%。

表4－7　　　　　　中国工农业主要产品产量居世界位次的变化

产品	1978 年	1980 年	1985 年	1990 年	1995 年	1997 年	1998 年
钢	5	5	4	4	2	1	1
煤	3	3	2	1	1	1	1
原油	8	6	6	5	5	5	5
发电量	7	6	5	4	2	2	2
水泥	4	4	1	1	1	1	1
化肥	3	3	3	3	2	1	1
化学纤维	7	5	4	2	2	2	2
棉布	1	1	1	1	1	2	2
糖	8	10	6	6	4	4	3
电视机	8	5	3	1	1	1	1
谷物	2	1	2	1	1	1	1
肉类※	3	3	2	1	1	1	1
棉花	3	2	1	1	1	1	1
大豆	3	3	3	3	3	3	4
花生	2	2	2	2	1	1	1
油菜籽	2	2	1	1	1	1	1
甘蔗	9	9	4	4	3	3	3
茶叶	2	2	2	2	2	2	2
水果		10	8	4	1	1	1

　　注：※1993 年以前为猪、牛、羊肉产量的位次。
　　资料来源：中国统计年鉴（1999）［M］. 北京：中国统计出版社，1999：896 － 899.
　　中国统计年鉴（2001）［M］. 北京：中国统计出版社，2001：889.

改革开放以来，中国城乡居民的总收入大幅度增长，同时反映不平等程度的基尼系数却在扩大。从国际横向比较看，虽然居民收入差距还处于合理区间，但已出现了两极分化的趋势。牛飞亮根据《1998－1999 年世界发展报告》列出的基尼系数，利用 K⁻均值快速聚类法，对 90 个国家的收入状况进行了分类。第一类国家有 22 个，基尼系数均值为 0.475。包括：中国（1995 年，基尼系数为 0.415）①、美国（1994，0.401）、马来西亚（1989，0.484）、墨西哥（1992，0.503）、巴布亚新几内亚（1996，0.509）、秘鲁（1994，0.449）、菲律宾（1994，0.429）、泰国（1992，0.462）、委内瑞拉（1995，0.468）、赞比亚（1993，0.462）等。这一类国家的收入分配状况处于比较合理的区间，除美国外，都是亚非拉发展程度较低的发展中国家。第二类国家有 13 个，基尼系数均值为 0.5708。包括：巴西（1995，0.601）、智利（1994，0.565）、哥伦比亚（1995，0.572）、肯尼亚（1992，0.575）、津巴布韦（1990，0.568）、南非（1993，0.584）等。这类国家分配高度不平等，属于两极分化的国家。第三类国家有 54 个，基尼系数均值为 0.3155。这类国家包括大多数发达国家和一些分配状况良好的发展中国家。如：法国（1989，0.327）、意大利（1991，0.312）、英国（1986，0.326）、澳大利亚（1995，0.601）、加拿大（1994，0.315）、埃及（1991，0.320）等。②

此外，中国贫困线以下的人口数量还很庞大。据《1998－1999 年世界发展报告》公布的数据，1994 年，中国国家贫困线以下的人口占全国人口总数的 8.4%，其中贫困线以下的农村人口占全国农村人口总数的11.8%。1995 年，中国国家贫困线以下的人口占全国人口总数的 6.5%，其中贫困线以下的农村人口占全国农村人口总数的 9.2%；按国际贫困线标准，每天生活费不足 1 美元的人口占比 22.2%，每天生活费不足 2 美元的人口占比 57.8%。③《中国统计年鉴（1997）》显示，1995 年底，中国总人口为 12.11 亿人，其中农村总人口 8.59 亿人；1 美元兑 8.35 元人民币（中间价）。

（二）居民消费水平的国际比较

改革开放以来，中国经济的快速发展和主要工农业产品产量的大幅度增

---

① 以下本段括号内，前面的数字为年份，后面的数据为基尼系数。

② 牛飞亮. 城镇居民收入差距的国际比较［J］. 经济理论与经济管理，2001（2）：64－68.

③ 1998－1999 年世界发展报告［M］. 北京：中国财政经济出版社，1999：196.

长，为城乡居民生活水平的提高奠定了雄厚的物质基础。1980～1990年，居民消费支出总额从1034.42亿美元增长至1742.49亿美元①，年均增长率为6.8%，分别高于低收入国家、中等收入国家和高收入国家平均水平2.2个百分点、4.2个百分点和3.7个百分点。但同期居民消费与经济增长的依存度偏低，仅为0.715，即GDP每增长1%用于居民消费的数额增长0.715%。这既比低收入国家0.75的平均依存度低，也比中等收入国家的依存度（平均为1.04）低。1990年，居民消费占GDP的比重为49%，比低收入国家低12个百分点，比中等收入国家低13个百分点。② 其主要原因，一是中国人口增长较快，十年间人口增长了15.8%；二是中国在国民收入中用于积累和社会消费的比重较高。1991～1998年，中国人均居民消费支出增长率为7.9%，比1981～1990年高出1.2个百分点；比印度、印度尼西亚、伊朗、韩国、马来西亚、菲律宾、泰国、越南、新加坡、埃及、巴西、墨西哥，高出4个百分点、2.8个百分点、6.1个百分点、4.4个百分点、6.9个百分点、6.6个百分点、6.3个百分点、1.2个百分点、3.8个百分点、5.8个百分点、5.5个百分点、7.2个百分点。1991～1998年，人均居民消费支出负增长的国家主要有尼日利亚（－1.3%）、委内瑞拉（－0.7%）、保加利亚（－3.1%）、罗马尼亚（－0.5%）、乌克兰（－7.9%）。1991～1997年，世界人均居民消费支出增长率为1.1%，其中，美国为1.8%、日本为1.7%、法国为0.8%、意大利为0.7%、英国为1.5%、澳大利亚为2.4%。③1998年，中国居民消费支出总额为4459.74亿美元，居民消费占GDP的比重下降至44%。④

下面从吃、用、住、医疗、教育等方面考察中国与其他国家消费水平的差距。

第一，食物消费方面。从反映居民生活水平状况的恩格尔系数看，到80年代中期，低收入国家居民恩格尔系数一般在50%以上，如孟加拉国为59%、印度为52%、巴基斯坦为54%、坦桑尼亚为59%、马达加斯加为59%；下中等收入国家一般在30%～50%之间，如埃及为50%、刚果为42%、墨西哥和巴西均为35%、泰国为30%；上中等收入国家一般在20%～40%之间，如南非为26%、匈牙利为25%、阿根廷为35%、南斯拉夫为35%、葡萄牙为34%、希腊为30%，委内瑞拉为38%、韩国为35%。

————————
①③ 国际统计年鉴（2000）［M］. 北京：中国统计出版社，2000：561.
② 1992年世界发展报告［M］. 北京：中国财政经济出版社，1992：220－221，232－235.
④ 1999/2000年世界发展报告［M］. 北京：中国财政经济出版社，2000：228－229，250.

高收入国家一般在 20% 以下，如新加坡为 19%、澳大利亚为 13%、英国为 12%、意大利为 19%、法国为 16%、美国为 13%、日本为 16%。① 中国城乡居民恩格尔系数下降缓慢，整个 80 年代都在 50%～60% 之间，其中农村居民恩格尔系数在高位徘徊，城镇居民在低位徘徊并进入一个时间相对较长的温饱水平巩固阶段，居民膳食处于低收入国家居民的生活水平。进入 90 年代以后，中国城镇居民恩格尔系数降至 50% 以下，完成了温饱型向小康型的过渡；农村居民恩格尔系数到 1998 年才降至 53.2%，仍处于温饱型阶段。表 4－3、表 4－4 和表 4－8 显示了 90 年代中国城乡居民家庭和部分国家家庭消费支出构成中食品支出所占比重的情况，发展中国家的恩格尔系数一般在 50% 以上，这是由于其经济不发达、居民可支配的生活费收入有限，必须把大部分支出用在食品、衣着等生活必需品消费上，才能维持温饱，而家庭设备用品、医疗保健、交通通信和文化教育等享受性和发展性生活消费支出的比重相对较低。② 韩国、泰国和墨西哥等新兴经济体恩格尔系数接近 30%，这些国家居民生活质量较高，在饮食状况改善的同时，食品消费比重较低，在衣着、家庭设备、交通通信、教育及居住等方面消费水平相对较高。发达国家的恩格尔系数一般在 20% 以下，这些国家的居民食品消费档次高、营养好、动物性食品比例高，文化教育消费和医疗保健水平高，小汽车、电话等现代化交通通信工具比较普及。另外，高收入国家在外就餐支出在食品支出中所占比重较高。1993 年，美国为 33.71%、日本为 15.93%，中国仅为 8.67%。在外就餐比重高说明居民的休闲时间多、家务劳动负担低，这是生活质量高的体现。③

表 4－8　　　　　　　　部分国家家庭消费支出构成比较　　　　　　　　单位：%

国家	食品和饮料	服装和鞋类	住房、燃料和能源	家用设备及支出	医疗保健	交通和通信	教育、休闲与娱乐	其他
韩国	28.5	7.4	7.7	4.4	4.4	12.6	15.2	19.9
日本	16.3	5.2	23.3	5.0	10.8	11.6	12.8	15.0
菲律宾	57.3	2.7	4.2	13.9		4.6		16.4
印度	53.0	9.8	9.9	4.2	2.3	13.0	3.5	4.4

① 1990 年世界发展报告 [M]. 北京：中国财政经济出版社，1990：196－197.
②③ 文兼武. 消费结构的国际比较 [J]. 消费经济，1996（6）：11－15.

续表

国家	食品和饮料	服装和鞋类	住房、燃料和能源	家用设备及支出	医疗保健	交通和通信	教育、休闲与娱乐	其他
泰国	29.2	12.2	7.8	10.2	7.0	15.5	4.9	13.1
法国	17.6	5.1	22.0	7.3	10.2	16.5	7.3	14.0
英国	19.9	5.9	19.7	6.5	1.6	17.1	10.8	18.5
丹麦	20.0	5.2	27.1	5.9	2.1	18.0	10.6	11.1
葡萄牙	27.0	8.5	10.7	7.5	5.2	16.3	8.3	16.5
瑞典	18.4	5.3	33.4	5.1	4.0	17.1	9.2	7.5
美国	10.6	5.7	18.6	5.4	18.0	14.4	10.8	16.5
墨西哥	29.0	4.3	14.1	8.5	4.4	14.6	6.0	19.3
澳大利亚	20.6	4.6	20.2	6.2	7.2	14.3	11.0	15.9

注：菲律宾、印度和泰国是 1993 年数据，丹麦和葡萄牙为 1995 年数据，其他国家为 1996 年数据。

资料来源：国际统计年鉴（2000）[M]．北京：中国统计出版社，2000：564.

　　从食物消费结构看，随着生活水平的提高，中国居民对粮食的消费量有所下降，对肉、蛋、奶、油脂等的消费量逐步提高。到 80 年代末，肉和蛋的消费已经超过部分下中等收入国家水平，接近上中等收入国家水平，但奶类、禽类、鱼虾类的消费量仍然较低。水产品是东亚地区居民的主要食品之一，但中国居民水产品消费量普遍低于同属于东亚国家的日本、菲律宾、泰国、韩国等国（见表 4－9）。从人均每天食物热值、蛋白质和脂肪含量（见表 4－10）看，中国在这三类数值中仅高于孟加拉国、印度、菲律宾和泰国。虽然伊朗、日本、南非和巴西等国人均每天的食物热量不足 3000 大卡，但蛋白质含量一般超过 70 克、脂肪含量一般超过 60 克，均高出中国 10 克左右。美国、法国、德国、意大利、英国和澳大利亚等发达国家人均每天的食物热量都超过了 3200 大卡，不仅蛋白质含量超过了 100 克，而且脂肪含量大多超过了 130 克。这说明，改革开放以来中国居民的营养状况一直在不断改善，但提高比较缓慢，食品营养水平依然偏低；人均每天摄取的热量、蛋白质和脂肪中源于动物性食品不足，食品消费档次仍是典型的高谷物膳食结构，还需要花大力气提高居民的饮食水平。

表 4-9　　　　　部分国家居民人均主要食物消费量比较　　　　单位：公斤

国家		粮食	植物油	肉类	禽类	蛋	水产品	糖	奶
中国（1989）		242	5.4	17.1	1.8	6.0	6.3	5.0	3.9[a]
下中等收入国家	菲律宾（1989）[a]	229		11.6	4.2	4.4	33.5[c]	26.1	0.2
	埃及（1989）[a]	195		7.9	2.0	2.7		18.5	18.9
	泰国（1989）[a]	473		10.3	10.7	2.0	42.8[c]	73.7	2.3
	墨西哥（1989）[a]	215		32.2	9.8	9.8		42.8	103.4
	巴西（1989）[a]	296		24.0	14.5	7.5		50.3	92.3
上中等收入国家	匈牙利（1987）	112	9.0	104.0		320[b]	2.1	40.0	258.0
	阿根廷（1989）[a]	541		90.8	10.8	9.0		29.6	210.8
	韩国（1989）[a]	206		14.0	3.7	9.6	63.3[c]	14.8	42.9
	伊朗（1989）[a]	176		86.9	4.7	4.7	2.8	18.4	30.6
高收入国家	日本（1986）	123	12.0	39.0	14.6		33.9	21.0	68.0
	美国（1987）	97	28.5	120.0	249[b]		7.6	28.0	272.0

注：a 为人均产量；b 单位为个数；c 为 1988 年。

资料来源：陆学艺. 2000 年中国的小康社会［M］. 南昌：江西人民出版社，1991：210.

表 4-10　　　部分国家居民人均每天食物热值、蛋白质和脂肪含量比较

国家	食物热量（大卡）			蛋白质含量（克）			脂肪含量（克）		
	1979~1981 年	1989~1991 年	1994~1996 年	1979~1981 年	1989~1991 年	1994~1996 年	1979~1981 年	1989~1991 年	1994~1996 年
中国	2315	2652	2766	53.9	63.9	73.0	31.5	50.5	64.4
孟加拉国	1914	2063	2063	42.3	44.3	44.5	14.1	18.6	21.6
印度	2077	2337	2394	50.8	56.8	58.2	32.7	39.7	43.2
伊朗	2657	2712	2885	68.9	71.7	76.2	62.9	63.3	65.3
日本	2747	2899	2898	86.8	94.6	96.4	68.9	79.7	80.6
韩国	3122	3238	3302	82.6	82.0	86.9	41.5	64.7	81.6
菲律宾	2228	2376	2366	51.0	55.8	55.8	35.7	40.4	46.8
泰国	2218	2245	2330	48.5	50.5	52.5	31.4	43.5	43.1
埃及	2913	3156	3277	73.0	83.6	87.7	65.5	58.8	58.3
南非	2830	2880	2881	74.5	74.1	72.3	68.1	71.6	78.9

续表

国家	食物热量（大卡）			蛋白质含量（克）			脂肪含量（克）		
	1979～1981年	1989～1991年	1994～1996年	1979～1981年	1989～1991年	1994～1996年	1979～1981年	1989～1991年	1994～1996年
美国	3174	3462	3624	98.2	107.0	111.0	128.4	139.2	142.9
墨西哥	3115	3081	3137	83.4	79.6	83.2	79.3	80.8	85.6
阿根廷	3206	2965	3118	106.7	94.3	96.6	116.0	103.2	112.9
巴西	2667	2774	2878	62.2	66.4	72.2	65.1	80.9	80.2
法国	3395	3548	3550	112.3	116.9	114.4	148.2	163.6	164.3
德国	3324	3396	3296	95.1	99.1	94.3	136.0	142.6	141.4
意大利	3356	3575	3476	106.3	110.0	107.7	128.6	150.0	145.0
英国	3138	3206	3210	88.1	92.2	94.0	135.0	135.3	138.6
俄罗斯	3363	3248	2814	102.9	104.6	87.3	94.3	100.2	79.0
澳大利亚	2975	3036	2975	100.3	104.0	103.1	107.3	113.9	111.3

资料来源：国际统计年鉴（2000）［M］. 北京：中国统计出版社，2000：572.

第二，耐用品消费方面。这一时期，中国居民耐用消费品发展速度之快，在世界上是很少见的，明显具有跨越式特征。从"新三大件"和收录机来看，1981年中国城镇居民家庭彩色电视机普及率为0.59%、电冰箱为0.22%、洗衣机为6.31%、收录机为12.97%，到1992年普及率分别达到74.87%、52.60%、83.41%、73.59%，仅用了十年多的时间，普及的起点之低，普及的速度之快，在国际上实属罕见。苏联从60年代开始，洗衣机、电视机、电冰箱方进入居民家庭消费领域，到80年代达到普及阶段，历时二十年。其他东欧国家，大致从50年代开始到80年代初基本普及，历时三十多年。[①] 中国农村居民耐用品消费滞后于城镇居民，到90年代初"新三大件"开始在农村兴起，1992年电冰箱普及率为2.17%，洗衣机为12.23%，彩色电视机为8.08%。据世界银行统计，80年代末，中国主要耐用消费品的普及率已达到人均GNP1000美元国家的水平，其中彩色电视机普及率则更接近人均GNP3000美元的国家。[②] 以收音机、电视机为例，1990

---

① 尹忠立. 试论我国耐用消费品市场的二元结构特性［J］. 消费经济，1991（6）：29－33.

② 郑必清，王启云. 走向21世纪的中国消费结构［M］. 长沙：湖南出版社，1996：113.

年中国人均 GNP350 美元，属于低收入国家水平，但当年中国收音机、电视机普及率分别达到每千人 323 台、267 台，已经超过部分中等收入国家普及水平。进入 90 年代，电话、个人电脑、空调、微波炉、汽车等一些新的耐用消费品逐渐进入发展中国家居民家庭，并在发达国家居民家庭中普及率迅速提高。就电话和个人电脑的普及率来看，1997 年中国的电话用户 8 部/百人、个人电脑 6 台/千人，高于印度的 2 部/百人和 2.1 台/千人，但低于菲律宾、泰国和拉美等发展中国家的水平，更远低于韩国、日本、英国和美国（见表 4 – 11）。

表 4 – 11　　部分国家收音机、电视机、电话和个人电脑的普及率

国家	收音机普及率（台/千居民）			电视机普及率（台/千居民）			电话用户普及率（部/百人）	个人电脑普及率（台/千人）	
	1980 年	1990 年	1997 年	1980 年	1990 年	1997 年	1997 年	1992 年	1997 年
中国	95	323	335	9	267	321	8	0.9	6.0
孟加拉国	17	44	50	1	5	6			
印度	38	79	120	4	32	65	2	0.5	2.1
伊朗	163	238	268	51	64	71	11		31.9
日本	678	899	956	539	611	686	48	69.1	202.1
韩国	944	1011	1039	165	210	348	44	56.8	150.7
菲律宾	124	142	161	22	44	52	3	5.2	13.4
泰国	140	171	234	21	106	254	8	7.9	20.0
埃及	137	302	317	32	101	119	6		7.1
南非	290	337	355	73	109	134	11	11.1	41.5
美国	1973	2084	2116	676	799	806	64	252.6	406.9
墨西哥	133	258	329	57	148	272	10	14.5	37.7
阿根廷	427	670	681	183	218	223	19	9.9	39.2
巴西	312	385	434	123	208	223	10	6.4	26.3
法国	741	888	946	353	402	595	58	83.7	172.8
德国	893	878	948	439	554	567	55	109.9	255.9
意大利	602	798	880	390	424	528	45	54.5	113.0

续表

国家	收音机普及率（台/千居民）			电视机普及率（台/千居民）			电话用户普及率（部/百人）	个人电脑普及率（台/千人）	
	1980 年	1990 年	1997 年	1980 年	1990 年	1997 年	1997 年	1992 年	1997 年
英国	950	1390	1443	401	433	521	52	144.8	242.9
俄罗斯	504	371	417	296	364	410	18	6.4	31.9
澳大利亚	1098	1279	1391	384	486	554	50	184.0	361.5

注：中国收音机和电视机普及率为联合国教科文组织统计数据；伊朗的个人电脑为 1996 年的数据。

资料来源：国际统计年鉴（2000）［M］. 北京：中国统计出版社，2000：570－571.

从家用设备及支出占家庭消费支出的比重来看，发达国家一般不超过7%，其中美国为 5.4%、日本为 5.0%、英国为 6.5%、瑞典为 5.1%，法国为（7.3%）稍高一些；发展中国家大都在 8% 以上，其中菲律宾为13.9%、泰国为 10.2%、墨西哥为 8.5%。90 年代，中国城镇居民家庭一般也在 8% 以上。印度家用设备及支出占家庭消费支出的比重为 4.2%，中国农村居民家庭略高于 5%，这主要是因为耐用消费品普及率偏低和家庭用品档次低的缘故。

第三，居住方面。住房情况是影响居民生活质量的一个很重要的因素，人均住房面积的大小是反映居民生活水平高低的一项重要指标。到 20 世纪80 年代末，住房问题仍是世界各国最难妥善解决的问题，即使在西方工业国家，贫民窟仍未消除，无家可归者仍不在少数。从表 4－12 可看出，人均居住面积和每间房居住人数的紧张程度与一国经济发展水平的高低有着直接关系，经济发展水平越高，人均使用面积越大，每间房居住人数越少。低收入国家一般 2.47 人一间房，中低收入国家一般 2.24 人一间房，中等收入国家一般 1.69 人住一间房，中高收入国家平均 1 人一间房，高收入国家将近1 个人两间房。据《中国统计年鉴（1992）》的数据，1990 年末，中国农村居民平均每户使用房屋间数为 5.61 间，按当年平均每户常住人口 4.80 人计算，已经达到 1 人一间房的目标，人均使用房屋面积 21.04 平方米，其中人均居住面积 17.8 平方米，相当于中高收入国家居民的居住水平；中国城镇居民住房条件比农村要拥挤一些，人均居住面积 6.7 平方米，按当年平均每户家庭人口 3.50 人计算，基本上 2 人合一间，介于中低收入国家和中等收入国家之间的水平。应该指出，有一些经济发展水平较高的国家或地区，比如日本的居住条件也不是很好的。改革开放以来，经过十几年的努力，中国住宅建设取得了举世瞩目的成绩，无论是住房建成量，还是人均居住面积增长量，均居于世界前列。对此，世界银行曾给予了高度评价："中国住房建设的成就，以国际标准而论也是创纪录的。"① 到1998年，中国城镇居民人均居住面积提高到9.3平方米，已超过国际上人均居住面积8平方米的文明标准，而且住房质量、装饰水平和配套性能也有较大提高。

表4-12　　　　　　　　1990年不同收入国家居民的居住水平

收入水平	国家个数	GNP（美元）	人均使用面积（平方米）	每间房人数
低收入国家	10	低于500	6.1	2.47
中低收入国家	10	570~1260	8.8	2.24
中等收入国家	11	1420~2560	15.1	1.69
中高收入国家	9	2680~11490	22	1.03
高收入国家	12	16100~26040	35	0.66

注：这是联合国1990年对世界52个国家的城市进行的一项住房调查的部分结果。

资料来源：An urbanizing world：Global report on human settlements，1996：United Nations Centre for Human Settlements（Habitat），Oxford University Press，1996.

就住房消费支出占家庭消费支出的比重来看（见表4-8），1996年发达国家一般在20%上下，日本为23.3%、法国为22.0%、英国为19.7%、美国为18.6%、澳大利亚为20.2%；1993年发展中国家住房消费支出占比一般在10%以下，如菲律宾为4.2%、印度为9.9%、泰国为7.8%。发达国家的经验表明，恩格尔系数下降到38%以后，住房消费支出比重有一个提高的过程。日本人均GDP从1966年的1000美元到1975年的3000美元，十年间住房消费支出比重从13%上升到15.6%，1996年进一步提高到23.3%。② 美国从1990年的18.3%提高到1996年的18.6%。1992~1998年，中国城镇居民家庭住房消费支出占比从5.96%提高到9.43%，农村居民家庭基本上稳定在15%左右。从中国与其他国家的比较中可以得出两点结论：一是随着人均国民收入的增长，城镇居民家庭住房消费支出比重将会呈上升趋势，居住条件将进一步改善；二是农村居民家庭住房消费支出偏大，与实际收入水平和消费水平不相匹配，这对农村居民其他类别的消费具

① 张跃庆．城市住宅经济学［M］．北京：经济日报出版社，1995：34.

② 段小红．中国农村居民消费结构的变动趋势及其国际比较［J］．世界农业，2010（8）：20-24.

有严重的挤出效应，会制约农村消费市场的发展。

第四，医疗保健方面。进入 80 年代，受经济体制转轨的影响，中国农村原有的医疗服务体系和合作医疗保障制度逐渐解体，农村居民重新走向了自费医疗之路；中国城镇居民的医疗消费价格虽然稍有上升，但依然享受着公费医疗和劳保医疗制度，医疗条件也明显高于农村居民。尽管如此，中国医疗卫生事业还是取得了一定的进步，与世界各国相比仍然具有优势。世界银行曾有评论：虽然中国是低收入国家，但"中国的健康状况、文化水平和平均寿命与很多中等收入国家是相等的"。1988 年，中国出生时预期寿命为 70 岁，虽然超过了中等收入国家的平均预期寿命（66 岁），但与高收入国家平均预期寿命 76 岁，仍有不小差距；中国人口的粗死亡率为7‰，低于中等收入国家的平均水平（8‰），更低于高收入国家的平均水平（9‰）；中国婴儿死亡率为 31‰，比中等收入国家的平均水平（52‰）低得多。①

中国的医生数量处于上中等收入国家水平，每名医生、护师担负的人口数量大大减少，人民群众的健康水平有所提高。1980 年，中国每名医生担负 1920 人、每名护理人员担负 1890 人，医生数量高于中等收入国家的平均水平（5332 人），护理人员数量略少于中等收入国家平均水平（1769 人）。②到 1993 年，中国每名医生和每名护理人员担负的人口数分别下降到 1060 人和 1490 人，均优于东亚和太平洋地区的平均水平。③

1990～1998 年，中国政府对医疗卫生事业的公共开支占 GDP 的 2.0%，低于世界各国的平均水平。同时，企业职工个人负担部分医疗费用，医疗保险制度逐步实行社会统筹和个人账户相结合。1998 年，中国出生时预期寿命男性为 68 岁、女性为 72 岁，超过了全世界的平均水平（男性 65 岁、女性 69 岁）；与中等收入国家的平均预期寿命相比，男性多 1 岁、女性持平，而高收入国家平均预期寿命男性为 75 岁、女性为 81 岁。中国婴儿死亡率为31‰，与中等收入国家的平均水平持平，比全世界的平均水平（54‰）低得多。④ 表 4－13 为不同国家或地区人口预期寿命和医疗卫生比较。

---

① 1990 年世界发展报告 [M]. 北京：中国财政经济出版社，1990：178－179，230－233.

② 1983 年世界发展报告 [M]. 北京：中国财政经济出版社，1983：194.

③ 1995 年世界发展报告 [M]. 北京：中国财政经济出版社，1995：214－215.

④ 2000/2001 年世界发展报告 [M]. 北京：中国财政经济出版社，2001：280－281，290－291.

表 4 – 13　　　　　　　不同国家或地区人口预期寿命和医疗卫生比较　　　　单位：%

国家 （地区）	出生时预期 寿命（岁）		医疗卫生公共 开支占 GDP 的 百分比	每一医生 担负人口	每一护理人 员担负人口	婴儿死亡率 （每千例活产婴儿）		
	1992 年	1998 年	1990 ~ 1998 年	1993 年	1993 年	1980 年	1992 年	1998 年
中国	69	72	2.0	1060	1490	42	31	31
印度	61	63	0.6			115	75	70
撒哈拉 以南非洲	52	50.5	1.5	24180	1840	115	99	92
东亚和太 平洋地区	68	69	1.7	1740	1350	55	49	35
南亚	60	62.5	0.8			119	85	75
欧洲和中亚	70	69.5	4.0	370	250	41	30	32
中东和北非	64	67.5	2.4	1260	400	95	58	45
拉丁美洲 和加勒比 地区	68	70	3.3			61	44	31
世界平均	66	67	2.5			80	60	54

资料来源：1994 年世界发展报告 [M]. 北京：中国财政经济出版社，1994：162 – 163，214 – 215.
1995 年世界发展报告 [M]. 北京：中国财政经济出版社，1995：214 – 215.
2000/2001 年世界发展报告 [M]. 北京：中国财政经济出版社，2001：280 – 281，290 – 291.

　　从医疗保健消费支出占家庭消费支出的比重看（见表 4 – 8），发达国家如日本、法国、澳大利亚占比普遍较高，1996 年分别为 10.8%、10.2%、7.2%，美国甚至高达 18.0%；而英国为 1.6%、瑞典为 4.0%，医疗保健消费支出占比却较低。差距如此之大，主要是受到了不同社会医疗保障制度模式的影响。美国是发达国家中唯一一个没有实行全民医疗社会保险制度的国家，医疗费用由政府、商业医疗保险和自费来支付。英国和瑞典是高福利国家，实行全民健康保险制度，国民看病交费甚少或基本不用交费。发展中国家医疗保健消费支出占比一般在 5% 以下，如印度为 2.3%、墨西哥为 4.4%。1992 ~ 1998 年，中国城乡居民家庭医疗保健支出占比虽也在 5% 以下，但呈现出较快增长趋势。这表明中国医疗社会保障体系不健全，居民医疗方面的负担相对较重。

　　第五，文化教育方面。进入 80 年代，随着经济体制改革的全面推进，传统的教育管理体制已经不能适应经济发展的需要，中国进行了一系列教育改革，实行简政放权，扩大学校办学自主权，初步形成了分级办学、分级管理的体制，有力地调动了各级政府和社会办学的积极性，促进了教育事业的发展。但是，中国教育投入严重不足，与世界上大多数国家相比差距很大。中国教育支出占 GNP 的比重，不仅低于美国、日本等发达国家，也明显低于发展中国家的平均水平。据统计，1980 年世界各国平均教育支出占 GNP 的比重为 4.9%，其后略有下降，1990 年减至 4.7%，而中国在 1980 年仅为 2.5%，1990 年减至 2.3%，低于欠发达国家投入水平，甚至低于落后国家投入水平。① 尽管如此，中国的教育水平仍有明显提高，特别是初等教育的普及和文盲的消除是显著的，中等教育的普及也达到了一定的水平。1980 年，中国成人识字率 69%、小学入学率 117%、中学入学率 34%，中等收入国家分别为 65%、100%、39%。② 到 1990 年，中国分别增长至 73%、135%、48%，③ 在低收入国家中位于前列，其中前两项均高于世界平均水平。但是，中国高等教育与世界各国相比明显滞后，1979 年中国高等教育入学率为 1%，低收入国家为 4%，中等收入国家为 11%。④ 1990 年中国高等教育入学率为 2%，中等收入国家为 16%。在低收入国家中处于后列，甚至与马来西亚、印度、巴基斯坦等国也有较大的差距。⑤ 中国教育格局明显呈现出基础教育发达，中等教育略显落后，高等教育严重滞后的特征。

1992 年以来，中国教育体制改革取得突破性进展，全面推进素质教育，较大规模地扩大高中阶段和高等学校的招生数量，构建职业教育、成人教育和普通高等教育之间的"立交桥"，实施大学生上学自己缴纳部分培养费制度。虽然全国教育经费总投入大幅度增加，但由于公共教育开支占 GDP 的比重仍然较低（1998 年为 2.3%），致使城乡居民和企业成为中国教育经费的重要承担者。中国城乡居民娱乐教育文化服务支出占家庭消费支出的比重迅速提高，到 1998 年分别提升至 11.53% 和 10.02%，这虽然与发达国家水平相当，但其绝对水平并不高。1996 年，日本为 12.8%，美国和英国均为 10.8%，澳大利亚为 11.0%，韩国为 15.2%（见表 4-8）。1997 年，发达国家公共教育支出占 GDP 的比重为 5.4%，中等收入国家为 4.8%，低收入国家为 3.3%。⑥ 由此看出，中国城乡居民对文化教育素质提高、技术培训

① 张力，康宁.中国教育与可持续发展 [M].北京：科学出版社，2007：207.中国数据为公共教育支出占 GDP 的比例。

②④ 1983 年世界发展报告 [M].北京：中国财政经济出版社，1983：196.

③⑤ 1993 年世界发展报告 [M].北京：中国财政经济出版社，1993：238-234，294-295.

⑥ 2000/2001 年世界发展报告 [M].北京：中国财政经济出版社，2001：288-289.

和生活质量改善的非常重视，同时也说明由于受文化教育体制改革的影响，中国城乡居民文化教育负担大幅度增加了。因此，在人民生活由温饱向小康过渡阶段，如何提升人民的文化教育素质，成为中国面临的一个大课题。

第六，交通通信方面。交通通信是居民生活水平提高的基础和前提条件，人民生活水平的提高必然会增加交通通信消费的支出。表 4 - 8 显示，除菲律宾外，无论是发达国家还是发展中国家，它们的交通通信支出占生活消费支出的比重都在 11% 以上。而 1992～1998 年中国城乡居民的交通通信消费支出占比分别从 2.64% 和 1.86%，增长到 5.94% 和 3.82%。虽然增长速度较快，但中国居民交通通信支出比重明显偏低。这里还需要指出，发达国家居民私家车的普及率较高，交通方面的支出有相当部分没有纳入交通支出统计范围，而是体现在燃料和能源支出上，造成发达国家居民交通通信支出口径变小。[①] 随着市场化改革的深入，劳动者流动性增强，由于就业、工作、升学、培训等原因，中国居民的交通通信消费支出必然还会进一步提高。

总之，1878～1998 年双轨制时期是中国顺利解决居民温饱问题并逐步走向小康社会的时期，中国居民的生活水平与外国居民相比有了很大的提高。中国居民人均食物消费量、耐用品拥有量、人均居住面积、成人识字率、人口平均预期寿命、婴儿死亡率等重要指标，已达到中等收入国家的水平。但是，在医疗保健、文化教育方面明显存在"吃老本"的现象。中国在居民医疗健康、大众教育方面所取得的成就基本上都是改革开放之前取得的，进入 80 年代后进步缓慢，尤其是反映高等教育事业发展水平的大学生入学率这一指标，还不及低收入国家的平均水平，与国外差距显著。这种状况是中国计划经济体制向市场经济体制转轨过程中社会保障负担从政府转向个人社会背景的反映。如何在市场经济条件下正确处理政府与个人在社会保障方面的关系与作用，无疑成为时下中国领导者所必须关注的问题。与国外居民相比，中国居民物质消费迈上了一个大的台阶，但精神文化消费略显不足、占比较低，人们花在吃穿住用上的消费支出占据整个消费支出的大头，反映出中国居民消费水平还处在一个较低的阶段。居民消费水平的差距实质上是经济发展水平差距的反映。中国与国际的发展差距，特别是与发达国家的发展差距是由一二百年的历史造成的，缩短这种差距需要有一个历史过程，企图通过十年八年的改革与建设就全面赶上发达国家，这是不可

---

① 徐斌. 我国居民消费结构变动的国际比较 [J]. 统计与决策，2014（2）：93 - 97.

能的。因此，我们决不能只强调追赶的速度和发展成就，而否认发展差距的存在。只有经济长期稳定发展，中国居民的消费水平才能稳步地向发达国家靠近。

当前和今后一个时期是以中国式现代化全面推进强国建设、民族复兴伟业的关键时期。面对纷繁复杂的国际国内形势，面对新一轮科技革命和产业变革，面对人民群众新期待，必须继续把改革推向前进。[①] 因此，要准确把握新发展阶段，深入贯彻新发展理念，加快构建新发展格局，推动高质量发展，让现代化建设成果更多更公平惠及全体人民。一是加快构建高水平社会主义市场经济体制。要坚持和完善社会主义基本经济制度，充分发挥市场在资源配置中的决定性作用和更好发挥政府作用，推进高水平科技自立自强，推进高水平对外开放，加快建成现代化经济体系。二是持续提升城乡居民生活品质。要统筹新型工业化、新型城镇化和乡村全面振兴，完善城乡融合发展体制机制，促进城乡要素平等交换、双向流动，增强基本公共服务均衡性和可及性，健全保障和改善民生制度体系，缩小城乡差别，促进城乡共同繁荣发展。加快经济社会发展全面绿色转型，健全生态环境治理体系，促进人与自然和谐共生。三是积极推动社会主义文化强国建设。要坚持马克思主义在意识形态领域指导地位的根本制度，健全文化事业、文化产业发展体制机制，优化文化服务和文化产品供给，推动优质文化资源直达基层，丰富人民群众精神文化生活，同时提升国家文化软实力和中华文化影响力。

---

① 中共中央关于进一步全面深化改革 推进中国式现代化的决定［N］. 人民日报，2024－07－22.

第五章

中国居民消费对经济增长的拉动作用

1978～1998 年，随着改革开放的不断推进，中国经济体制进入了计划与市场并存运行的双轨制时期。在此期间，中国实施了一系列重大体制机制创新，极大地解放了社会生产力，创造了 10% 左右的经济持续高速增长奇迹。[①] 中国居民消费也摆脱了传统计划经济体制下从属于生产、长期隔离于经济发展以外的状态，消费和生产开始建立良性互动关系，回归其在社会再生产中的正常地位，在拉动经济增长中发挥着越来越重要的作用。虽然居民消费水平和生活质量得到了极大提升，但相对于现代消费而言，在两种体制摩擦、较量与转轨的互动下中国居民消费模式具有明显的过渡特征。那么，双轨制时期中国居民消费在经济增长主要动力因素中占据怎样的地位？发挥着怎样的作用？又有着怎样的变化趋势？本章在对居民消费拉动经济增长进行理论阐释的基础上，着重对双轨制时期中国居民消费对经济增长的拉动作用及其特征进行实证分析，这将有助于从现代化发展进程视角深刻理解影响消费的因素、消费结构与水平的变化、消费模式与消费对经济增长的拉大作用等，对当前扩大内需、增强消费对经济发展的基础性作用、推动中国经济高质量发展具有重要的借鉴意义。

一、居民消费拉动经济增长的理论阐释

（一）消费需求与经济增长

消费是人们为满足物质生活和精神享受而进行的经济活动，是社会再生产过程的重要环节之一。消费作为经济循环流程中的关键，是经济增长的动

---

① 本书对来源于《中国统计年鉴》或根据《中国统计年鉴》计算出来的数据，不作注释。

力与经济发展的目的。

1. 消费需求与居民消费

消费不仅仅是一个经济概念和经济问题，也是一个社会变量和社会问题，与民生问题更是有着深刻的内在关联性。消费需求是指消费主体对消费品和劳务的购买需求。根据消费主体的不同，消费需求分为居民消费和政府消费两种类别，其中居民消费是消费需求的主要组成部分。居民消费主要是指居民的商品和劳务支出，即家庭生活支出，包括食品、服装等日用品、家用电器、汽车等耐用品以及文化、娱乐等服务支出等，消费资金来源于居民可支配收入。政府消费是指政府部门为全社会提供公共服务的消费支出和免费或以较低价格向居民提供的货物和服务的净支出，其性质为公共支出，资金来源为以税收为主的财政收入。

2. 经济增长及其拉动力量

经济增长是指一个国家或地区一定时期内的国内生产总值（GDP）实现的增长。对一个国家或地区而言，经济增长是反映该国或地区发展和进步的一个重要指标，是社会各项事业发展的基础。因此，经济增长是人类社会演进和发展过程中的永恒主题，对经济增长拉动力量和影响因素的研究成为政府和经济学家关注的焦点。

从需求方面看，GDP 由最终消费、投资和净出口三部分构成，即三者作为 GDP 的构成要素，在生产能力的界限之内，任何一个部分的增加都会直接引致 GDP 的提高。经济增长的拉动力量有三类：一是国内消费需求，即城乡居民的物质消费和文化消费的需求；二是投资需求，即经济文化建设的需求；三是国外出口需求，即对外经济交流与贸易的需求。因此，消费与投资、出口共同构成拉动经济增长的"三驾马车"，而居民消费是经济增长的最终动力。

对经济增长的拉动作用，是指诸构成要素（最终消费、投资和净出口）对 GDP 的贡献情况。一般来说，影响经济增长的因素很多，除了三个构成要素外，其余因素则是间接通过影响三者发挥作用，不属于直接拉动力量。

（二）消费是拉动经济增长的根本动力

1. 消费是社会再生产的目的和归宿

根据马克思主义再生产理论，社会再生产过程包括生产、分配、交换和消费四个环节。关于消费的作用和地位，马克思说过："没有需要，就没有生产，而消费则把需要再生产出来"，"消费的需要决定着生产"。[①] 消费是人类生产与发展的必要物质前提，一切生产归根到底是为了消费，消费使生产最终实现，消费直接体现了生产的动机、目的和归宿。人们通过消费，满足了需要，原有需要实现了，又产生出更加高层次的、新的需要，对生产提出新层次的要求，从而推动社会生产部门的发展和进步，为经济增长提供动力。

将消费置于社会经济运行轨道之中进行考察，消费的作用和特点更加突出和明确。一方面，作为社会再生产过程的终点，人们获取消费品的方式、消费水平以及生活需要得到满足的程度等消费状况，检验着整个社会再生产过程运转状态、社会生产水平和发展状况、经济政策制定和实施效果以及社会经济发展效率；另一方面，它对检验情况做出总结和评价，向再生产过程全面迅速反馈社会经济过程中的各种信息，提供改善循环的依据和具体要求，为新一轮社会再生产提供导向和指引，并为扩大社会生产创造出新的消费需求。从动态意义上看，消费是社会再生产的核心环节，既是社会再生产上一个循环的终点，是检验再生产过程运行状况的测量器，又是下一个再生产过程的先导，成为改进整个经济运行的指示器。[②] 消费是社会生产的动机、目的，为生产创造了基本的条件，并以自身发展引导和创造出生产的发展，体现了对社会生产从而对经济发展的拉动作用。

2. 消费是拉动经济增长的根本动力和持久力量

随着中国由短缺经济转向生产相对过剩，市场格局由卖方市场转为买方市场，经济发展由过去主要是资源约束转变为主要是市场约束，经济发展主要矛盾的主要方面逐步由供给方转移到需求方，消费需求相应地成为经济增长的最主要约束条件。如果消费需求规模足够大，经济增长的市场容量约束就弱，GDP 就没有缺口，实际产出就越有可能接近潜在生产能力。当实际产出逐步接近潜在生产能力时，经济就实现了充分增长，呈现出自主性增长的特征，表现为消费拉动投资，此时利润增加导致消费进一步扩大，从而拉动投资再增加，如此循环往复，随着消费结构的优化和升级，经济出现稳定自主性的增长，从而形成消费需求与经济增长之间的良性循环。因此，在需求约束状态下，消费需求毋庸置疑成为经济自主性增长的根本动力。消费需求的不足，将会影响经济自主增长机制的形成，经济增长如果过多地依赖政

---

① 马克思恩格斯选集（第二卷）［M］. 北京：人民出版社，1972：94.

② 李占风. 消费对经济增长拉动作用的计量分析［J］. 统计与决策，2008（21）：90 – 91.

府投资需求，就会缺乏内在的驱动力。从微观层面来看，经济主体实现利润最大化的前提是它所生产的产品能够被市场所接受，只要有消费者购买，产品就能够以合适的价格卖出。只要商品市场上存在消费需求，甚至存在潜在需求，企业就会进行生产经营，实现自己的盈利目标。可见，消费对社会生产和投资具有明显的拉动和引导作用。

消费是拉动经济增长的持久力量。首先，消费是社会经济发展的前提。一切社会经济活动都是从消费需要开始的。消费需要引起生产需要，进而引起整个社会经济的运行，以消费需要为起点是社会主义经济规律的客观要求。其次，消费的增长直接扩大消费性需求，从而拉动消费性供给增长，而消费性供给的增长又会引起生产性需求，从而拉动生产性供给增长。这样，消费品市场和生产资料市场就会共同达到繁荣。最后，消费增长还会带动投资的增长。无论消费品生产的增加，还是生产性生产的增加，都必须依赖固定资产和机械设备的增加来实现。投资具有加速经济发展的作用，消费通过拉动投资增长以保证经济以较高的速度发展。消费增长引起的经济发展，意味着总供给和总需求相适应，以及生产资料和消费品生产相协调，因此，此种发展具有持久的性质，而不是投资拉动的短期性质的经济增长。投资作为GDP的构成部分，增加基础设施和基础产业投资能够直接引起GDP的增加，从而拉动经济增长，但投资是为消费服务的，投资需求是消费需求的派生，没有消费的增长，投资就不可能无限制地循环下去，其自身不可能成为经济增长的持久拉动力量。

3. 消费结构变化是生产结构优化升级的根本依据和决定力量

经济增长包含经济规模的扩大和经济结构的演进。一般来说，经济总量扩大并不意味着经济的强大，在经济规模扩大过程中实现产业结构升级对一个国家或地区的高质量发展至关重要。[①] 社会生产的目的是满足人们的消费需要，从社会再生产的运动过程看，消费需求结构决定着生产结构，是生产结构调整的依据。随着消费结构的优化和升级，推动产业结构与产品结构的调整和优化，不断开发新产品，扩大生产领域和服务领域，增加服务项目，提升社会生产能力，促进经济持续快速增长。对微观主体来说，追逐市场需求，实现利润最大化是其生产经营的目的，因此企业必须根据消费需求结构的变化，及时调整生产结构，生产出满足市场需要的产品，实现自己

---

① 杨仁发，李娜娜. 产业结构变迁与中国经济增长——基于马克思主义政治经济学视角的分析 [J]. 经济学家，2019（8）：27 – 38.

的生存和发展。①

随着社会经济的发展，人们的消费需求会由低层次向高层次变化，进而引起社会消费结构的升级，表现为一个社会的消费需求由代表低层次的主流商品到代表较高层次的主流商品的变革，或称"消费革命"。世界发达国家的消费结构变化表明，消费结构的演进沿着温饱、家用电器、住行、教育等典型消费品的顺序进行，与此相适应，产业结构沿着农业→轻工业→重工业→重加工工业→现代服务业的顺序发展。消费需求的升级变化会引起代表高层次的主流商品的消费热潮。实践证明，每一个消费热点的出现，都会带动消费的快速增长，意味着又一个新经济增长点的到来，从而促进整个国民经济的快速发展。20世纪80年代末，中国开始了以家用电器为代表的消费结构升级，掀起了彩色电视机、电冰箱、空调、电话等家用电器和通信设备的消费热潮，推动了生产经营结构调整，引发了家电生产及相关联产业的大发展。由此，消费需求结构的变化是产业结构演变的最一般、最根本的动因，从而成为促进经济增长的基础力量。

4. 消费需求是熨平经济波动的稳定力量

世界各国经济发展的历史证明，从长期看，消费支出和国民生产总值的增长率大致相同。但是，从短期来看，消费支出的波动比国民生产总值和投资需求的波动小，实际国民生产总值迅速升降时，消费支出在回到原先位置时，只有一点轻微升降，并且往往滞后于投资需求的波动。② 因此，消费需求的这个变化特点能够消解投资或者其他因素导致的经济增长剧烈变动。此现象早就引起了经济学家的关注。可以说，消费需求不仅是经济增长的主导力量，也在经济发展中发挥了重要的稳定作用。

5. 消费有利于提高人的素质，促进经济增长

无论生产的社会形式如何，生产资料和劳动者始终是生产要素，劳动者是社会生产过程中一个最基本、有决定意义的条件，也是最具能动性的要素。随着社会的不断进步，人才越来越成为推动经济社会发展的战略性资源和第一资源，是一个国家和民族的核心竞争力。消费对直接社会生产的重要作用，就是为社会生产创造出劳动力。消费决定劳动者的素质，能够激发劳动者的生产热情，使潜在的生产力转化为现实的生产力。同时，消费质量和消费水平的提升，意味着文化含量的提高，有利于从根本上提高劳动者的文

① 穆争社，文启湘．依据消费需要的结构调整生产结构 [J]．消费经济，2002 (3)：6-9.
② 李占风．消费对经济增长拉动作用的计量分析 [J]．统计与决策，2008 (21)：90-91.

化素质和综合能力，促进人的身心健康和全面发展；消费的扩大和升级，有利于优化社会结构，促进物质文明和精神文明的共同协调发展，其结果必然有利于促进生产力和消费力之间的良性循环，进而推动经济发展和社会进步。

（三）消费拉动经济增长的内在机制

1. 经济增长的需求和供给条件

经济增长的供给条件是生产能力的增长。一个时期的生产能力决定着该时期经济活动水平的最高界限（即潜在 GDP），经济增长要突破这一界限，就需要有生产能力的增长。从长期来看，经济增长就是一个国家生产能力的增长，即资本存量的增长、劳动力数量和质量的增长及技术水平的提高。要提高生产能力就要具备扩大再生产的物质基础，资本积累是其中的重要因素。

经济增长还要有需求条件。要使增长了的生产能力得到充分利用，生产出尽量多的产品和劳务，就要有足够的社会总需求。总需求规模和生产能力相当，实际产量才能够尽可能接近潜在供给，才算实现了经济的充分增长。如果总需求不足就会使实际产量远远低于潜在产量，那么生产能力的增长就没有转化为现实的经济增长。所以，生产能力增长了，需求也要增长。需求的增长要和生产能力的增长相适应，这样，生产能力的增长才会转变为现实的经济增长。因此，消费为经济增长提供了需求保证。

2. 消费需求对经济增长的直接拉动和间接拉动

消费作为需求力量，对经济增长起着重要的导向和拉动作用，这种拉动作用分为直接拉动和间接拉动。①

消费直接拉动经济增长，是指消费通过它自身，而不是通过别的变量对经济起拉动作用。从总需求方面来看，消费是 GDP 的组成部分，在生产能力的界限之内，消费的增长直接就是经济的增长，总需求的其他构成部分如投资需求、政府购买、净出口等的增长也是如此。在消费需求增长与经济增长之间，没有中间环节或中间变量。当然，如果消费的增长超出了生产能力的界限，就不能形成真实的经济增长，而只会形成经济名义增长和通货膨胀。消费的增长对经济增长的拉动作用借助乘数原理实现。

---

① 文启湘，等．消费经济学［M］．西安：西安交通大学出版社，2005：52．

消费对经济增长的间接拉动，是指消费作为初始变量拉动其他变量，又通过其他变量拉动经济增长。其表现形式是消费拉动投资，投资又拉动经济增长。投资包括自发投资和引致投资两部分。自发投资变动的原因主要是新产品和新生产技术的发明，而不是收入或消费需求的增长。引致投资则是由消费的增长和自发投资等经济行为所诱发出来的投资。要产生大规模的自发投资，就要有需求规模较大、产业关联效应较强的新产品、新技术的出现。但这样的新产品、新技术不是时时出现的，所以，必要的投资规模不能仅仅依靠自发投资来维持，还要有引致投资。

消费对投资拉动按照加速原理进行。当消费需求或者整个产品需求所要求的资本存量超过现有实际资本存量时，就会按产品增量的倍数拉动投资的增长。投资被拉动起来以后，它就和消费一样，按照乘数原理对经济增长起着拉动作用。与消费相区别的是投资对经济增长具有双重效应，其短期效应是拉动当前经济增长，长期效应是创造生产能力。就消费所拉动的引致投资这部分来看，它对当前经济增长的拉动可视为消费对经济增长的间接拉动。

二、中国居民消费拉动经济增长的实证分析

双轨制时期，按支出法统计，按当年价格计算，中国 GDP 由 1978 年的 3605.6 亿元猛增到 1998 年的 84790.8 亿元，增长了 22.5 倍，年均增速高达 17.1%。若按可比价格计算，二十年间 GDP 增长了 5.28 倍，年均增长速度为 9.7%。二十年来，中国经济经历了两大根本性改变：一是经济运行方式发生质的变化。建立社会主义市场经济体制，逐渐摆脱高度集中的计划体制，市场因素增强，注重发挥市场在资源配置中的基础性作用；二是经济结构的重大调整。以提高人民群众生活水平为根本目标，改变了以往重工业优先发展的经济战略，注重农、轻、重协调发展，逐步实现经济结构和产业结构优化。这两个根本性改变的实现都依赖于一个共同的指导原则，即突出体现居民消费的作用。1978~1998 年，经济持续高速发展的原因是多方面的，投资、出口在短期内也明显拉动了经济增长，但更深层次的原因在于充分调整和启动消费，尤其是启动和提升居民消费。即千方百计提高城乡居民收入水平，拓展消费市场规模，有效利用消费市场的启动和扩大，在新的条件下不断寻求和培育新的消费热点和消费空间，形成新的经济增长点，利用消费的力量拉动经济的持续稳定增长。

下面分别依据居民消费率、消费对经济增长的贡献率和拉动率等宏观经

济指标，运用经济计量模型和统计分析等工具，从实证角度对双轨制时期居民消费拉动经济增长进行实证分析，以探究居民消费的经济增长效应的演变历程和基本逻辑。①

（一）居民消费率与经济增长

居民消费率是一定时期一个国家或地区居民消费支出总额占 GDP 的比例。它反映了居民消费因素对经济产出的影响程度，也表征了居民消费水平。因此，居民消费率变化趋势分析是考察居民消费对经济增长拉动作用的重要内容和主要切入点。

首先，看居民消费率指标。如表 5－1 所示，1978～1998 年，中国居民消费和 GDP 呈同步快速增长势头，增长趋势和幅度基本一致。二十年间居民消费率平均达 49.4%，最高值为 53.1%，均超过同期资本形成总额和净出口所占比例。可见，居民消费在总需求中占据主体地位，是拉动国民经济增长的主要动力。

表 5－1　　　　1978～1998 年中国 GDP、居民消费及增长率基本情况

年份	GDP（亿元）	居民消费（亿元）	GDP 增长率（%）	居民消费率（%）	居民消费增长率（%）
1978	3605.6	1759.1	11.7	48.8	6.8
1979	4047.3	2014.0	7.6	49.2	12.4
1980	4540.5	2336.9	7.8	50.9	8.0
1981	4921.6	2627.5	5.1	53.1	9.7
1982	5386.3	2867.1	9.0	52.2	7.0
1983	6034.2	3220.9	10.8	52.5	10.1
1984	7290.1	3689.5	15.2	51.3	11.5
1985	9108.1	4627.4	13.4	52.2	14.7
1986	10390.3	5293.5	8.9	51.1	7.4
1987	12198.0	6047.6	11.7	50.6	6.5

① 张月英. 双轨制时期中国居民消费对经济增长的拉动作用研究［J］. 聊城大学学报（社会科学版），2023（5）：55－65.

年份	GDP（亿元）	居民消费 （亿元）	GDP 增长率 （%）	居民消费率 （%）	居民消费 增长率（%）
1988	15210.5	7532.1	11.2	51.9	4.87
1989	17250.5	8778.0	4.2	51.8	−1.2
1990	18969.3	9435.0	3.9	49.7	3.5
1991	21997.2	10544.5	9.3	48.5	8.06
1992	27140.3	12312.2	14.2	48.2	9.75
1993	35576.0	15694.9	13.9	45.5	11.1
1994	48410.3	21443.0	13.0	44.6	10.1
1995	61050.4	28065.6	11.0	46.1	11.8
1996	71541.9	33644.1	9.9	47.1	10.67
1997	79415.8	36585.8	9.2	46.5	5.8
1998	84790.8	38768.5	7.8	46.2	6.8

资料来源：根据国家统计局网站数据整理计算，https：//data.stats.gov.cn。

　　从纵向历史来看，双轨制时期居民消费率呈现出一定程度的波动性变化，基本变化趋势是先升后降，90 年代后期虽略有回升，但始终未能超过改革开放初期的水平。经济学研究表明，居民消费需求变动有其内在规律，即呈现出"U"形曲线变化趋势。一般来说，在经济发展阶段较低时，居民消费率较高；在经济发展的起步阶段，随着居民收入水平的逐步提升，居民消费率趋于下降；但随着经济进一步发展和居民收入水平的提升，居民消费率会再进一步上升。改革开放后，中国居民消费率在 90 年代持续下降符合国际的一般规律。

　　双轨制时期居民消费率的变化大体可分为三个阶段：1978～1981 年的快速上升期、80 年代的平稳发展期和 90 年代的显著下降波动期。1978～1981 年首先经历了四年的上升阶段，由 1978 年的 48.8% 提高到 1981 年的最高值 53.1%；80 年代居民消费率保持稳定，各年始终保持在 50% 以上，平均居民消费率高达 51.76%，总体水平高于 90 年代；1990 年开始连续下降，1994 年达到最低值 44.6%，然后缓慢反弹。90 年代，除 1990 年外，居民消费率没有一年超过 50% 的，且居民消费率皆低于双轨制时期的平均水平。1994 年的最低值 44.6%，与最高年份 1981 年相比，居民消费率下降了 8.5 个百分点。

可见，改革开放后前十年，长期压抑的居民消费需求获得了充分释放，居民消费率在整个 80 年代都保持了较高水平，尤其是 1981 年出现了整个时期居民消费率最大值 53.1%，其原因是居民消费品市场在改革开放后出现了第一个从农村兴起的全国性消费热潮。随着家庭联产承包制的推行，农村率先开启了市场化取向的体制改革，并取得了极大成功。1978 ～ 1984 年农业总产值按可比价格计算，年均增长 7.6%，农产品产量迅速增加，农村居民收入水平大幅度提高。农村居民家庭人均纯收入由 1978 年的 133.57 元，上升到 1984 年的 355.33 元，扣除物价因素，实际增长了 130.7%。[①] 农村居民收入的增加，极大提升了农村居民的消费购买力，而农村消费品市场的扩张则形成了农村居民对百元消费级的传统大件工业品的巨大消费需求。工业品的旺销，给中国长期发展缓慢的轻工业注入了扩张能量，轻工业快速增长启动，由此推动了新一轮整个国民经济的快速发展。1983 ～ 1985 年，连续三年 GDP 保持了超过 10% 的增长，GDP 平均增长率达到 13.1%，1985 年 GDP 增长出现了此时期的最高值 15.2%。从 1992 年开始，居民消费率一路下滑，1994 年跌到最低谷 46.1%。中国居民消费相继经过了农村消费热潮、城市消费热潮后，消费品市场趋于低迷。特别是 1988 年全国范围内的抢购风潮，城镇居民消费从百元级向千元级的消费结构变动提前完成，城镇居民家庭以家用电器为代表的耐用消费品相对饱和，而农村居民家庭由于收入增长缓慢无力接续向千元消费级的跃升，出现了消费热潮的间断，造成居民消费需求对经济增长拉动乏力，这正是消费环节对中国长期以来不合理产业结构校正的反作用力的体现。

其次，看居民消费增长率指标。中国居民消费从 1978 年的 1759.1 亿元增加到 1998 年的 38768.5 亿元，以不变价格计算，增长了 4.03 倍。双轨制时期，居民消费年均增长率为 8.43%，小于 GDP 年均增长率 9.7%。如图 5 – 1 所示，居民消费增长变化和 GDP 增长变化情况出现了惊人的相似，再次验证了居民消费是拉动经济增长的基础性力量。同时可以看出，除了改革启动阶段外，居民消费增长变化整体小于经济增长的变化，这表明改革开放后二十年间居民消费快速扩张，但对经济增长的拉动作用尚不充分，即双轨制时期中国经济尚不属于典型的消费拉动型增长，且表现出阶段性投资拉动或外向型经济特征。

---

① 范剑平. 城乡消费断层及其出路 [J]. 经济理论与经济管理，1994 (2)：39 – 43.

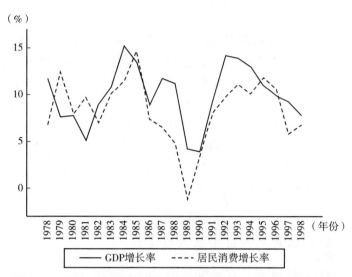

图 5 - 1　1978～1998 年中国居民消费增长率、GDP 增长率比较

资料来源：新中国五十年统计资料汇编 ［M］. 北京：中国统计出版社，1999：4，23.

　　中国居民消费增长率变化也可分为三个阶段：1978～1985 年的波动上升期、1986～1989 年的快速下降期和 90 年代的再上升至稳定期。其中，1978～1982 年居民消费增长幅度大于经济增长幅度，这是在经济体制改革启动阶段居民收入快速提升后的补偿性消费所致，是居民消费过渡性特征的直接体现。

　　居民消费增长率变化情况表明，改革开放初期国家调整了国民收入分配政策，鼓励居民消费，随着城镇居民收入的大幅增长，居民购买力和消费水平迅速提升，消费需求对于经济增长的重要影响和拉动作用日益显现。20世纪 80 年代中期后，由于某些领域如住房制度改革的滞后、社会保障制度、城乡二元经济结构等社会经济因素的影响，城乡之间、社会各阶层之间消费差距不断扩大，城乡消费出现断层，消费市场疲软，拉动作用乏力，经济增速放缓。随着经济结构的调整，特别是受 1992 年邓小平南方谈话的鼓舞，居民消费恢复，中国经济又进入了一个快速发展期。可见，随着中国经济的发展和市场机制的强化，居民消费以及相应的需求结构变化已经成为决定经济发展的重要因素和预示经济发展的"晴雨表"。

　　从以上数据变化可见：双轨制时期居民消费变化起伏较大，不够稳定，表明市场经济体制尚未建立起来，市场发育不成熟，市场的基础性作用还未充分发挥，消费对经济增长的主导性拉动作用体现得不够充分、持续。

最后，从横向比较的角度考察。在更宽广的视野内考察，可以更清晰、客观地理解中国居民消费水平和变化趋势。与世界主要经济体相比，双轨制时期中国居民消费率处于较低水平。根据世界银行有关资料显示，中国居民消费率低于低收入国家的平均水平 11～16 个百分点，比东亚和南亚国家的平均水平低 5～9 个百分点。[①] 居民消费率偏低，突出反映了居民在经济快速发展中所得较为有限，公众没有充分享受到经济快速发展的红利，也意味着过低的居民消费率严重制约了居民消费需求的扩大和消费结构的优化，从而不能有效促进经济稳定增长，抑制了居民消费拉动经济增长作用的发挥。

（二）居民消费的经济增长效应分析

众所周知，最终消费、投资和净出口是经济增长的三大重要引擎，其拉动经济增长的作用程度、动力特点、达到的经济效果各具特征，依托的经济环境也不尽相同。在肯定投资和出口对经济增长拉动作用的同时，必须认识到最终消费尤其是居民消费才是双轨制时期中国经济增长的内驱力和根本力量。为了全面准确把握双轨制时期三大需求对中国经济增长的贡献程度和动力构成情况，破解经济发展成功密码，有必要就居民消费、投资和出口对经济增长的影响效果进行比较研究。

根据支出法 GDP 的构成，将最终消费分解为居民消费和政府消费，而居民消费是最终消费的主要部分，是影响经济增长的基础要素。因此，我们选择居民消费代替最终消费进行回归估计，建立下列计量模型：

$$GDP = \beta_0 + \beta_1 RC + \beta_2 I + \beta_3 NX + \varepsilon$$

其中，RC 代表居民消费；I 表示投资；NX 代表净出口；其他的影响纳入常数项，ε 为随机扰动项。选取 1978～1998 年中国 GDP、居民消费、资本形成总额和净出口总额数据，数据均以当年价格计算，数据分析过程中对数据进行不变价格缩减处理以剔除价格影响，其中 GDP、净出口总额分别用 GDP 平减指数，居民消费用 1978 年为基期的居民消费价格指数，资本形成总额用工业生产者出厂价格指数缩减，考虑到工业生产者出厂价格指数最早从 1985 年开始，因此，模型使用的样本是 1985～1998 年的数据。最终得

① 李振明 . 经济转型与居民消费结构演进［M］. 北京：经济科学出版社，2002：49.

到线性回归结果为：

$$GDP = -2250.701 + 1.998RC + 0.799I + 0.836NX \qquad (5-1)$$
$$t \quad (-2.323) \quad (2.814) \quad (1.595) \quad (1.185)$$
$$AdjR^2 = 0.996 \qquad DW = 0.771$$

回归结果中，调整判断系数达到 0.996，模型的检验值较为理想，拟合优度较高。表明模型中三个变量能够很好地解释经济增长的原因，能够成为影响经济增长的重要因素。居民消费、投资和净出口的影响系数分别为1.998、0.799 和0.836，均为正值，说明三者对经济增长均呈正向影响，对经济增长起到正向拉动作用。括号内为 t 检验值，表明在显著性水平上均通过检验，表明三个解释变量对经济增长的作用较为显著。

对其系数对比发现（1.998 > 0.836 > 0.799），经济增长对居民消费的变动相对比较敏感，即居民消费拉动经济增长的作用要大于投资需求和出口需求对经济增长产生的影响。从经济意义上来讲，居民消费对经济增长的拉动作用最为明显和强劲，居民消费每增加 1 亿元，就会带动 1.998 亿元的GDP 绝对数量的增加，高于 1 亿元投资需求增加所产生的 0.799 亿元和 1 亿元净出口增加产生的 0.836 亿元 GDP 的增长。模型分析结果可以证明，改革开放后的二十年里，在居民消费、投资和出口三大要素中，居民消费对经济增长的拉动作用和影响最大，是推动经济发展中的主导力量，在三大要素中占据举足轻重的地位，投资和出口的作用明显小于居民消费，不到居民消费拉动作用的一半。

投资和净出口的影响系数大致相当，净出口略大于投资。表明在这二十年间中国从传统落后的农业国步入门类齐全、体系完整、具有出口依赖性特征的工业化发展阶段，其中投资和净出口都发挥了重要的作用，在经济发展中占据较为重要的地位。本研究样本数据取自 1985 年以后，这种特征比1978 以来更为明显。80 年代末，经济增长进入相对低潮期，中国借鉴东亚等国出口导向型战略，在沿海地区大力发展劳动密集型出口产业，出口对经济增长的拉动作用逐渐增大，1990 年出口对 GDP 的贡献率高达 80.5%，超过了居民消费。随着 90 年代中期短缺经济转为相对过剩，内需不足要靠大量外需加以消化，进而使得中国经济增长模式具有日益显著的出口导向型特点，出口拉动经济的作用甚至一度超过了投资。

总之，1978～1998 年双轨制时期，中国居民消费需求迅速扩张，对经济增长的拉动作用最为突出。中国平均接近10% 的经济持续高速增长，起主导作用的并不是出口和投资，经济增长的主要贡献者是市场需求。出口和投资仅仅为中国经济的高速增长提供了"燃料"，而不是引擎，两者对中国经济增长的拉动作用并不像表面看起来那么大。

（三）居民消费对经济增长的拉动作用比较分析

通过上述分析，我们可以从整体上把握居民消费对中国经济增长的拉动作用。为了更清楚地了解居民消费对经济增长影响效应的阶段性特征，现采用居民消费贡献率和居民消费对 GDP 增长拉动率两个指标来加以描述，并就居民消费、投资、净出口的两个指标相关情况进行对比分析。

根据国家统计局的统计方法，居民消费贡献率是指居民消费增量与 GDP 增量之比，它反映了经济增长中有多大比重是由居民消费的增长提供的；居民消费对 GDP 增长拉动率是指居民消费贡献率与 GDP 增长率之乘积，它表明在经济增长速度中由居民消费增长所引起的部分。计算公式为：

$$居民消费（RC）的贡献率 = (RC_1 - RC_0)/(GDP_1 - GDP_0) \quad (5-2)$$
$$居民消费（RC）的拉动率 = RC 的贡献率 \times GDP 增长率 \quad (5-3)$$

其中，RC_1、RC_0 分别表示报告期和基期居民消费支出，GDP_1、GDP_0 分别表示报告期和基期支出法国内生产总值。在核算过程中各需求因素采用实际值，居民消费总额用居民消费价格指数进行平减；GDP 用 GDP 平减指数进行处理。

投资和净出口贡献率、对经济增长拉动率计算方法和居民消费相同，其中投资贡献率、对经济增长拉动率选用资本形成总额数据，部分数据参考国家统计局网站。

根据上述方法，计算结果如表 5-2 所示。

表 5-2　　　　1978~1998 年中国居民消费、投资、净出口
对经济增长的贡献率和拉动率　　　　单位：%

年份	GDP 增长率	居民消费对 GDP 贡献率	资本形成总额对 GDP 贡献率	货物和服务净出口对 GDP 贡献率	居民消费对 GDP 增长拉动率	资本形成总额对 GDP 增长拉动率	货物和服务净出口对 GDP 增长拉动率
1978	11.7	25.4	66.7	-5.4	3	7.8	-0.6
1979	7.6	72.2	19.2	-3.2	5.5	1.5	-0.2
1980	7.8	49.7	20.1	1.8	3.9	1.6	0.1
1981	5.1	83.3	-1.7	12.3	4.2	-0.1	0.6

续表

年份	GDP增长率	居民消费对GDP贡献率	资本形成总额对GDP贡献率	货物和服务净出口对GDP贡献率	居民消费对GDP增长拉动率	资本形成总额对GDP增长拉动率	货物和服务净出口对GDP增长拉动率
1982	9.0	40.7	22.6	20.7	3.7	2.0	1.9
1983	10.8	45.9	33.0	-8.0	5.0	3.6	-0.9
1984	15.2	38.6	41.3	-10.6	5.9	6.3	-1.6
1985	13.4	54.2	79.6	-51.5	3.7	10.7	-6.9
1986	8.9	41.2	15.2	34.2	4.6	1.4	3.1
1987	11.7	27.1	25.9	32.6	3.2	3.0	3.8
1988	11.2	20.3	55.3	0.9	2.3	6.2	0.1
1989	4.2	-12.2	0.0	20.6	-0.5	0.0	0.9
1990	3.9	44.2	-69.4	80.5	1.7	-2.7	3.2
1991	9.3	38.9	37.2	1.6	3.6	3.4	0.2
1992	14.2	28.9	52.3	-9.2	4.1	7.4	-1.3
1993	13.9	32.3	54.8	-13.3	4.5	7.6	-1.9
1994	13.0	30.7	33.7	31.2	4.0	4.4	4.1
1995	11.0	41.1	46.1	7.2	4.5	5.0	0.8
1996	9.9	40.9	33.8	3.8	4.0	3.4	0.4
1997	9.2	24.2	14.5	42.9	2.2	1.3	4.0
1998	7.8	32.9	27.7	6.7	2.6	2.2	0.5

注：表中贡献率和拉动率均按可比价格计算。

资料来源：根据国家统计局网站数据整理计算，https：//data.stats.gov.cn。

1. 居民消费、投资和净出口的经济增长效应比较分析

1978~1998年，居民消费平均贡献率为38.1%。80年代平均贡献率为38.9%，高于总平均值；90年代平均贡献率为34.9%，低于总平均值3.2个百分点。这表明转轨前期居民消费需求旺盛，对经济增长的拉动作用强劲；后期居民消费需求逐渐理性，受经济体制改革、社会经济政策等因素影

响，拉动经济增长后劲不足。居民消费贡献率最大值出现在 1981 年，高达 83.3%，最低值是 1989 年的 -12.2%，居民消费出现了负增长，也是整个时期唯一的一次。居民消费对经济增长拉动率平均为 3.6%，最高值出现在 1984 年，达到 5.9%。

投资对经济增长的平均贡献率为 28.9%，低于居民消费平均贡献率约 10 个百分点。80 年代平均贡献率是 29%，90 年代平均贡献率为 25.6%，最高值为 1985 年的 79.6%，最低值是 1990 年的 -69.4%，波动较大。投资对经济增长拉动率平均值和居民消费相当，均为 3.6%。

净出口对经济增长的贡献率平均值是 9.3%。80 年代平均贡献率为 5.3%，90 年代平均贡献率达 16.8%，变化趋势与居民消费、投资对经济增长的贡献率变化相反。出口对于经济增长的最大贡献是 1990 年的 80.5%，其最低值是 1985 年的 -51.5%，变化最为剧烈。净出口对经济增长的拉动率平均为 0.5%，远远低于居民消费和投资的拉动率。

就平均贡献率来看，居民消费远远高于投资和净出口，是投资平均贡献率的 1.3 倍，是净出口的 4.1 倍。这些数据充分表明，双轨制时期随着市场经济体制的逐步建立，相对于投资和净出口，居民消费对经济增长的拉动作用和影响最大，是拉动经济增长的主导力量。

从居民消费、投资和净出口对经济增长贡献率变化趋势看（见图 5 - 2），居民消费贡献率曲线相对平缓，整体位于上方区域，基本上在 30~50 的狭窄区域内波动；净出口贡献率曲线位于下半部分，振动剧烈，向上、向下各有一个振幅较大的拐点，曲线在波动中上升，90 年代贡献值整体高于 80 年代；投资贡献率曲线位于中间部分，变化起伏同样剧烈，与净出口贡献率曲线在拐点处呈互补变化，如在 1985 年、1990 年，同时出现拐点，互为峰谷，此消彼长。三者的经济增长贡献率变化情况表明，居民消费对经济增长拉动作用持续平稳，是促进中国经济发展的主要动力，在三大需求中有着不可替代的作用。由于很长一个时期中国经济处于短缺状态，增加供给是经济发展的重点，而供给能力的扩大与固定资产和基础产业的发展直接相关，因此，投资成为拉动经济增长的重要力量，甚至在某个阶段起到了主导作用；随着对外开放的不断扩大，出口对经济增长的拉动作用越来越显著，特别是在 90 年代消费市场萎缩情况下阶段性拉动经济增长，使得中国经济呈现较为明显的出口依赖型特征。

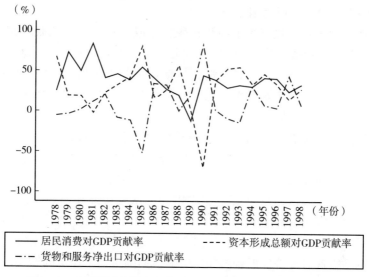

图 5-2　中国居民消费、投资和净出口对经济增长贡献率变化

依据三者贡献率和拉动率变化情况，双轨制时期中国经济增长可划分为以下三个阶段。

1978~1984 年，居民消费对经济增长拉动明显，远远大于投资和出口。在传统的计划经济体制下，中国长期实行重生产、轻消费的经济增长模式，国民经济比例严重失调成为突出问题，经济结构调整势在必行。改革开放之初，中国优先发展农业、轻工业，消费品市场逐渐丰富，人民生活水平得到显著提高，居民消费需求成为经济快速发展的主要驱动力。居民消费对经济增长的贡献率从 1979 年一直到 1984 年均高于投资，更高于出口，尤其是 1981 年达到 83.3%，处于绝对优势。这一阶段，由于粮食消费下降，轻工业产品消费上升，拉动了轻工、纺织产品以及相关产业的迅速发展。另外，"四大件"作为温饱时期的标志性、时尚型消费品，广受消费者的热捧。农业、轻工业的快速发展促进了这一阶段整个国民经济的繁荣。

1985~1990 年，出口拉动经济增长迅速增强。这一阶段，居民消费需求增速减缓，消费市场低迷，投资起伏较大，出口对经济增长的拉动作用逐渐上升。六年间出口对经济增长的平均贡献率为 19.6%，超过 17.8% 的投资平均贡献率。80 年代中期以后，中国大力发展劳动密集型出口产业，1986 年以来出口一改过去多年的贸易逆差趋势，贸易总额迅速增加，1990 年出口对 GDP 的贡献率高达 80.5%，拉动经济增长 3.2 个百分点，首次超过居民消费和投资，成为当年拉动经济的最主要力量。

1991～1998 年，投资需求稳步扩张，并成为拉动经济增长的最重要力量。这一阶段，投资平均每年拉动经济增长 4.5 个百分点，超过居民消费平均拉动的 3.7 个百分点，是居民消费拉动作用的 1.5 倍。其中，1993 年投资拉动经济增长高达 7.6 个百分点，贡献率为 54.8%。中国作为一个发展中国家，借鉴日本、韩国等发展模式，以投资拉动经济增长是常用的经济发展战略举措。90 年代，随着短缺经济时代的结束，居民消费对经济增长的贡献和拉动作用减弱，居民消费不足逐渐成为制约经济增长的重要因素。在此情况下，中国政府果断采取了扩大投资、启动内需的宏观经济调控模式，并取得了明显成效。1992 年以后，中国经济恢复持续高速发展，很大程度上得益于此阶段投资需求的快速扩张。

相对于居民消费而言，投资和出口是典型的外生性因素，是经济增长的外生变量。投资对经济发展刺激作用明显，的确带动了经济的增长，然而投资拉动经济容易产生物价持续上涨、失业人口不断增多、产业结构扭曲、贫富差距加大等负面效应，不利于社会和经济的稳定。受国际经济发展环境变化影响，出口需求波动大，而且由于中国出口产品竞争力较弱，出口拉动经济增长作用受到限制。而居民消费是最终需求，是促进经济增长的内生力量和经济发展方式转变的内在动力，能够提升和优化经济发展质量和水平，在经济运行中发挥着稳定平衡的独特作用。

2. 居民消费对经济增长拉动作用的演变过程

双轨制时期居民消费对经济增长拉动的变化可分为以下四个阶段。

第一阶段（1978～1985 年），改革开放以来居民消费对经济增长贡献最大、拉动最强的时期。从 1978 年起居民消费贡献率先升后降，两次起伏后形成二十年间的最高点，保持平稳增长势头，始终处于高位拉动经济增长状态，1981 年迎来了高峰值 83.3%。从 1978 年的 25.4% 快速上升到 1982 年的 40.7%，在平稳中持续，1985 年达到 54.2%。这一阶段，居民消费平均贡献率为 51.3%，高于整个时期的总平均贡献率 38.1%；居民消费拉动经济增长率平均值高达 4.6，也高于整个时期平均值 3.6。1984 年出现拉动率最高值 5.9。1978 年农村率先改革，国家政策向"三农"倾斜，农业快速发展，农村居民收入水平迅速提高，农村居民消费需求扩张，城乡差距缩小，迎来了农村和城镇消费热潮，农村消费带动了整个消费市场的繁荣，在相对大的程度上促进了八年来中国 GDP 年均 10.1% 的高速增长。这一阶段，居民消费对经济增长拉动作用凸显，力量强劲。

第二阶段（1986～1989年），居民消费对经济增长的贡献率快速下降，拉动作用减弱。居民消费贡献率从1986年的41.2%一路下滑到 - 12.2%，达到了整个双轨制时期的最低值，悬崖式下降了53.4个百分点。这一阶段，居民消费平均贡献率仅为19.1%，创下了整个时期的最低，低于总平均贡献率19个百分点，只占到总平均贡献率的一半；居民消费拉动率也一路下滑，下降了5.0个百分点。1989年居民消费对经济增长拉动率降低到 - 0.5%，为整个时期唯一的负拉动率。年均拉动率为2.4%，低于整个时期平均拉动率1.2个百分点，是居民消费拉动经济增长最弱的阶段。这是因为消费市场经过1988年的全国性抢购风潮，消费热点已过或只剩些许余温。面对此前的消费需求过度膨胀、经济过热局面，政府采取了压缩需求的宏观调控政策，中国经济从1989年起进入了三年的治理整顿期。居民消费需求增长减缓，投资需求紧缩，物价下降，市场疲软，两者对经济增长的拉动作用大幅下降，拉动经济增长主要依赖政府消费的增长。

第三阶段（1990～1992年），居民消费贡献率处于上升趋势，拉动率稳步回升。居民消费贡献率从 - 12.2%上升到1992年的28.9%，上升了41.1个百分点，三年的居民消费平均贡献率达到37.3%，接近于整个双轨制时期总平均贡献率；居民消费拉动率快速回升，从1990年的1.7%增加到4.1%。这一阶段，年均居民消费拉动率为3.13%，接近总平均拉动率。经过一段时间的治理整顿，供需矛盾缓解，特别是1992年邓小平南方谈话增强了国内外投资者对于中国改革开放和经济增长的信心，市场秩序好转，居民消费需求恢复性增长，推动国民经济迅速蓬勃发展。

第四阶段（1993～1998年），居民消费贡献率保持相对稳定，拉动作用持续平稳。居民消费贡献率从1993年的32.3%上升到1995年的41.1%，再回落至1998年的32.9%，变化幅度不大，较为平稳。居民消费平均贡献率为33.7%，基本与整个时期平均贡献率数值相当；居民消费拉动率平均值为3.63%，略高于整个时期总平均拉动率。这一阶段，中国经济重新焕发生机和活力，GDP增长达到年均10.8%的高速度，这固然与投资需求扩张和国外需求的继续增强直接相关，一定程度上也得益于居民消费需求的稳定增长。

三、中国居民消费拉动经济增长的特征分析

居民消费拉动经济增长，既是一个宏观经济的范畴，又是亿万个微观消

费者行为的汇总。因此，对居民消费拉动经济增长的特征分析，需采用宏观和微观相结合的方法。本节从居民消费主体结构、消费水平、消费层次和消费市场等几个方面，对双轨制时期中国居民消费拉动经济增长的特征和演变规律展开研究。

（一）主体上依靠城镇居民

居民消费主体结构是指不同消费者群体之间的消费状况。中国居民消费主体可分为城镇居民与农村居民两大群体。双轨制时期，中国居民消费主体结构的变动情况如表5-3所示。改革开放以来，城乡居民收入水平大幅提升为居民消费需求快速增长创造了条件，城乡居民消费需求不断扩大；城乡消费差距经过80年代中期的短暂缩小后又继续扩大，城镇居民消费占居民消费比重逐年增加，迅速超过了农村居民消费。同时，计划经济时期城乡分割的户籍制度、就业制度在商品经济的大潮下开始发生负面效应，再加上保护和扶持农村经济的政策不到位等因素的交织作用，改革开放初期"农重城轻"的消费空间格局逐渐改变，城镇市场成为影响居民消费的主导力量。

表5-3　　　　1978～1998年中国城乡居民消费总额及占比情况

年份	农村居民消费总额（亿元）	城镇居民消费总额（亿元）	农村居民消费占比（%）	城镇居民消费占比（%）
1978	1092.4	666.7	62.1	37.9
1979	1254.6	759.3	62.3	37.7
1980	1414.9	922.0	60.5	39.5
1981	1610.4	1017.2	61.3	38.7
1982	1817.4	1049.7	61.6	38.4
1983	2024.4	1196.5	62.2	37.8
1984	2251.2	1438.4	61.8	38.2
1985	2786.7	1840.7	59.9	40.1
1986	3113.0	2180.5	57.7	42.3
1987	3471.5	2576.1	56.0	44.0
1988	4151.6	3380.5	53.0	47.0
1989	4864.9	3913.1	51.6	48.4

续表

年份	农村居民消费总额 （亿元）	城镇居民消费总额 （亿元）	农村居民消费占比 （%）	城镇居民消费占比 （%）
1990	5240.9	4194.2	49.6	50.4
1991	5573.5	4971.0	47.4	52.6
1992	5946.7	6365.6	44.9	55.1
1993	7000.7	8694.1	41.8	58.2
1994	9172.3	12270.9	40.6	59.4
1995	11537.7	16527.9	39.7	60.3
1996	14155.0	19489.1	41.0	59.0
1997	14961.0	21624.9	39.5	60.5
1998	14874.8	23893.7	36.9	63.1

注：占比按可比价格计算。

资料来源：根据国家统计局网站数据整理计算，https：//data.stats.gov.cn。

1. 居民消费主体结构的演变

（1）从消费总额数量的变化看，如表5－3所示，1978~1998年城乡居民消费总体上均呈增长趋势，且城镇居民快于农村居民。农村居民消费总额从1978年的1092.4亿元增长到1998年的14874.8亿元，去除价格因素影响，增长了2.25倍，年均增长率为5.8%；城镇居民消费从1978年的666.7亿元增加到1998年的23893.7亿元，增长了6.5倍，年均增长10%，增长速度是农村居民的1.7倍。改革开放之初，由于传统计划经济体制下高积累、低消费政策的惯性影响，城镇和农村消费物质缺乏，消费品品质较低，城乡居民处在追求和满足基本生活需要层次上，整体呈现"低水平、均等化"的消费格局。此时，人口是影响市场规模的主要因素。1978年，中国农村人口7.9亿，占全国总人口的82.08%，全国绝大多数人口分布在农村。因此，农村消费市场容量大，农村居民消费总额占居民消费总额的62.1%，城镇居民消费总额占37.9%，农村消费市场容量是城镇消费市场的1.6倍。农村居民是居民消费的主要群体，在居民消费市场规模中占据绝大部分份额。1985年以后，随着经济体制改革的全面推开，工业获得快速发展，城镇居民收入迅速提高，城镇居民收入增长速度逐渐赶上和超过农村居民收入增长速度，而农村居民人均收入增加开始放慢，并于1986年首次出现负增长，农村居民在改革初期获得的相对利益在 80 年代后期逐渐丧失。在两种趋势综合作用下，城镇居民消费总额于 1992 年赶超农村居民消费总额。此后，城镇居民消费持续增长，城乡居民消费差距逐渐扩大，呈现剪刀型变化趋势，如图 5－3 所示。令人惊奇的是，城镇居民消费总额在 1998 年达到 23947 元，按可比价格计算，是农村居民消费总额的 1.4 倍，与 1978 年城乡居民的消费比重关系恰恰相反。

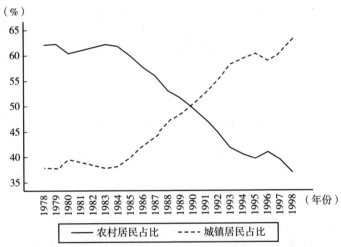

图 5－3　1978～1998 年"剪刀差"式的中国城乡居民消费变化
资料来源：根据国家统计局网站数据整理计算，https：//data. stats. gov. cn。

　　（2）从城乡居民消费占比变化情况看，1978～1998 年城镇居民消费占居民消费总额的比重整体呈现上升走势，从占比 37.9% 上升到 63.1%。1978～1983 年，首先经过了六年的稳定期，从 1985 年起一路上升，到 1998 年占比达到 63.1%，上升了 25.2 个百分点。相比较而言，农村居民消费总额呈现同步下降趋势，从 1978 年的占比 62.1% 下降到 36.9%。改革开放之初，由于农村社会群体基数庞大，农村居民消费占据国内居民消费的绝大部分份额，消费市场呈现"农重城轻"的空间格局，农村居民是居民消费的主要力量。随着市场化改革的深入，城镇居民消费后来居上，占据了消费市场的主导地位，居民消费空间格局从以农村市场为主体转变成以城镇市场为主体。

　　（3）从城乡居民消费总额增长率变化情况看，如图 5－4 所示，双轨制时期农村居民消费增长波动平缓，增速缓慢；城镇居民消费增速起伏较

大，除个别年份（1982 年、1989 年和 1996 年）外，消费增长速度均高
于农村居民。1989～1991 年治理整顿时期，消费需求紧缩，消费市场全面
疲软。其中，1989 年城乡居民消费增长均为负值（－1.7% 和 －17%）。
1992 年城镇居民消费增长率高达 17.9%，为双轨制时期消费增长最高值。
90 年代城镇居民消费总额仍保持高速增长，年均增长率达 13%，高于同期
农村居民消费总额年增长率（5%）8 个百分点，是农村居民消费总额增长
率的 2.6 倍。

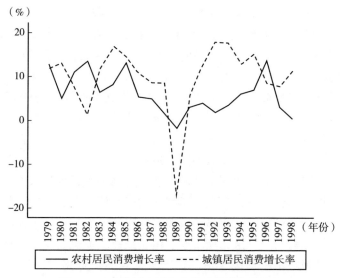

图 5 - 4　中国城乡居民消费总额增长率变化

资料来源：根据国家统计局网站数据整理计算，https：//data. stats. gov. cn。

2. 以城镇市场为中心的居民消费格局形成的原因

（1）市场化改革是居民消费主体结构转换的体制基础。在传统的计划
经济体制下，产品短缺，制约经济增长的主要因素来自供给，其中政府是经
济增长的主要推动者，政府决定全社会投资和消费的规模。居民消费总额作
为国民收入计划分配的结果，虽然在国民收入使用额中占据很大比例，但居
民消费需求并不是真正意义上的市场需求，是政府决策所致。改革开放以
后，计划经济体制开始向市场经济体制转轨，工农业发展迅速，产品短缺状
况逐渐改善，按劳分配原则得到有效贯彻。受收入分配格局变化的影响，居

民消费的变化直接左右社会有效需求的变化。[①] 进入 90 年代中期，产品短缺状态基本消除，制约经济增长的主要因素不再是来自供给，而是需求不足，居民的消费需求成为制约经济增长的重要因素。随着中国工业化水平的提高和城市化发展的推进，城乡居民收入增长速度不平衡，表现为城镇职工收入增加快，而农村居民收入增长缓慢甚至一度停滞。由此，城镇居民成为居民消费的主流群体，形成了居民消费市场依靠城镇市场的空间格局。

（2）城乡收入差距扩大是居民消费主体结构转换的重要原因。城乡居民消费差距扩大受制于城乡居民收入水平和收入增长率的变化。在工业化发展过程中，城市的现代工业与农村中传统农业的劳动生产率差距加大，工农业产品比价因收入需求弹性不同而出现有利于工业、不利于农业的变动趋向，大规模的工业企业容易形成垄断，而分散的小农经济处于弱势，从而致使城乡居民收入差距逐渐扩大。[②] 同时，中国的二元经济结构和城乡户籍制度也加剧了城乡居民收入差距的程度。根据范剑平课题组的研究，1985 年以后中国城乡居民实际收入差距水平高出经济发展阶段产生的合理差距 1 倍左右，即实际城乡居民收入差距程度中的一半是由户籍制度、就业制度等经济发展中外生的、人为的、偶然的因素造成的。[③] 在二元经济向现代经济演进过程中，无限供给的农业剩余劳动力本应起到平衡城乡收入差、工农收入差的作用，城市现代产业部门的工资水平不会过高于农业人口人均收入水平。然而，中国城乡分割的户籍、就业制度限制了农村人口的流动，使得城市劳动力市场相对封闭起来，城市职工由于缺乏就业机会竞争，即使劳动效率低下，劳动报酬水平却高于劳动供求平衡点的工资率。1978～1984 年农村居民主要依靠农业增产而增收。此后，这一增收渠道随着农产品供需矛盾缓解和低收入需求弹性的制约而减弱，农业增产不增收矛盾日益上升。90年代，随着农村居民收入增长缓慢，农村消费需求萎缩，消费结构升级断层，消费规模比重不断下降，居民消费市场逐渐转向城镇居民。

（3）政策的不合理和扭曲执行助推居民消费市场空间格局的转变。具体表现为：一是农村税费政策的不合理。90 年代以来，一些地方出现了乱收费的现象，不仅加重了农民的负担，也减少了农村居民收入。同时，乡镇政府以"三提留""五统筹"等名义直接向农村居民收费，以费挤税，大大

---

① 张志敏.90 年代以来中国居民消费特征及影响因素分析 [J].中央财经大学学报，2003（11）：52－56.

② 王国敏.城镇化发展是解决"三农"问题的关键 [J].农村经济，2023（11）：82－84.

③ 范剑平.居民消费与中国经济发展 [M].北京：中国计划出版社，2000：23－25.

削弱了政府的宏观调控能力。二是惠农政策的实施不到位。政府不能对农业实施连贯的保护和扶持，使得农村居民的收入增长波动性增大，农村居民消费增长缓慢。三是政府缺乏对乡镇企业的引导政策。90 年代以来，乡镇企业发展到一定规模，除了管理、产品质量等内部问题外，融资渠道和参与国际竞争等外部问题需要政策的支持和服务，但政府未对乡镇企业进行必要的指导和服务，并在融资等方面实施诸多歧视政策。

（二）结构上依靠物质性消费

双轨制时期，中国城乡居民收入大幅增长，城乡居民的消费水平和生活质量有了大幅度的提高，居民消费结构摆脱了徘徊于温饱层次的状态，成功迈进或者正在迈向小康型，总体表现为以"吃、穿、住、用、行"为主要消费内容的物质性消费。

1. 居民消费结构层次的升级演进

与许多国家的消费结构变化状况相同，改革开放以来中国居民消费结构依次经历了温饱、家用电器、住行等典型消费品依次递进的消费革命。1981～1983 年，开始了以温饱消费为内容的第一次消费结构升级。消费品市场引人注目的变化是居民购买食物数量的增加和质量的改善。这次消费革命，不仅在占当时人口 80% 的农村展开，而且城市消费也表现为对以前食物极度缺乏的补偿性特点。三年中城镇居民恩格尔系数分别为 56.7%、58.6%、59.2%，出现了收入增加的同时恩格尔系数上升的暂时现象。1985～1988 年，开始了以家用电器为代表的第二次消费革命，城镇居民恩格尔系数由 1984 年的 58.0% 下降到 1988 年的 51.4%，日用品支出由9.04% 上升到 13.34%，掀起了家用电器的消费浪潮。这次消费浪潮极大促进了产业结构的调整和轻、重工业的快速发展。此后，随着建筑业、房地产业、汽车工业等行业的发展，"住""行"成为城乡居民共同追逐的消费热点。根据亚洲发达国家的消费市场成长经验，两次消费革命浪潮要经由 7～10 年的积蓄准备期。至 90 年代后期，中国居民经过了一段时间的收入积累后，随着消费需求的不断扩张，进入了以"住""行"为主要内容的消费革命上升期。

2. 居民消费结构升级演进的特征

纵观城乡居民消费结构层次升级历程，可以看出居民消费水平仍处于较低层次，消费结构升级均是围绕"衣、食、住、用、行"等基本生活需求而进行的。虽然安全和发展的需求在 90 年代最后几年开始快速上升，发展潜力很大，但在消费总量结构中所占比例较小。从消费品的形态来看，物质性消费占绝大部分，如表 5—4 和表 5—5 所示。农村居民的物质性消费比例平均高达 96.5%，城镇居民所占比例为 90.25%。从农村居民家庭消费支出结构动态变化情况看，受土地资源和农业生产力水平制约，食品消费所占比重平均高达 57.63%，一直居高不下，稳居各项支出之首，其次是衣着、家庭设备用品，这与双轨制时期放开物价有关，也是居民从贫困向温饱过渡过程中具有强烈的满足衣食愿望的反映。医疗健康和娱乐教育文化服务属于安全和发展需要以及精神消费方面的高层次需求，分别平均占比 3.37% 和 6.91%，位列消费支出项目排序的倒数第二和倒数第四。农村娱乐教育文化服务支出中绝大部分是用于电视机等文娱类耐用品，仍属于物质性商品消费，真正属于服务性消费的仅仅是医疗健康一项支出，用于精神方面、提高生活质量方面的消费支出很少。城镇居民消费支出占比变化趋势和农村居民有许多共性，如居民消费支出的很大部分用于食品和衣着消费、较多用于购买商品支出等，但由于城镇居民收入增加很快，城乡消费体制不同以及城乡居民消费差距逐渐扩大等原因，其生活消费变化又具有不同于农村居民的特殊性。在城镇居民消费结构从温饱型向小康型转变，再向富裕型过渡的进程中，城镇居民在不断满足"吃、穿、用、住、行"物质消费基本需求的同时，产生了"住""行"的高质量需要，对娱乐教育文化服务的精神消费需求与日俱增，居民的消费领域不断拓宽，高层次需求消费快速增长。

表 5—4　　　　　　1982~1998 年中国城镇居民人均食、衣、用、
住消费支出情况　　　　　　　　单位：元

年份	食品	衣着	用品	居住	生活费支出	商品性支出	商品性支出占比（%）
1982	276.24	67.68	43.44	8.76	471	432.12	91.75
1983	299.52	73.56	45.72	8.76	505.92	464.04	91.72
1984	324.24	86.88	50.64	9.27	559.44	514.32	91.93
1985	351.72	98.04	71.88	23.64	673.2	612.48	92.3
1986	418.92	113.04	88.92	31.0	798.96	734.64	91.9
1987	472.93	121.09	100.57	34.8	884.4	809.27	91.5
1988	567.01	153.21	148.62	39.0	1103.98	1013.93	91.8
1989	659.96	149.15	133.97	41.4	1210.95	1099.89	90.8

续表

年份	食品	衣着	用品	居住	生活费支出	商品性支出	商品性支出占比（%）
1990	693.77	170.90	129.66	40.2	1278.89	1150.8	90.0
1991	782.50	199.64	139.63	48.0	1453.81	1294.85	89.1
1997	1942.59	520.91	316.89	358.64	4158.64	3636.3	87.2
1998	1926.89	480.86	356.83	408.39	4331.61	3597.5	83

注：根据《中国统计年鉴》，居民消费性支出共分为八大类别，在廓清物质性消费和非物质性消费时，"家庭设备用品及服务"整个计入商品性支出；"娱乐教育文化服务"中将文娱耐用消费品计入商品性支出；"交通通信"中汽车占据较大比重，故计入商品性支出内。

资料来源：中国统计年鉴（1992）[M]．北京：中国统计出版社，1992：285.

中国统计年鉴（1999）[M]．北京：中国统计出版社，1999：320.

表 5 – 5　1978～1998 年中国农村居民家庭人均物质性消费支出占比

年份	人均生活费支出（元）	物质性消费支出（元）	物质性消费占比（%）
1978	116.06	112.8	97.2
1980	162.21	157.5	97.1
1985	317.42	307.58	96.9
1990	584.63	564.75	96.6
1995	1310.36	1261.88	96.3
1997	1617.15	1554.7	95.9
1998	1590.33	1522.2	95.5

资料来源：中国统计年鉴（1999）[M]．北京：中国统计出版社，1999：341.

3. 物质性消费主导的居民消费结构的成因

（1）中国所处经济发展阶段起决定性作用。从社会再生产角度看，社会劳动生产率的高低决定消费能力和消费水平的高低，消费结构要与生产力发展水平和生产能力相适应。中国居民恩格尔系数从 1978 年的 63.9% 下降到 1998 年的 48.0%，表明城乡消费水平总体上从贫困型进入了小康型。但是，考虑到城乡居民较大的收入差距和 1994 年以后恩格尔系数的迅速下降，可以说，双轨制时期的大部分时间，中国居民生活现实中整体仍处在努力追求温饱以及温饱巩固阶段。受城乡居民收入水平、文化素质等诸多因素影响，温饱型消费阶段的核心是满足"吃、穿、用"等较低层次需要，追求生活方便、舒适和提高身心健康的发展性消费尚未在居民有限的支付选择能力之内，不能形成有效消费需求。与此相适应，在城乡居民的消费总支出中，物质消费占据了居民消费结构的较大比重，劳务性消费、精神性消费所占比例较小。

（2）工业主导型产业结构是关键因素。发达国家的历史经验表明，产业结构的演变过程与人的消费需要顺序相匹配。人类历史上的产业结构及其分化经历了以农业为标志的第一次产业、以工业为标志的第二次产业、以服务业为标志的第三次产业以及以新型信息产业为标志的第四次产业的结构变迁过程。相比解决吃、穿等基本需要的农业经济阶段，当住、行等成为主要需求时，产业结构便进入了工业经济阶段；随着人们收入水平的提高，消费需要由生理性需要占统治地位逐步向追求便利与质量转变，对服务业需要成为主要需求，导致服务业的地位和重要性上升。纵观双轨制时期中国产业结构发展演变过程，1985 年三次产业在 GDP 中的比重之比为 28.4：43.1：28.5，到 1998 年变为 18.4：48.7：32.9，农业所占比重下降很快，服务业的比重逐步增长。工业的比重由 43.1% 上升到 48.7%，增加了 5.6 个百分点，增长速度高于服务业的增长速度，在 GDP 中的比重高于农业、服务业，占有绝对优势份额，成为国民经济的主导产业。根据相关评价标准，此时中国处于工业化中期发展水平，其产业发展特点是：轻工业充分发展，重工业、重加工业加速发展，服务业发展潜力很大。以工业主导型的产业结构从供给方面决定了此时居民消费除了农产品以外，对日用工业消费品和耐用消费品有着旺盛而强大的购买需求，总体呈现以物质性消费为主，除满足生存性需要以外，一定程度上来自享受和发展性的需要。

（3）社会保障制度改革滞后也是重要影响因素。改革开放以来，随着市场因素的不断增长，传统计划经济体制下的消费制度被打破，与城镇居民生活息息相关的福利制度发生了显著变化。首先对"吃、穿、用"领域进行了较为彻底的市场化改革，废除了粮食、食用油、布料等的定量供应制度和价格管制。这些改革措施，既释放了城乡居民的消费能力，也刺激了生产力的发展。同时，计划的因素依然顽强发挥作用，文教卫生领域、住房制度等市场化改革步履蹒跚，人们的文化教育、医疗保健等提升生活品质以及保障人的全面发展的精神消费需求受到抑制，增长缓慢。实物分房、公费医疗制度、职工铁饭碗等福利制度没有取得实质性改变，人们收入预期稳定，消费领域狭窄，工业快速发展所带来的居民强大购买力涌入吃、穿、用等有形消费品市场，市场压力增大。因此，从消费内容角度看，物质性消费仍然是居民消费的主要内容，高层次的精神性消费还未在居民生活中发挥应有的作用。

（三）层次上依靠量的扩张

1. 吃穿用等消费量增长的变化趋势

（1）食品消费。虽然城乡居民食品消费支出在消费结构中的比重呈下降趋势，但食品支出绝对数量稳定上升。城镇居民人均食品消费支出由1982年的276.24元提高到1998年的1926.8元，增长了6倍，扣除物价因素，增长了66%，年均增长3%；农村居民人均食品支出由1978年的78.59元增加到1998年的849.64元，增长了9.8倍，按不变价格计算，增长了1.53倍，年均增长4.5%。城镇居民恩格尔系数在1990年和1991年出现反弹，由1985年的53.3上升到54.2和53.8；农村居民恩格尔系数1989年下降到最低值后，突然开始连续几年上升，在1994年达到58.9%。造成恩格尔系数反弹的主要原因是：居民食品消费总体数量保持扩张趋势的同时，食品内部结构有了层次上的提升，即粮食、蔬菜等一般食品的消费量增加让位于肉、禽、蛋、水产等高质量高营养食品，居民消费由以前的"吃饱"向"吃好"转变。

（2）衣着消费。城乡居民衣着消费支出总量平稳增长，在消费结构中的比重变化不大，表明衣着消费的增长与生活消费水平的增长速度大致持平。1998年城镇居民人均衣着消费支出为480.86元，相比1982年的67.68元，增长了6.1倍，按不变价格计算，年均增长3%；农村居民消费变化情况与城镇居民情况类似，年均增长2.2%。改革开放后，中国轻工业快速发展，主要轻工产品产量急剧提高，市场上衣着商品琳琅满目，质量和档次不断提升，人们消费由以前的穿暖向穿得漂亮和衣装丰富变化。

（3）耐用品消费。中国居民消费由生活必需品阶段过渡到耐用消费品阶段，大量消费品特别是家用电器快速涌入居民家庭，形成了一浪盖过一浪的耐用品购买热潮，掀起了以先进家用电器为标志的消费结构升级革命，成为双轨制时期居民消费量扩张的亮点表征。

城镇居民耐用品消费经历了从"四大件"到"新三大件"，再到更新一级家用电器等的结构升级。如表5-6所示，1982年城镇居民家庭每百户拥有自行车数量146.65辆，1990年上升至188.59辆，此后有所下降，1996年恢复增加到193.23辆，这说明自行车消费在80年代末已达到饱和状态。缝纫机消费在80年代一直比较稳定，每百户拥有量保持在70架左右，进入90年代开始下降，这表明缝纫机已经不适应城镇居民成衣消费偏好的变化，将逐步退出城镇家庭消费的历史舞台。手表、收音机和自行车、缝纫机相似，在经历了一个消费高潮后消费量逐渐萎缩，被象征更高层次消费水平的新一代家庭电器所取代。

表5－6　1982～1998年中国城镇居民家庭每百户年末耐用消费品拥有量

年份	自行车（辆）	缝纫机（架）	手表（只）	黑白电视机（台）	彩色电视机（台）	洗衣机（台）	电冰箱（台）
1982	146.7	73.6	248.9	73.3			
1985	152.3	70.8	274.7	66.9	17.2	48.3	6.6
1986	163.5	73.9	300	65.4	27.4	59.7	12.7
1987	176.5	74.9	214.9	64.8	34.6	66.8	19.9
1988	177.5	70.8	294.5	59.2	43.9	73.4	28.1
1989	184.7	70.4	290.1	55.7	51.5	76.2	36.5
1990	188.6	70.1	198.6	52.4	59.0	78.4	42.3
1991	158.5	66.4	271.4	43.9	68.4	80.6	48.7
1995	194.3	63.7			89.8	89.0	66.2
1996	193.2	62.7			93.5	90.0	69.7
1997	179.1	57.4			100.5	89.1	73.0
1998	182.0	56			105.4	90.6	76.1

资料来源：中国统计年鉴（1992）［M］.北京：中国统计出版社，1992：286.
中国统计年鉴（1999）［M］.北京：中国统计出版社，1999：322.

彩色电视机、洗衣机和电冰箱当之无愧成为90年代城镇居民家庭的"新三大件"。彩色电视机作为黑白电视机的升级换代版，广受居民家庭欢迎，每百户拥有量由1985年的17.21台，一路快速增长，1998年普及率提高到105.43台。这表明随着人们生活水平和物质生活的提高，人们的精神生活受到了更多的关注，彩色电视机已成为城镇家庭中的生活必需品。1985年城镇居民家庭每百户拥有洗衣机48.29台，此后拥有量平稳提升，1998年达到90.57台，因其能够使人们从烦琐而辛苦的家务劳动中解放出来，提升居民生活的休闲时间和舒适感受，受到消费者喜爱，由此在城镇居民家庭得到普及。电冰箱需要人们更高的收入水平和支付能力，1985年城镇居民家庭每百户拥有量仅为6.58台，此后快速增长，1998年达到76.08台。数据表明，90年代末随着"新三大件"在城镇居民家庭普及，空调、电话、照相机、汽车等现代化家庭用品正悄然进入人们生活中，城镇居民消费呈不断升级趋势。

20世纪90年代末，随着住房制度改革和居民储蓄能力的增强，住房、汽车等耐用品开始进入城镇居民家庭，并成为城镇居民消费的新热点，意味着城镇居民消费正从千元级升级到万元级甚至十万元级。城镇居民消费结构提升到以"住""行"为主要内容的阶段，是城镇居民生活质量的更大一次跃升。房地产业、汽车工业等与"住""行"相关产业的关联度大，产业链条长，拥有持久强大的经济势能，可充分带动国民经济的发展，带来较长时期的经济繁荣。

再看农村居民家庭耐用品消费变化情况。如表5-7所示，1990年农村居民家庭每百户拥有自行车118.33辆、手表172.22块，这表明自行车、手表80年代在农村居民家庭已经得到普及；1990年缝纫机每百户拥有数量为55.19台，此后缓慢增长，1995年仅为65.74台，这表明在大多数家庭拥有后，缝纫机已不再受到人们的欢迎，即将失去消费市场。与城镇相比，农村"四大件""新三大件"等耐用品消费迟缓，消费数量差距大，城镇居民家庭拥有量为农村居民家庭拥有量的2~3倍。

表5-7　　1978~1998年中国农村居民家庭每百户年末耐用消费品拥有量

年份	自行车（辆）	缝纫机（台）	收音机（台）	黑白电视机（台）	彩色电视机（台）	洗衣机（台）
1978	30.7	19.8	17.4			
1980	36.8	23.3	33.5	0.39		
1981	44.4	27.7	42.3	0.87		
1982	51.5	32.8	50.5	1.68		
1985	80.6	43.2	54.2	1.94	0.8	1.9
1990	118.3	55.2	45.2	39.72	4.72	9.1
1995	147.0	65.8	31.1	63.81	16.92	16.9
1997	142.0	64.0	28.1	65.12	27.3	21.9
1998	137.2	65.8	28.2	63.57	32.6	22.8

资料来源：中国统计年鉴（1992）[M].北京：中国统计出版社，1992：315.

中国统计年鉴（1999）[M].北京：中国统计出版社，1999：346.

电视机从 20 世纪 80 年代开始在农村居民家庭中出现，但发展缓慢。1990 年农村居民家庭每百户拥有黑白电视机 39.72 台，此时彩色电视机作为升级版已开始进入农村消费市场，每百户拥有量仅为 4.72 台。到 1998 年，农村居民家庭每百户拥有黑白电视机 63.57 台、彩色电视机 32.59 台。而 1987 年城镇居民家庭每百户拥有彩色电视机 34.6 台、黑白电视机 64.77 台，与 1998 年的农村居民家庭每百户拥有量相当。可见，农村居民家庭电视机消费相比城镇居民家庭落后了整整十年。洗衣机、电冰箱绝对算得上农村居民家庭的奢侈消费品，1985 年开始在农村市场出现，而后进展缓慢，1998 年农村居民家庭每百户拥有量仅分别上升到 22.81 台、9.25 台，增加的数量非常有限。90 年代，农村居民家庭耐用品消费水平低，只有少数先富起来的农村居民家庭具有进一步提升生活品质的经济实力。同时，也表明农村市场发展空间广阔，消费升级潜力大，将会成为刺激消费市场需求的重点区域。

2. 居民消费量的扩张模式及其原因

改革开放以来，中国经济步入了正常的发展轨道，居民收入大幅增长，城乡居民生活得到根本性的改善，绝大多数农村居民摆脱了贫困，城镇居民总体从温饱阶段走上了小康，部分先富起来的人群正向富裕阶段迈进。然而，由于中国人口多、底子薄，居民生活水平与同期其他国家相比，仍处于较低层次。改革开放后相当长的时间内，中国消费品供给市场一直处于短缺状态，居民较低层次的基本生活需求长期得不到满足。于是，当生产领域的扩张使消费品市场供需状况发生改变时，居民消费热情急剧高涨，在饮食、衣着、用品、住房等基本生活需求方面的消费支出迅速增加，充分体现了补偿性增长特征，不仅使消费者的消费需求得到了极大满足，而且消费者长期压抑的消费饥渴和扩张冲动也得到了释放。在内生和外在两种因素综合影响下，耐用消费品大量进入家庭，但对于消费品的要求比较强调实际使用价值和物质利益，以简单、实用作为选择标准，较少注重消费品的质量、品牌、个性和精神享受等高层次需要。这种外延性的量的扩张消费模式，在 80 年代表现最为典型，一直延续到 90 年代中期，几乎贯穿了整个双轨制时期。

（四）市场上依靠国内市场

双轨制时期，中国对外贸易的深度和广度有限，国内消费市场融入国际市场水平较低，进口商品数量少、价格高，明显超出了普通居民家庭的收入水平。因此，居民消费以国产消费品为主要选择，进口消费品在居民消费品结构中所占比重较小。

1. 进口生活类消费品规模较小

改革开放以来，对外贸易规模稳步增长（见表5－8）。1981年，中国进口商品总额为375.4亿元人民币，1998年增加到11591.7亿元人民币，增长了29.9倍，年均增长率高达21%。按照商品性质或用途，进口商品大体可以分为生活消费类商品、工业制成品和能源、原材料三大类。在进口商品总量持续扩张的情况下，生活消费类商品总量虽然有所增加，但起伏较大。1981年，进口生活消费类商品总量与国内社会消费品零售总额的比值为1∶31，1998年比重为1∶89，期间最小比值是1990年的1∶108，平均比值为1∶66.44，这表明双轨制时期进口消费类商品规模与国内消费品相比，差距悬殊。

表5－8　　　　　　1981～1998年中国进口生活类消费品总量与占比　　　　单位：亿元

年份	进口商品总额	进口生活类消费品总额	国内社会消费品零售总额	进口生活类消费品与国内社会消费品零售总额比值（%）
1981	375.4	65.39	2002.5	3.27
1985	1240.9	51.66	3801.4	1.36
1990	2552	167.06	7250.3	2.30
1992	4440.2	186.51	10993.7	1.69
1993	5988	141.18	12462.1	1.13
1994	9965.9	276.27	16264.7	1.70
1995	11029	544.9	20620.0	2.65
1996	11537	512.6	24774.1	2.07
1997	11788.2	382.87	27298.0	1.40
1998	11591.7	328.48	29152.5	1.13

资料来源：中国统计年鉴（1999）［M］．北京：中国统计出版社，1999：546.

这一时期，中国自然资源相对匮乏，科学技术水平落后，在国际经济中竞争力不强。亚当·斯密的绝对优势理论认为，一国只要在专业化分工基础上生产和输出最擅长的产品，换回别国生产而本国生产成本高昂的产品，两国都能获利。根据此理论，中国进口商品应以稀缺资源、代表先进科学技术的机械设备等为主体，全力服务中国的现代化建设。双轨制时期，中国进口商品构成变化情况就是很好的例证，如表 5 - 9 所示。其中，工业制成品包括钢铁、设备和机电产品类占据主体地位，在进口商品中所占比重由 1982 年的 65.2% 上升到 83.6%，上升了 18.4 个百分点，平均比重高达 80%，最高比重为 87.48%，遥遥领先于生活消费类商品和能源、原材料类，稳居首位；生活消费类商品（包括烟、酒、食品等）在波动中呈快速下降趋势，由 1980 年所占比重 14.8% 下降到 1998 年的 2.83%，平均比重仅占 6.15%，为三类商品中最低。其比重变化具有阶段性特点，80 年代平均比重为 12.07%，远远高于 90 年代的 3.92%，其原因是改革开放初期国内居民消费需求扩张，供给能力明显不足，消费品处于短缺状态，供需缺口依赖进口商品弥补；物以稀为贵，进口能源、原材料颇受青睐，整个双轨制时期所占比重变化平稳，波动不大，平均占比 14.18%，位居第二。

表 5 - 9　　　　　　1980 ~ 1998 年中国进口商品构成基本情况　　　　　单位：%

年份	生活类消费品	工业制成品	能源及原材料
1980	14.8	65.23	19.97
1981	17.42	63.5	22.8
1985	4.2	87.48	8.35
1990	6.55	81.53	11.92
1992	4.2	83.55	12.25
1993	2.36	86.4	11.24
1994	2.77	85.7	11.53
1995	4.94	81.53	13.56
1996	4.44	81.68	13.88
1997	3.24	79.9	16.86
1998	2.83	83.6	13.57

资料来源：根据国家统计局网站数据整理计算，https：//data. stats. gov. cn。

2. 消费市场的"外轻内重"格局

改革开放以来，中国对外贸易迅速发展，进出口总额从 1978 年的 355 亿元人民币急剧增加到 1998 年的 26854.1 亿元人民币，增长了 74.5 倍，年均增长率高达 22.9%。毋庸置疑，作为对外贸易的一方面，出口成为双轨制时期保持经济增长的新的拉力，对中国经济发展的影响日益增强；许多国外现代消费品进入国内，居民消费领域不断拓宽，对中国居民消费产生了深刻影响。对外开放增加了中国与国际社会人流、物流的双向融合，消费品市场和居民生活从半封闭转向日益开放的新状态，提升了居民消费品结构层次，居民消费习惯、消费方式显示出国际消费示范的作用与特点，并逐步形成了新的具有异域文化风格的消费热点，大大加速了居民消费的国际化进程。

综合国内外消费市场发展情况看，双轨制时期随着商品供给能力的增强，中国国内消费品市场获得了长足发展，消费市场社会化水平不断提高，市场规模日益扩张，质量、档次大幅提升，商品差异性、层次性鲜明，能够较大程度地满足国内居民的物质生活需要，消费满意度大幅提高。与此相比较，受国家政策和国际经济环境的影响，进口商品以先进设备、机电产品、资源和原材料为主，生活消费类商品进口受到限制，进口消费品规模增长缓慢，国内外消费市场差距日益悬殊，而居民消费能力局限在国内商品市场上，形成了国内市场为主体、国外市场为补充的消费市场格局。

综上所述，1978～1998年双轨制时期，居民消费对经济增长拉动作用的变化有其内在逻辑和规律。首先，市场化改革为居民消费拉动经济增长提供了体制基础。在传统的计划经济体制下，国家实施重工业优先发展战略，居民生活长期徘徊在温饱边缘上，居民消费受到供给和需求的双重抑制，发挥对经济增长的拉动作用有限。随着市场化改革的深入，市场机制在消费领域的作用与力度不断增强，消费与生产开始建立良性互动关系，城乡居民消费水平快速提升。居民消费需求逐渐成为真正意义上的市场需求，直接左右社会有效需求的变化，成为拉动中国经济增长的根本动力。其次，居民收入提高是居民消费拉动经济增长的首要前提。消费是收入的函数。经济体制机制改革，提高了各类经济主体的生产积极性，极大推动了城乡经济发展，城乡居民收入水平空前提升，使得人们的消费需求急剧扩张。再次，完善的社会保障体系是居民消费拉动经济增长的制度保障。住房、就业、医疗、教育等社会保障制度与居民生活息息相关，很大程度上影响居民的收入水平和心理预期，进而对居民消费的阶段性发展变化发挥重要作用。最后，科学的消费政策是居民消费拉动经济增长的重要条件。根据居民消费需求从需求膨胀到需求不足的发展变化，国家及时采取相应的适度消费、疏导消费以及刺激消费、鼓励消费的消费政策进行引导，保障了国民经济的健康稳定发展。经济计量模型和统计数据分析表明，相对于投资和出口两个动力要素，双轨制时期居民消费对中国经济增长的贡献度和拉动作用最为突出，成为拉动经济增长的首要动力。与经济发展阶段相适应，在两种经济体制摩擦、较量与转轨的互动下，中国居民消费形成了在主体上依靠城镇居民、结构上依靠物质消费、层次上依靠数量扩张、市场上依靠国内市场的过渡型消费动力结构。

当前，中国经济已进入新发展阶段，高质量发展成为时代主题。消费不仅是人民对美好生活需要的直接体现，更成为经济增长的主要引擎，消费在经济发展中的主导作用凸显。同时，第四次工业革命带来的信息化、智能化已引发居民生活方式、消费方式的颠覆性变革，新消费模式、新消费业态涌现，中国居民消费水平持续提升，消费结构不断升级，传统的消费动能结构日渐式微。因此，实施扩大内需战略，增强消费对经济发展的基础性作用，必须进一步全面深化改革，改革原有的不平衡不充分的消费体制机制，塑造与高质量发展相适应的消费牵引、协调发展的经济动能结构，充分发挥超大人口规模基础优势，提升消费总量和质量，助推中国式现代化强国建设。第一，统筹城乡融合发展，构建协调并进的消费主体格局。中国有 14 亿人口，其中 5 亿人口居住在农村，较大的人口比重和消费比重离差蕴含着巨大的收入与消费体量，农村市场仍然具有巨大的消费潜力。为此，一是要全面深入实施乡村振兴战略，增强农民收入增长的内生动力。完善乡村振兴投入机制，培育乡村新产业新业态，拓展农民增收渠道。大力培养农民务工、生产的专业技能，使农民具备自我发展能力，开启农民收入增长的活水。发展新型农村集体经济，构建产权清晰、分配合理的运行机制，赋予农民更加充分的财产收益。二是加强农村消费基础设施建设。随着信息社会的到来，居民消费方式从直接消费向依靠消费设施的间接消费转变，消费设施的建设和利用成为扩大消费的助推器。除了继续加大对农村水、电、气、油、网等传统消费设施建设外，还要大力发展包括 5G 基站建设、新能源汽车充电桩、人工智能等领域的新型基础设施建设，为激发农民消费潜能提供基础设施保障。第二，深化供给侧结构性改革，强化产品质量和品牌建设。经过量的扩张阶段后，城乡居民消费由生存需要转向更高一级的享受需要、发展需要，消费的个性化、高品质化、绿色化等特征更加明显。要注重把握新消费特征，把实施扩大内需战略同深化供给侧结构性改革有机结合起来，着力为消费者提供更高质量的商品和服务，以满足人们不断提升的美好生活需要。一是强化企业创新意识和创新能力，提高商品科技含量。加大基础研究投入，通过自主创新大力解决产业供应链中的"卡脖子"问题，从基础创新、基础应用创新、技术创新不同领域发力，为中国产品质量的提升提供技术支撑。二是培育世界一流消费品牌。加快知识产权制度化、法治化、国际化进程，完善快速维权机制，激发社会创新活力，为中国打造具有自主知识产权的世界品牌提供长久动力支持。第三，大力发展现代服务业，提升服务供给数量和质量。中国经济的高速发展加快了居民消费升级步伐，居民衣食住行等基本生活消费需要占比逐步降低，医疗保健、交通通信和文教娱乐等高层次消费比重迅速提高，居民消费结构从物质消费主导型加速向服务消费主导型转变。扩大内需战略，不仅在于扩大消费总量，更重要的是以消费结构优化升级打造新的经济增长点。一是要加快发展养老育幼、文化体验、旅游娱乐、健康休闲等服务业标准化、品牌化建设，提高服务水平。二是大力发展"互联网＋服务"，培育消费服务新业态、新模式。加强信息基础设施建设，发展数字医疗、数字文体旅游等，推动新业态带动消费市场均衡发展。第四，推动高水平对外开放，构建国内国际相互促进的市场格局。坚持以开放促改革，有序扩大中国商品和服务市场对外开放，不断提升国际化供给能力和水平，引导消费回流，繁荣国内市场，促进国民经济持续健康发展。

参 考 文 献

［1］中国统计年鉴［M］.北京：中国统计出版社，1981，1983 - 2001.

［2］1983 年世界发展报告［M］.北京：中国财政经济出版社，1983.

［3］1990 年世界发展报告［M］.北京：中国财政经济出版社，1990.

［4］1992 年世界发展报告［M］.北京：中国财政经济出版社，1992.

［5］1994 年世界发展报告［M］.北京：中国财政经济出版社，1994.

［6］1995 年世界发展报告［M］.北京：中国财政经济出版社，1995.

［7］1998 - 1999 年世界发展报告［M］.北京：中国财政经济出版社，1999.

［8］1999/2000 年世界发展报告［M］.北京：中国财政经济出版社，2000.

［9］2000/2001 年世界发展报告［M］.北京：中国财政经济出版社，2001.

［10］国际统计年鉴（2000）［M］.北京：中国统计出版社，2000.

［11］国家统计局农村社会经济调查总队.新中国五十年农业统计资料［M］.北京：中国统计出版社，2000.

［12］新中国五十年统计资料汇编［M］.北京：中国统计出版社，1999.

［13］邓小平文选（第三卷）［M］.北京：人民出版社，1993.

［14］陈云文选（第三卷）［M］.北京：人民出版社，1995.

［15］中共中央文献研究室.十二大以来重要文献选编（下）［M］.北京：人民出版社，1988.

［16］中共中央文献研究室.十三大以来重要文献选编（上）［M］.北京：人民出版社，1991.

［17］中共中央文献研究室.十四大以来重要文献选编（上）［M］.北京：人民出版社，1996.

[18] 中共中央文献研究室. 十五大以来重要文献选编（上）［M］. 北京：人民出版社，2000.

[19] 蔡昉，都阳，王美艳. 中国劳动力市场转型与发育［M］. 北京：商务印书馆，2005.

[20] 董辅礽. 中华人民共和国经济史（下卷）［M］. 北京：经济科学出版社，1999.

[21] 范剑平. 居民消费与中国经济发展［M］. 北京：中国计划出版社，2000.

[22] 房爱卿. 我国消费需求发展趋势和消费政策研究［M］. 北京：中国经济出版社，2006.

[23] 房维中. 中华人民共和国经济大事记［M］. 北京：中国社会科学出版社，1984.

[24] 姜彩芬，余国扬，李新家，符莎莉. 消费经济学［M］. 北京：中国经济出版社，2009.

[25] 赖德胜，李长安，张琪. 中国就业60年（1949－2009）［M］. 北京：中国劳动社会保障出版社，2010.

[26] 李通屏. 中国消费制度变迁研究［M］. 北京：经济科学出版社，2005.

[27] 李振明. 经济转型与居民消费结构演进［M］. 北京：经济科学出版社，2002.

[28] 林白鹏，等. 中国消费结构学［M］. 北京：经济科学出版社，1987.

[29] 刘树成. 中国经济周期研究报告［M］. 北京：社会科学文献出版社，2006.

[30] 刘迎秋. 中国非国有经济改革与发展30年研究［M］. 北京：经济管理出版社，2008.

[31] 陆学艺. 2000年中国的小康社会［M］. 南昌：江西人民出版社，1991.

[32] 吕政，黄速建. 中国国有企业改革30年［M］. 北京：经济管理出版社，2008.

[33] 宋士云，等. 中国劳动经济史（1949－2012）［M］. 北京：中国社会科学出版社，2021.

[34] 唐兵. 新中国成立以来中国消费者行为变迁研究［M］. 成都：四

川大学出版社，2012.

[35] 王积业，朱元珍. 经济体制改革手册［M］. 北京：经济日报出版社，1987.

[36] 文启湘，等. 消费经济学［M］. 西安：西安交通大学出版社，2005.

[37] 吴敬琏. 现代公司与企业改革［M］. 天津：天津人民出版社，1994.

[38] 吴绍中，林玳玳，易然. 中国消费研究［M］. 上海：上海社会科学院出版社，1990.

[39] 尹世杰. 中国"九五"时期消费结构发展趋势研究［M］. 长沙：湖南人民出版社，1998.

[40] 尹世杰. 中国消费结构合理化研究［M］. 长沙：湖南大学出版社，2001.

[41] 曾培炎. 新中国经济50年（1949－1999）［M］. 北京：中国计划出版社，1999.

[42] 张厚义，明立志，梁传运. 中国私营企业发展报告No.3（2001）［M］. 北京：社会科学文献出版社，2002.

[43] 张力，康宁. 中国教育与可持续发展［M］. 北京：科学出版社，2007.

[44] 张跃庆. 城市住宅经济学［M］. 北京：经济日报出版社，1995.

[45] 赵德馨. 中华人民共和国经济史（1967－1984）［M］. 郑州：河南人民出版社，1989.

[46] 赵德馨. 中华人民共和国经济史（1985－1991）［M］. 郑州：河南人民出版社，1999.

[47] 赵凌云. 中国经济通史·第十卷（下册）［M］. 长沙：湖南人民出版社，2002.

[48] 郑必清，王启云. 走向21世纪的中国消费结构［M］. 长沙：湖南出版社，1996.

[49] 中国报业协会. 中国经济辉煌的五十年［M］. 北京：人民出版社，1999.

[50] 本刊特约报告员. 改革开放20年来人民生活的显著变化［J］. 时事报告，1998（10）：13－19.

[51] 程晞. 小康的评价标准及实现程度［J］. 科技术语研究，2002

（4）：34 –36.

［52］董辅礽 . "一要吃饭，二要建设"是指导我国经济工作的一项基本原则［J］. 学习与思考，1982（6）：6 –9.

［53］段小红 . 中国农村居民消费结构的变动趋势及其国际比较［J］. 世界农业，2010（8）：20 –24.

［54］范剑平 . 2002 年消费品市场宏观调控对策［J］. 消费经济，2002（1）：3 –7.

［55］范剑平 . 城乡消费断层及其出路［J］. 经济理论与经济管理，1994（2）：39 –43.

［56］葛霖生 . 关于消费水平和消费结构的国际比较——兼论我国小康生活水平的标准［J］. 复旦学报（社会科学版），1992（1）：41 –49.

［57］郭其友 . 居民消费行为变迁与宏观政策选择［J］. 厦门大学学报（哲学社会科学版），2003（1）：41 –49.

［58］国家统计局 . 我国三大利益主体收入分配格局变化趋势［J］. 中国国情国力，2001（2）：22 –24.

［59］胡鞍钢，程永宏 . 中国就业制度演变［J］. 经济研究参考，2003（51）：2 –19，25.

［60］胡延平，刘志发 . 扩大内需视野的我国居民消费特征［J］. 改革，2009（3）：69 –76.

［61］李颖，刘回春 . 新中国 70 年人民生活和保障的历史跨越［J］. 中国质量万里行，2019（10）：9 –12.

［62］李占风 . 消费对经济增长拉动作用的计量分析［J］. 统计与决策，2008（21）：90 –91.

［63］李振明 . 中国经济转型期的制度变迁与居民消费行为研究［J］. 商业研究，2002（4）：9 –12.

［64］廖慧 . 中国牛仔裤风云录［J］. 社会观察，2008（9）：28 –29.

［65］刘丹青 . 我国食物消费的发展新趋势［J］. 消费经济，1999（3）：33 –34.

［66］马成文，司金銮 . 中国农村居民消费结构研究［J］. 中国农村经济，1997（11）：61 –64.

［67］毛中根 . 服务消费发展：现状、比较及建议［J］. 人民论坛，2023（18）：40 –45.

［68］牛飞亮 . 城镇居民收入差距的国际比较［J］. 经济理论与经济管

理，2001（2）：64－68.

[69] 秦廷楷，游敏. 我国居民食物结构与营养变化 [J]. 预防医学情报杂志，1996（3）：180－184.

[70] 阮崇武. 深化劳动、工资、社会保险制度改革促进企业经营机制转变 [J]. 管理世界，1992（3）：6－12.

[71] 宋士云. 1992－2001 年中国居民收入的实证分析 [J]. 中国经济史研究，2007（1）：32－40.

[72] 宋士云. 我国居民消费状况的实证分析：1992－2001 年 [J]. 改革，2006（2）：115－121.

[73] 宋士云. 新中国城镇住房保障制度改革的历史考察 [J]. 中共党史研究，2009（10）：102－110.

[74] 宋晓梧，高书生. 进一步完善国有企业分配制度 [J]. 红旗文稿，2006（22）：7－10.

[75] 谈俊. 从改革以来党的报告看我国价格改革的发展历程及展望 [J]. 中国经济史研究，2013（1）：111－119.

[76] 汤应武. 邓小平现代化建设"三步走"战略构想的历史考察 [J]. 中共党史研究，1994（4）：1－7.

[77] 唐敏，茹华杰. "崇洋"消费的原因分析 [J]. 商业研究，1998（6）：25－26.

[78] 王爱云. 党的第三代中央领导集体与中国的宏观调控 [J]. 党史研究与教学，2006（5）：29－38.

[79] 王萍萍. 农民消费特征及"九五"展望 [J]. 消费经济，1996（5）：16－20.

[80] 文兼武. 消费结构的国际比较 [J]. 消费经济，1996（6）：11－15.

[81] 武力，肖翔. 中国当代城市房地产的变革与发展 [J]. 河北学刊，2010（5）：11－19.

[82] 夏杰长，毛中根. 中国居民服务消费的实证分析与应对策略 [J]. 黑龙江社会科学，2012（1）：71－76，2.

[83] 夏兴园，萧文海. 论我国经济转型期假冒伪劣的生成机制及其治理 [J]. 中南财经政法大学学报，2003（4）：23－27，143.

[84] 谢成森. 不良的消费行为对社会的危害及治理 [J]. 商业研究，1992（9）：29－31.

[85] 徐斌. 我国居民消费结构变动的国际比较 [J]. 统计与决策，

2014（2）：93-97.

[86] 徐明焕. 居民消费对宏观经济的效应浅析 [J]. 江西社会科学, 2003（5）：6-8.

[87] 严先溥. 对中国居民消费群体的分析与研究 [J]. 消费经济, 2002（4）：6-11.

[88] 杨丹辉. 消费全球化与中国消费品市场对外开放 [J]. 中国软科学, 2001（4）：36-40.

[89] 杨洋. 假冒伪劣商品屡禁不止的几点反思 [J]. 经济师, 1998（6）：20.

[90] 叶明勇. 新时期农村经济改革成功的原因再探 [J]. 当代中国史研究, 2009（3）：70-77.

[91] 尹向东. 建立合理小康型消费结构的主要对策 [J]. 南方经济, 1994（10）：49-53.

[92] 尹向东. 我国耐用消费品消费发展特征和趋势 [J]. 消费经济, 1998（3）：40-42.

[93] 尹忠立. 试论我国耐用消费品市场的二元结构特性 [J]. 消费经济, 1991（6）：29-33.

[94] 曾坤生, 易红玲. 论我国消费市场假冒伪劣商品的问题与治理 [J]. 消费经济, 1999（4）：56-58.

[95] 张月英. 双轨制时期中国居民消费对经济增长的拉动作用研究 [J]. 聊城大学学报（社会科学版）, 2023（5）：55-65.

[96] 张志敏. 90年代以来中国居民消费特征及影响因素分析 [J]. 中央财经大学学报, 2003（11）：52-56.

[97] 张卓元. 确立建立社会主义市场经济体制改革目标的重大实践和理论意义 [J]. 新视野, 2012（4）：21-23, 29.

[98] 赵卫亚. 我国城镇居民消费结构的演变及影响 [J]. 数量经济技术经济研究, 1999（7）：33-36.

[99] 赵卫亚. 中国农村居民消费结构的变迁 [J]. 中国农村经济, 1999（9）：13-17.

[100] 郑新立. 制约消费增长的原因及对策 [J]. 宏观经济管理, 1999（6）：4-7.

[101] 钟禾. 历史转折：由温饱到小康 [J]. 经济改革与发展, 1998（9）：19-25.

［102］朱高林，黄悦辰．中华人民共和国居民消费史：分期、特征和趋势［J］．消费经济，2021（5）：23 – 31．

［103］朱高林．中国城镇居民东方饮食模式嬗变探析［J］．消费经济，2009（4）：10 – 12．

［104］朱高林．中国城镇居民耐用品消费的变化趋势［J］．云南社会科学，2010（5）：111 – 115．

［105］朱高林．中国城镇居民衣着消费的基本趋势：1957 – 2004［J］．东北财经大学学报，2007（3）：48 – 52．

［106］朱高林．中华人民共和国居民消费史研究：现状、主线与分期［J］．扬州大学学报（人文社会科学版），2021（3）：12 – 24．

［107］庄健．我国三者收入分配格局的变化及原因分析［J］．财贸经济，2001（4）：17 – 20．

后　记

2019 年 12 月，扬州大学朱高林教授主持的"中华人民共和国居民消费史（1949–2019）"课题获批国家社会科学基金重大项目立项，项目批准号为 19ZDA058。我有幸受朱高林教授邀请，主持并承担了该项目子课题"量的扩张阶段中国居民消费史研究（1978–1998）"的研究任务。2023 年，我们完成了初稿。此后，不断修改、完善。本书定名为《中国居民消费变迁研究（1978–1998）》，即将付梓出版。

在子课题的研究过程中，深得朱高林教授高屋建瓴的总体统揽和具体指导，我也曾多次参加朱高林教授主持召开的专题研讨会。在研讨会上，多次聆听中南财经政法大学苏少之教授、清华大学陈争平教授、山东大学黄少安教授和臧旭恒教授、南开大学王玉茹教授、上海财经大学程霖教授、西南财经大学毛中根教授、湖南省社会科学院尹向东研究员、扬州大学秦兴方教授等专家学者关于中华人民共和国居民消费史研究的教诲，领悟他们的真知灼见，使我受益匪浅。在此对上述专家学者深表谢意，是他们的指导使我们顺利完成了研究任务。

在本书撰写过程中，我与张月英副研究馆员始终坚持"质量第一，有所创新"的原则，分工合作，多次讨论修改，几易其稿。其中，我完成了第一章和第四章以及最后的统稿、定稿；张月英完成了第二章、第三章和第五章的初稿；朱高林教授欣然作序，予以祝贺。

在本书撰写过程中，我们借鉴了大量的国内外专家学者的研究成果，大多都以注释或参考文献的方式体现，在此表示感谢。本书对来源于《中国统计年鉴》或根据《中国统计年鉴》计算出来的数据，没有一一进行注释，在此说明。

本书获得了聊城大学学术著作出版基金资助。感谢经济科学出版社李晓杰编辑的大力支持。

　　由于我们尚在居民消费理论与实践的学习和探索中，偏颇、疏漏甚至错误的地方在所难免，恳请有关专家、学者和读者不吝赐教。共同推进中国居民消费史的研究是我们共同的愿望和责任，让我们引为同道，互相勉励，共同前行。

宋士云

2024 年 12 月

于聊城